Corrado Augias
Remo Cacitti

INCHIESTA SUL CRISTIANESIMO

Come si costruisce una religione

MONDADORI

Di Corrado Augias
in edizione Mondadori

Il viaggiatore alato
I segreti di Parigi
I segreti di New York
I segreti di Londra
I segreti di Roma
Leggere

con Mauro Pesce
Inchiesta su Gesù

www.librimondadori.it

«Inchiesta sul cristianesimo»
di Corrado Augias - Remo Cacitti

ISBN 978-88-04-58303-5

I edizione settembre 2008

INDICE

INCHIESTA SUL CRISTIANESIMO

Premessa

CHE COSA GESÙ NON HA DETTO

Gesù non ha mai detto di voler fondare una religione, una Chiesa, che portassero il suo nome; mai ha detto di dover morire per sanare con il suo sangue il peccato di Adamo ed Eva, per ristabilire cioè l'alleanza fra Dio e gli uomini; non ha mai detto di essere nato da una vergine che lo aveva concepito per intervento di un dio; mai ha detto di essere unica e indistinta sostanza con suo padre, Dio in persona, e con una vaga entità immateriale denominata Spirito. Gesù non ha mai dato al battesimo un particolare valore; non ha istituito alcuna gerarchia ecclesiastica finché fu in vita; mai ha parlato di precetti, norme, cariche, vestimenti, ordini di successione, liturgie, formule; mai ha pensato di creare una sterminata falange di santi. Non è stato lui a chiedere che alcuni testi, i vangeli, riferissero i suoi discorsi e le sue azioni, né ha mai scritto personalmente alcunché, salvo poche parole vergate col dito nella polvere. Gesù era un ebreo, e lo è rimasto sempre; sia quando, in Matteo 5,17, ha detto: «Non pensiate che io sia venuto ad abolire la Legge o i profeti; non sono venuto per abolire ma per dare compimento»; sia quando, sul punto ormai di spirare, ha ripetuto l'attacco straziante del Salmo 22: «Dio mio, Dio mio, perché mi hai abbandonato?».

Davanti a queste incontestabili verità sorge con forza la do manda, la curiosità di sapere: ma allora com'è nato il cristianesimo? Chi e quando ne ha stabilito norme e procedure, riti e dogmi? Gesù non ha mai pensato di rendere obbligatori un comportamento o una verità certificati per decreto. Ha esorta to, ha pregato, ha dato l'esempio. Soprattutto, nulla era più lontano da lui di una congerie di leggi, un'organizzazione monarchica, uno Stato sovrano dotato di territorio, moneta, esercito, polizia e giurisdizione, sia pure ridotti – ma solo dopo aspre lotte – a dimensioni simboliche. Torna di nuovo la domanda: ma allora chi ha elaborato tutto questo? perché? quando?

La vicenda del cristianesimo, ricostruita nel suo effettivo svolgimento secondo le leggi della ricerca storica e non della teologia, rappresenta una complessa avventura umana ricca di drammi, di contrasti, di correnti d'opinione che si sono scontrate sui piani più diversi: la dialettica, l'invenzione ingegnosa, la ricostruzione ipotetica di eventi sconosciuti a costo di affrontare i più inverosimili paradossi; l'amore per gli uomini, certo, nella convinzione di fare il loro bene, ma anche gli interessi politici, gli arbitrii e gli inganni; non di rado l'opposizione al mutamento spinta fino allo spargimento di sangue.

In breve: se si esaminano i fatti con la sola ottica della storia, nulla distingue la lenta e contrastata nascita di questa religione da quella di un qualsiasi altro movimento in grado di smuovere coscienze e interessi, di coinvolgere la società nel suo insieme e le singole persone che nella e della società vivono. Sigmund Freud ha scritto nel suo *L'avvenire di un'illusione*: «Dove sono coinvolte questioni religiose, gli uomini si rendono colpevoli di ogni sorta di disonestà e di illecito intellettuale». Forse l'espressione è eccessiva, nel senso che non sempre e non per tutti è stato così. E, se di disonestà si può parlare, si è spesso trattato di una «disonestà» particolare, concepita cioè per offrire agli esseri umani una consolazione che la vita raramente concede. Di sicuro, però, è vero il reciproco della frase di Freud e cioè che la ricerca storico-scientifica, condotta con criteri rigorosi, obbedendo solo alla propria deontologia, esclude ogni «disonestà», il suo fine essendo di arrivare a risultati certi. Momentaneamente certi, aggiungo. Certi, cioè, fino a quando altre ricerche, altre scoperte, altri documenti falsificheranno quei risultati per proporne di nuovi.

La differenza fra la storia (e qualunque altra attività scientifica) e la teologia è infatti soprattutto in questo: la scienza tende a un instancabile avvicinamento a verità perfettibili, la teologia tende a considerare immutabile la sua verità perfino quando le scoperte della scienza la rendono palesemente inverosimile. La ricerca scientifica e la fede religiosa, il perfezionamento di conferme verificabili e la fiducia in verità assolute si muovono su piani distinti. Per ognuna delle due ci sono spazio e legittimità nella coscienza e nei sentimenti degli individui, assai meno nel campo delle attività razionali e pubbliche. La verità della politica e della convivenza, fatta di mediazioni e di incontri, è diversa dalla verità della fede, fatta di dogmi immutabili. Il filosofo Rousseau era arrivato a dire: «Il cristiano non può essere un buon cittadino. Se lo è, lo è di fatto, ma non di principio, perché la patria del cristiano non è di questo mondo». Vedremo quanto sia vero tale giudizio e quanto il principio abbia pesato nel momento in cui il cristianesimo lentamente si allontanò dal giudaismo originario per diventare una religione a sé.

Il professor Remo Cacitti insegna Letteratura cristiana antica e Storia del cristianesimo antico alla Facoltà di Lettere e Filosofia dell'Università degli Studi di Milano, materie su cui ha grande competenza. Nel dialogo raccolto in questo libro, egli ricostruisce le vicende che hanno caratterizzato la nascita del cristianesimo secondo i risultati della più attendibile e aggiornata ricerca. Nulla che non sia storicamente verificabile entra nel suo racconto. Non mancheranno quindi al lettore le sorprese, come non sono mancate a me, mentre lo ascoltavo raccogliendo le sue parole.

Una narrazione basata su documenti è cosa molto diversa da una costruzione teologica, che per suscitare la fede deve trasformare i fatti, filtrarli attraverso categorie sottratte al controllo della ragione. Chi avrà la pazienza di leggere queste pagine vedrà come il professor Cacitti risponda su tale specifico punto nonché sulle responsabilità, e i limiti, della ricerca.

Per rendere più agevole la comprensione di alcuni riferimenti presenti nel dialogo, riassumo brevemente, sempre con ottica storica, alcuni dei principali eventi della vita terrena di Gesù. Yehoshua ben Yosef, Gesù figlio di Giuseppe, nacque durante il principato di Ottaviano e la *pax romana* da Augusto decretata per il suo regno. L'imperatore era un uomo geniale, consapevole delle sue qualità, assurto a un rango equiparato a quello divino: *Divus Augustus* era il suo appellativo, «figlio di dio» era scritto in migliaia di insegne sparse in tutto il Mediterraneo. Così lo canta Virgilio nell'*Eneide*: Cesare Augusto, figlio di dio, che resusciterà l'età dell'oro ed estenderà ovunque il suo impero.

In terra d'Israele regnava Erode il Grande, uomo brutale, ambizioso, di notevole successo, però costretto dalle circostanze a una rigida obbedienza nei confronti di Roma, cui doveva il trono. Erode avrebbe potuto fare molto; l'occupazione romana lo costrinse, invece, se non proprio a essere un re-fantoccio, quanto meno a impersonare un ruolo poco più che di apparenza. Non sapeva, lo sventurato, di essere destinato a una memoria esecranda. La sua idea era che Gerusalemme avrebbe dovuto rivaleggiare con Roma e Atene per la grandiosità degli edifici, a cominciare dal Tempio, che egli fece ricostruire con dimensioni gigantesche. A lui si doveva anche la realizzazione di un nuovo porto sul Mediterraneo che, in onore dell'imperatore romano (apprezzato gesto di sottomissione), Erode aveva chiamato Cesarea.

Gesù nacque in quest'epoca, in un paese militarmente occupato, dove la brutalità romana si dispiegava ogni giorno; si capisce poco di lui se non si tiene conto degli eventi che influenzarono la sua vita e le sue parole. Nato quando? L'anno 1, dal quale si è cominciato a contare, è un momento convenzionale. Erode morì nel 4 a.C.; Gesù nacque prima che lui morisse, anche se non sappiamo quanto prima. Un altro dato ci aiuta a datare la sua vita. Sappiamo infatti che il governatore Ponzio Pilato resse la Giudea dal 26 al 36 e che Gesù venne ucciso durante la sua magistratura. La sua vita e la sua fine si collocano dunque in quell'arco di tempo.

Nato a Betlemme come dicono alcuni vangeli? Nato più probabilmente in un villaggio della Galilea (nord d'Israele) chiamato Nazareth, regione nota per il fermento politico e i sentimenti di rivolta che la attraversavano. Infatti, non bisogna pensare a Nazareth come a una remota località rurale abitata da poveri contadini e pastori analfabeti. La capitale della regione, Sefforis, sorgeva a soli cinque chilometri di distanza, verso ovest. Alcune recenti scoperte archeologiche mostrano che, fin dai primi anni di vita, Gesù dovette essere a contatto con ambienti vivaci, nei quali erano frequenti gli scambi, compresi quelli linguistici. Gli storici concordano sul fatto che il giovane Gesù, che aveva l'aramaico come lingua madre, dovesse conoscere anche l'ebraico, il greco e, probabilmente, qualche elemento di latino, lingua degli occupanti. La sua condizione sociale doveva essere media, tale da permettergli di imparare presto a leggere. Assoluta la sua osservanza della fede dei padri.

Il grande Tempio di Gerusalemme (grande in ogni senso) era il cuore religioso, nazionale e simbolico della terra d'Israele; per gli ebrei il luogo sacro per eccellenza anche se, va notato, l'ebraismo non è mai stato una Chiesa di Stato come, per esempio, quella cattolica. Gli ebrei erano (e del resto sono tuttora) divisi in varie correnti, che si distinguevano per i diversi atteggiamenti nei confronti di numerosi aspetti della vita, compreso quello verso gli occupanti romani. C'erano fra loro i collaborazionisti, gli indifferenti, i rassegnati, gli ostili e, fra costoro, quelli che spingevano l'avversione fino al punto di prendere le armi contro Roma.

Lo storico ebreo romanizzato Flavio Giuseppe (lo conosceremo meglio in seguito) parla di tre principali correnti religiose e politiche: sadducei, farisei, esseni. I sadducei rappresentavano l'aristocrazia sacerdotale; si caratterizzavano per una interpretazione arcaicizzante della Legge (*Torah*), che escludeva le dottrine non attestate nella Bibbia, tra cui la resurrezione dei morti, nonché la tradizione orale. I farisei (vuole probabilmente dire i «separati») si segnalavano, invece, per la stretta osservanza dell'ortodossia. Obbedivano alla Legge, ma anche alla tradizione e all'insegnamento dei maestri. Rispettavano con tale rigore i precetti e i riti da attirarsi la fama di formalismo, se non addirittura, come nei testi polemici di matrice cristiana, d'ipocrisia.

Una delle correnti fino a poco tempo fa meno conosciute era quella degli esseni, un gruppo di rigorosi osservanti che abbandonarono, almeno in parte, Gerusalemme in forte dissenso con il modo in cui il Tempio era gestito dagli alti sacerdoti. Fatta ogni debita distinzione, possiamo paragonare questo movimento alle tante correnti cristiane di minoranza che, nel corso dei secoli, hanno criticato il formalismo e lo sfarzo della corte pontificia e delle alte gerarchie vaticane. Alcuni esseni si ritirarono nella profonda depressione desertica del Mar Morto, dove negli anni Quaranta del Novecento sono stati fortunosamente riscoperti in una grotta molti testi da loro usati, i famosi rotoli del Mar Morto.

Gli esseni costituivano una comunità di tipo monastico (se ci si passa l'anacronismo), nella quale si entrava dopo un giuramento, dove bisognava osservare la disciplina strettamente stabilita da un manuale (*Serekh ha Yahad*) e si aspettava la fine di tutti i tempi, il giudizio universale, considerato imminente. Una setta apocalittica, dunque, i cui membri ritenevano di essere i soli depositari della verità, persone molto pie in attesa del giorno in cui Dio avrebbe sradicato ogni male dalla terra, anche se al prezzo terribile di molte morti e di uno scontro definitivo con Satana, signore delle tenebre. Sgominato l'eterno nemico, avrebbero finalmente regnato la pace, la giustizia, l'armonia. Uno dei rotoli, intitolato *La guerra dei Figli della luce contro i Figli delle tenebre*, descrive vividamente questo conflitto, un vero cataclisma durante il quale non solo si sarebbero affrontati esseri umani e sovrannaturali, ma sarebbero scese in campo le stesse forze cosmiche del Bene e del Male fino alla restaurazione di uno stato di grazia, della mitica e a lungo perduta età dell'oro: un rivolgimento capitale, la cui attesa coinvolgeva fede profonda e altrettanto profonde aspettative politiche.

Dopo l'anno 6, scomparso Erode e con l'inizio della dominazione diretta di Roma, si formarono le correnti dei sicari e degli zeloti, che predicavano la rivolta anche armata, segreta o aperta che fosse, nei confronti degli occupanti. Di questo sfondo variegato bisogna tenere conto quando si leggono certe parole di Gesù, la cui possibile appartenenza alla setta degli esseni è stata ammessa dallo stesso papa Benedetto XVI, anche se in realtà non c'è alcuna prova che ciò sia vero.

Sappiamo invece che Gesù cominciò come discepolo di un eccentrico profeta di nome Giovanni, il quale annunciava, seguendo anch'egli una visione apocalittica, l'arrivo imminente del regno di Dio. Giovanni veniva chiamato «il Battista», perché aveva reintrodotto il battesimo, un antico rito ebraico di purificazione. Faceva immergere i suoi seguaci nelle acque del fiume Giordano, perché si mondassero dei loro peccati. Il fatto che Gesù si sia fatto battezzare da lui potrebbe far pensare a una sua condizione di subalternità rispetto a quel profeta, possibilità che gli estensori dei vangeli hanno previsto e inteso negare, precisando che Gesù era proprio la persona di cui il Battista annunciava la venuta.

Dopo aver ricevuto il battesimo da Giovanni, Gesù comincia la sua attività di predicatore e di guaritore. Si aggira per i villaggi della Galilea evitando gli agglomerati più grandi, forse consapevole che le persone più ricche avrebbero accolto con minor favore il suo messaggio. Parla ai semplici e agli umili, i suoi riferimenti sono sempre alla vita dei campi, alle greggi, alle stagioni. Uomo probabilmente colto, adotta il linguaggio e le metafore dei contadini e dei pastori, aggiunge alle parole la guarigione di alcuni malati che compie con naturalezza, col semplice contatto, imponendo le mani, pronunciando delle formule, in qualche occasione creando egli stesso una specie di balsamo con un po' di polvere raccolta da terra e impastata con la saliva.

Il suo messaggio ha una forte connotazione riformatrice e sociale. Gesù rivaluta le donne e i bambini, allora considerati poco più di oggetti, eleva gli schiavi al rango di esseri umani, disprezza le ricchezze ed esorta alla totale rinuncia chi le possiede. In una parola, capovolge i criteri sociali esistenti. Per un altro aspetto, la sua predicazione ha carattere escatologico: egli annuncia l'arrivo del regno di Dio sulla terra, dice imminente il momento in cui il genere umano conoscerà finalmente la giustizia e la pace.

Per capire l'importanza di questo doppio messaggio si deve considerare che, all'epoca, non esisteva concettualmente una vera distinzione fra vita religiosa e vita civile. Mentre il sovrano era anche una divinità, il culto religioso comprendeva, per converso, aspetti civici o politici. I temi agitati da Gesù inquietano perciò le autorità romane. Quando egli parla di un regno di Dio che ristabilirà giustizia e pace, le autorità leggono nelle sue parole una critica nei confronti del regno esistente, cioè l'Impero romano. Quell'uomo, pensano, sta dicendo che questo impero è troppo lontano da Dio. Ai romani, probabilmente, sfugge il vero senso delle parole di Gesù: sono occupanti di un paese ribelle, badano al sodo, si preoccupano delle conseguenze politiche di una predicazione che colpisce e affascina molti, gli umili in particolare, insofferenti della dominazione brutalmente pagana incarnata dai legionari. Nel paese, come sempre accade nei territori occupati, cova la ribellione; esistono, l'abbiamo già visto, gruppi clandestini armati, singoli guerriglieri che preparano la rivolta, che scoppierà in effetti, accanita, violenta, sanguinosissima, alcuni decenni dopo la morte di Gesù. Una vera guerra che – come accennato – porterà, nel 70, alla distruzione di Gerusalemme e del secondo Tempio.

Quando Gesù si sposta dalle regioni settentrionali e dal deserto verso la capitale in occasione della Pasqua, compie un passo d'importanza fondamentale. Dal punto di vista amministrativo si trasferisce, infatti, dal territorio controllato da Erode Antipa a quello retto direttamente dai romani e facente capo al procuratore della Giudea Ponzio Pilato, un funzionario mediocre, poco adatto a reggere una regione inquieta, complicata, nella quale si praticava un rigoroso monoteismo. Vari episodi storicamente certi dicono che il suo comportamento era stato carente e le sue reazioni inopportune, e che aveva affrontato le emergenze in modo quanto meno inadeguato.

Se Gesù arriva a Gerusalemme dal deserto, Pilato vi arriva dalla cittadina di Cesarea, sua residenza abituale. Cesarea era pagana, aperta ai traffici come tutte le città di mare, crocevia di culture diverse, tollerante verso ogni forma di religione come lo era Roma. L'opposto di Gerusalemme, città rigorosamente ebraica, affollata nei giorni della Pasqua da torme di pellegrini accaldati giunti da altre province, che gremivano le strette strade del centro dirette verso il Tempio insieme alle greggi, lì convogliate per i necessari sacrifici. Ovunque una grande confusione e, di conseguenza, un'altrettanto grande tensione in chi doveva badare all'ordine pubblico. La guarnigione romana era in stato d'allerta, il governatore riceveva rapporti sull'andamento di giornate critiche da ogni punto di vista: politico, militare e religioso. In questa atmosfera avviene molto probabilmente uno dei più famosi episodi nella vita di Gesù: la cacciata dei mercanti dal Tempio.

Bisogna prima di tutto esaminare la collocazione biografica dell'episodio. I tre vangeli detti «sinottici» (Marco, Matteo, Luca) differiscono infatti da Giovanni, che colloca la cacciata all'inizio dell'attività pubblica di Gesù, cioè almeno due anni prima della sua morte. I tre sinottici, invece, inserendo la cacciata nell'atmosfera concitata e tesa delle giornate pasquali, ne fanno il presupposto degli avvenimenti che seguiranno: l'arresto, il processo, l'esecuzione.

Ora, non c'è dubbio che la cacciata in sé e per sé non abbia molto senso. Di fatto, i famosi mercanti erano o i cambiavalute o i venditori di animali per i sacrifici, entrambi indispensabili al funzionamento del Tempio. Cacciarli significava bloccare la liturgia. Al gesto va dunque dato un significato più ampio: cacciare i mercanti voleva dire criticare il modo in cui il Tempio era gestito dalla casta sacerdotale al potere, i sadducei. Alcuni interpreti di parte ebraica vanno ancora più in là e sostengono che, in realtà, non di una semplice «cacciata» si sia trattato, ma di un vero e proprio tentativo di impossessarsi del Tempio dopo averne espulso gli alti sacerdoti, dimostratisi indegni di quel delicato ufficio. Quale che sia l'ipotesi più verosimile, gli storici concordano sul fatto che l'episodio dà violenta visibilità a una critica radicale della gestione religiosa del luogo. Anche questo avvenimento ha rafforzato l'ipotesi che Gesù facesse parte della setta degli esseni, critici, per l'appunto, verso la casta sacerdotale, che accusavano di essere diventata troppo attenta al denaro, troppo accondiscendente verso i romani. Ipotesi, questa, che trasformerebbe il gesto di Gesù in un atto di aperta sovversione politica.

Rovesciamo la prospettiva, cercando di esaminare i fatti dal punto di vista del sommo sacerdote Caifa, il quale, per essere riuscito a ottenere quell'incarico, doveva essere sicuramente abile e ambizioso. Fra l'altro, era lui a dover gestire il delicato equilibrio fra le esigenze religiose, le inquietudini dei gruppi più radicali, gli umori (spesso i cattivi umori) degli occupanti. Sottigliezze, cautele, infinita e paziente diplomazia: di questo doveva esser fatto il suo comportamento. È praticamente certo che agli occhi di mistici invasati da Dio, dall'idea che il suo regno era prossimo, che il suo avvento si sarebbe addirittura potuto verificare in quei giorni di festa, l'atteggiamento di Caifa dovesse apparire di ripugnante ambiguità.

Da qualunque angolatura lo si osservi, il gesto di Gesù rompeva quel difficile equilibrio, metteva a repentaglio la gestione del Tempio e ciò preoccupava Caifa, ma comprometteva anche l'ordine pubblico, e questo inquietava grandemente Pilato. Il sommo sacerdote, informato del clamoroso incidente (di qualunque cosa si sia trattato), fu forse indotto a pensare che la repressione poliziesca delle truppe d'occupazione sarebbe stata brutale e che, nelle condizioni di affollamento e di caos in cui si trovava la città, ne sarebbe derivato un massacro. Pilato, informato del fatto, poté pensare che un altro rivoltoso, uno come i tanti che aveva già condannato, si era lasciato andare, ancora una volta, a un gesto sovversivo.

Bisognava dimostrare che non era lecito turbare impunemente l'ordine imposto da Roma. Era quindi necessario trattare quel ribelle come Roma aveva sempre fatto con i sediziosi: appenderlo a una croce e lasciare che lì lentamente morisse, non dissanguato come comunemente si crede, bensì per asfissia, poiché il corpo indebolito non riusciva più ad assumere una postura tale da consentire la respirazione. La crocifissione era a Roma la pena capitale prevista per i ribelli e gli eversori Sappiamo che i seguaci di Spartaco, colpevole di aver guidato una ribellione di schiavi, dopo la sconfitta vennero crocifissi a centinaia e che, dopo la morte, i loro corpi tormentati rimasero (orribile monito) a fiancheggiare per chilometri le strade. Se la lunghissima agonia sulla croce era straziante, lo era altrettanto l'ammonimento *erga omnes* delle membra contorte inchiodate al patibolo, lasciate per giorni preda degli avvoltoi.

Non disponiamo di molti dettagli sulla morte di Gesù in croce. Le sue ultime parole riferite da Marco sono prese, come ho ricordato, dal Salmo 22, un grido di terrore e di solitudine.

Il cartello inchiodato sopra di lui, «Gesù Nazareno re dei giudei», rappresenta una delle poche prove evidenti che abbiamo su questa confusa vicenda, e dice chiaramente che il capo d'accusa era politico: aver attentato alla *pax romana*. Con quel grido, quella straziante agonia, si chiude la vita di Yehoshua ben Yosef. Solo la vita terrena, però. Perché, in quello stesso momento, comincia per lui un'altra vita che, possiamo ben dirlo, continua ancora oggi.

Sia la morte di Gesù sia la distruzione di Gerusalemme e del Tempio sono tragedie che avrebbero veramente potuto essere conclusive e finali. Invece, non conclusero alcunché. Al contrario, dall'una e dall'altra avrà inizio una nuova fase della storia e della civilizzazione umane, lentamente nascerà da quegli eventi una nuova religione conosciuta come «cristianesimo».

Anche la nuova religione, come ogni dottrina umana, è fondata su una serie di scritti che ne costituiscono il «canone» di riferimento. Come il lettore vedrà, alla controversa e lenta formazione di questo canone viene dedicata grande attenzione nel corso del racconto. Qui si possono anticipare alcune notizie per facilitare la comprensione degli eventi.

Il Nuovo (o Secondo) Testamento è formato dai quattro vangeli, tre dei quali sono detti «sinottici» (possono infatti essere colti, distribuiti su tre colonne parallele, con un solo sguardo) per i numerosi elementi che li rendono simili nello schema di fondo e talora anche nei dettagli. Si tratta del Vangelo di Marco, il più antico, e di quelli di Luca e Matteo. I sinottici risalgono agli anni successivi alla catastrofe del 70, quando le truppe del futuro imperatore Tito conquistarono Gerusalemme distruggendola e crocifiggendo centinaia di prigionieri. Il quarto vangelo, detto «di Giovanni», è invece più tardo e viene datato agli anni a cavallo tra la fine del I e l'inizio del II secolo. Importante notare che i nomi usati per indicare gli autori di questi testi non corrispondono a persone fisiche, bensì a scuole di pensiero dottrinale. Dal punto di vista storico è corretto dire che nessuno dei redattori dei vangeli è stato testimone diretto degli eventi narrati.

Oltre ai quattro vangeli, il Nuovo Testamento comprende altri ventitré testi e cioè: gli Atti degli Apostoli, che si occupano per la gran parte di Paolo di Tarso, da molti considerato il vero fondatore del cristianesimo; ventuno Epistole, tra le quali spiccano ancora una volta per numero e importanza quelle di Paolo; e infine l'Apocalisse.

Il Nuovo Testamento è stato aggiunto all'Antico (o Primo) Testamento, ossia alla Bibbia degli ebrei, perché, intenzionalmente, questi nuovi scritti si pongono come un'esegesi e un'attualizzazione dei precedenti, assicurando in tal modo continuità fra il primo e il secondo Patto di Dio con il suo popolo, nell'unicità di una sola economia di salvezza. La legittimità storica e dottrinale di questa operazione viene fortemente contestata da parte giudaica.

Mi è parso utile anteporre queste brevi note esplicative alla conversazione con il professor Cacitti, che ora può finalmente cominciare.

Corrado Augias

1

LA DIFFICILE RICERCA DELLA VERITÀ

Quando e come comincia la nuova fede chiamata cristianesimo? È una domanda alla quale si risponde malvolentieri sia perché non è facile sia perché la materia è controversa, per taluni aspetti imbarazzante, basata su fonti aleatorie. Si può allora provare a formulare la questione in modo diverso: quando si conclude la fase che possiamo considerare originaria, aurorale, di questa religione? Ma soprattutto, per cominciare, a quale metodo si affidano gli storici per cercare di ricostruire con fedeltà le varie fasi degli avvenimenti?

Per la dottrina esiste una data ufficiale di nascita della Chiesa: la Pentecoste. Cinquanta giorni dopo la morte di Gesù, lo Spirito santo si manifestò prima come un vento, poi in forma di fiammelle che si posarono sul capo di ciascuno dei discepoli riuniti in assemblea. Riattualizzando l'originale significato ebraico della ricorrenza (legata alle primizie del raccolto e alla rivelazione di Dio sul monte Sinai), la Pentecoste cristiana viene vista come la nuova legge donata da Dio ai suoi fedeli.

Questo nella dottrina. Nella realtà storica le origini della nuova religione sono molto più movimentate e incerte. Le due sole frasi che potrebbero far pensare all'intenzione di Gesù di fondare una sua Chiesa sono, come vedremo nel corso del colloquio, o male interpretate («Tu sei Pietro e su questa pietra...») o aggiunte in un secondo tempo al testo originario («Andate e predicate a tutte le genti...»).

Per la cerchia dei seguaci la realtà della sua morte – di quella morte – dovette rappresentare uno shock tremendo. L'uomo, il profeta, se si vuole il messia tanto atteso, nel quale avevano riposto ogni speranza, al cui messaggio avevano creduto con pienezza di cuore, era finito su un patibolo ignominioso. Di colpo, tutti coloro che avevano creduto in lui erano diventati complici di un criminale giustiziato. La sventura si era abbattuta su di loro e, nello stesso tempo, il regno dei cieli, da lui annunciato come imminente, tardava ad arrivare. La loro risorsa, la loro salvezza fu rifugiarsi nelle antiche scritture della Bibbia, dov'era detto che i giusti secondo Dio sarebbero stati salvati. A questa consolazione si aggiunse la notizia che la sua tomba era stata trovata vuota: la salma martoriata era scomparsa. Gesù doveva, dunque, essere risorto a nuova vita.

I vangeli affermano con assoluta certezza due cose: che Gesù era realmente morto sulla croce; che molte persone lo videro dopo la resurrezione Videro, cioè, un essere capace di passare attraverso una porta chiusa, di materializzarsi all'improvviso davanti ai suoi seguaci proprio come fanno gli spiriti, ma anche di mangiare del pesce e di far toccare le sue piaghe come un vero essere umano. Secondo gli storici tali apparizioni non sono vere prove di un ritorno dalla morte, sono invece testimonianze molto convincenti della fede che i suoi discepoli avevano in lui. L'annuncio del risorto cominciò a diffondersi in un territorio sempre più vasto a mano a mano che coloro che avevano creduto in lui presero a viaggiare, utilizzando a fini religiosi la fitta rete di comunicazioni che l'Impero romano aveva creato a scopi militari e di commercio.

Tutte le indagini storiche e archeologiche dimostrano che la nuova religione si sviluppò in luoghi diversi e con modalità differenti a seconda di come il racconto delle parole e delle azioni di Gesù veniva riferito passando di bocca in bocca. Come sostengono gli storici, e conferma con convinzione il professor Cacitti, all'inizio non ci fu un solo cristianesimo, ma diversi cristianesimi che avevano rilevanti diversità l'uno dall'altro, erano più o meno radicali, più o meno vicini all'originaria matrice ebraica. Alcune di queste differenze saranno dottrinalmente composte nel corso dei secoli, di altre continua a esserci traccia anche oggi nelle diverse confessioni che si dicono cristiane.

È certo, comunque, che alcuni di questi gruppi cominciarono a pensare che l'elemento di maggior rilievo fosse non tanto ciò che Gesù aveva detto e fatto, quanto che fosse risorto dalla morte. Tutti, in ogni caso, erano in attesa di una sua seconda gloriosa venuta (parusia) con la quale avrebbe stabilito il regno di Dio sulla terra. In questa fase aurorale la nuova fede non si distingue in maniera particolare da una delle tante correnti ebraiche basate sulla tradizione apocalittica (l'attesa del giorno finale). Il messaggio è però recepito in modo diverso dalle varie comunità ebraiche (allora come oggi assai numerose sia fuori sia dentro i confini d'Israele) insediate lungo le coste del Mediterraneo.

A quale classe sociale appartenevano gli adepti che progressivamente la nuova fede riuscì ad attrarre? Gli storici marxisti hanno a lungo sostenuto l'ipotesi che si trattasse delle classi più umili, coloro che nell'Ottocento sarebbero stati chiamati «proletari». Un'analisi più accurata ha messo in luce che, in realtà, non mancavano gli appartenenti alla classe media, nonché persone agiate.

Importante fu il ruolo delle donne, che spesso erano le proprietarie dei luoghi in cui ci si riuniva per consumare un pasto in comune (agape, comunione), la forma rituale più frequente È certo che tali donne hanno avuto ruoli anche di preminenza negli organismi che lentamente si andavano formando. Su tutte queste manifestazioni di fede l'apostolo Paolo (di cui vedremo più avanti l'operato) cercava di esercitare uno stretto controllo, soprattutto per evitare che i nuovi fedeli subissero l'influsso di altri predicatori. Nella Lettera ai Galati (3,1) il rimprovero è aspro: «O stolti galati, chi mai vi ha ammaliati?».

Una delle domande che Paolo dovette sentirsi rivolgere più di frequente era sicuramente quando sarebbe arrivato il momento del promesso regno di Dio. Nelle sue lettere abbonda infatti in rassicurazioni. Così, per esempio, in quella ai romani (13,11): «È ormai tempo di svegliarvi dal sonno, perché la nostra salvezza è più vicina ora di quando diventammo credenti».

Venti, trent'anni dopo la morte, i nuovi fedeli aspettano con ansia il ritorno di Gesù in gloria per annunciare la venuta del regno. In molte lettere, a cominciare da quella ai tessalonicesi, Paolo cerca di consolare tutti, persone che vedono amici e confratelli morire e scendere sottoterra mentre non c'è traccia di Cristo tornato in potenza sulle nubi.

Intanto, in Giudea, la resistenza contro l'occupazione romana saliva d'intensità, il contrasto tra fede ebraica e leggi romane, rimasto per lo più latente, si faceva sempre più esplicito, gli atti ostili e di sabotaggio aumentavano, cresceva anche il puro banditismo, che rendeva sempre meno sicuri le comunicazioni e gli spostamenti, e si accentuava il fanatismo degli zeloti, che indicavano apertamente in Roma il nemico da battere.

Un evento traumatico, nell'ambito della nostra storia, riguarda Paolo di Tarso. Dopo essersi aggirato per dieci anni fra le comunità dell'Egeo, Paolo decide di tornare a Gerusalemme. Qui giunto, viene arrestato dalle autorità con l'accusa di turbare l'ordine pubblico e, in quanto *civis romanus*, tradotto a Roma per essere giudicato davanti all'imperatore. Anche Pietro arriva a Roma. Secondo la leggenda entrambi vengono giustiziati nell'anno 64. Due anni più tardi, in Giudea, la rivolta contro i romani erompe diventando guerra aperta, i ribelli s'impadroniscono di Gerusalemme, la predizione degli esseni contenuta nei rotoli del Mar Morto sembra avverarsi: «Tua sia finalmente la battaglia. I loro corpi sono schiacciati dalla potenza della Tua mano e non ci sarà nessuno per seppellirli». Tale fu la furia della ribellione che a qualcuno parve di scorgervi i segni della finale apocalisse, il sospirato arrivo del regno.

Anche gli esseni scesero in campo, ma vennero sterminati. Lo storico Flavio Giuseppe, al quale ho già accennato, fatto prigioniero durante la guerra, passa dalla parte dei romani. Se si trattò di tradimento, fu certamente un «buon uso del tradimento», poiché sarà lui, attraverso i suoi scritti, a presentare alla classe dirigente e alla società antiche un'immagine rassicurante del giudaismo, che certo non godeva di buona stampa. Nel descrivere la rovina e il saccheggio di Gerusalemme, dopo due anni di assedio rovinoso durante il quale fame e pestilenze avevano decimato la popolazione, egli avvia quel processo di emarginazione e condanna dei «fanatici dell'apocalisse» che caratterizzerà la storia ulteriore del rabbinismo. La parte più spaventosa del suo racconto è forse quella in cui riferisce con quale furia le truppe romane, vinta l'ultima resistenza, irruppero in città. Scrive:

Mentre il Tempio bruciava gli assalitori saccheggiarono qualunque cosa capitasse a tiro e fecero un'immensa strage di tutti quelli che presero, senza alcun rispetto per l'età né riguardo per l'importanza delle persone: bambini e vecchi, laici e sacerdoti, tutti indistintamente vennero massacrati, e la guerra ghermì e stritolò ogni sorta di persone sia che chiedessero mercé sia che tentassero di resistere. Il fragore dell'incendio che si estendeva ovunque faceva eco ai lamenti dei caduti ... Tutto ciò che rimase fu il muro di fondazione che una volta sorreggeva il simbolo del centro della terra d'Israele.

Quel troncone, tutto ciò che restava del Tempio, è oggi noto come «Muro del pianto».

L'esito catastrofico della rivolta, la distruzione del Tempio, l'asportazione dei simboli sacri del giudaismo, la fuga di migliaia di profughi dalla città in fiamme rappresentarono un trauma che non si sarebbe più cancellato dalla memoria del popolo. Nel 70, punto tornante della storia, gli adepti della nuova fede cristiana erano ancora una delle tante correnti dell'ebraismo. I vangeli non poterono non risentire di quegli eventi terribili. Ogni testo cercò di trasmettere l'interpretazione del suo autore a proposito del messaggio della religione che stava per nascere.

Le mie domande saranno quelle del profano incuriosito, appassionato certo dell'argomento, ma non competente. Ho letto parecchi libri per prepararmi a questo colloquio ma ciò che so è poca cosa rispetto a chi, come i veri studiosi delle Scritture, ha passato anni su quelle carte. Quindi le rivolgerò anche domande che le sembreranno ingenue. La prima è di metodo: mi piacerebbe sapere con quali criteri voi storici dell'antichità lavorate su argomenti così lontani e per tanti aspetti così incerti, così difficili.

Il metodo è assai semplice da descrivere, molto più complesso da applicare. I testi antichi non sono usciti a stampa, erano manoscritti. Per di più, nel caso specifico della Bibbia e, sovente, delle opere dei Padri, i manoscritti sono innumerevoli. C'è una scienza apposita, la critica testuale, fondata soprattutto dai grandi filologi tedeschi dell'Ottocento, che si occupa di stabilire nella maniera il più possibile certa l'attendibilità di un testo. Questa è la base. Alla quale si aggiungono vari criteri e strumenti che vanno dalla critica letteraria all'ermeneutica, all'esegesi, cioè i mezzi che la scienza attuale ritiene validi per la valutazione di un testo e la comprensione del suo contenuto.

È un metodo che vale tanto per l'*Odissea* quanto per il Nuovo Testamento, per Stendhal come per Manzoni. La differenza, però, sta proprio in quella materia prima «manoscritta» che rende tutto più difficile. Basta il semplice esercizio di copiatura a mano di una pagina, soprattutto sotto dettatura, per rendersi conto di quanti errori si possano fare. Fra l'altro, nei testi religiosi, errori e varianti sono spesso intenzionali, servono a sfuggire un dato problema, a indirizzare la lettura in un certo senso, e via dicendo.

Un'altra domanda iniziale: prescindendo dalle competenze di voi specialisti, a quali criteri generali si deve attenere il profano per cercare di penetrare al meglio il senso dei testi? Qualche consiglio, intendo.

Mi chiede dei suggerimenti pratici. Ne indico alcuni: tenere sempre presenti le circostanze in cui i testi sono stati scritti; quindi i possibili scopi della loro redazione nella realtà storica di quegli anni. Gli scritti del Nuovo Testamento fanno spesso riferimento, esplicito o implicito, alle scritture dell'Antico Testamento, ossia alla Bibbia degli ebrei, allo scopo di rendere evidente che la buona novella era già presente, pur se in forma nascosta o velata, proprio in quei testi antichi, soprattutto nei profeti. Potremmo dire che il Nuovo Testamento consiste in una lettura «critica» dell'Antico Testamento, tesa a rendere evidente che, con Gesù, giunge a compimento il grande disegno di salvezza dispiegato da Dio in tutta la Bibbia.

Nel rispondere alle domande cercherò di essere il più chiaro possibile evitando eccessivi tecnicismi. Di tanto in tanto, dovrò tuttavia far ricorso a qualche distinzione più sottile, anche se cercherò di mantenere un tono divulgativo, a costo di alcune approssimazioni. Mi sembra giusto che chi legge possa avvicinarsi, senza troppa fatica, a notizie solo raramente conosciute. Per gli eventuali approfondimenti rimando ai titoli che indicherò in bibliografia.

Come è nata la ricerca scientifica in questo ambito e quando?

La ricerca scientifica, così come l'ho in breve descritta, è ovviamente un portato dell'Illuminismo. C'è però anche una preistoria che ha una datazione precisa, senza dubbio simbolica ma efficace, cioè la rottura della cristianità occidentale con la Riforma di Martin Lutero, nel 1517.

Capisco l'importanza di quella data da molti punti di vista. Lutero spaccò il mondo cristiano, sottrasse all'influenza e alla dottrina di Roma gran parte dell'Europa centrosettentrionale. Ma in che modo la Riforma è collegata all'esegesi biblica?

Perché quando, nel volgere di pochi anni, la cristianità si è divisa fra cattolici e protestanti, è nato subito un problema teologico e storiografico: chi è il vero erede della tradizione? Fino a quel momento la tradizione era stata unitaria, almeno in Occidente. Dopo la rottura, invece, cattolici e protestanti, l'un contro l'altro armati, rivendicarono ognuno a sé la legittimità della successione. Si cominciò così a frugare negli archivi per cercare testimonianze sulle quali fondare la legittimità della propria pretesa.

Faccio un esempio curioso in ambito protestante: i centuriatori di Magdeburgo. Un certo Flacio Illirico, personaggio straordinario, capace di usare anche sistemi polizieschi e di spionaggio, si mise a capo di un gruppo di ricerca che batté l'intera Europa al fine di recuperare, spesso gabbando i preti cattolici, il più ampio numero di manoscritti e di edizioni antiche. Il suo scopo era ricostruire una storia del cristianesimo che legittimasse le rivendicazioni protestanti. Il risultato fu una lettura molto tendenziosa. Altrettanto tendenziosa, però, è l'opera che gli si oppone da parte cattolica: i celeberrimi *Annali* dello storico e cardinale Cesare Baronio. I titoli sono significativi: le *Centurie* si chiamano così perché ricostruiscono la storia del cristianesimo secolo per secolo; gli *Annali* del Baronio, invece, anno per anno.

La contrapposizione frontale si basava da entrambe le parti su una forte pregiudiziale confessionale e su un'altrettanto forte intenzione propagandistica, superata solo fra Ottocento e Novecento in ambito sia protestante sia cattolico. Nel XIX secolo la filologia tedesca è giunta per prima a una ricerca aconfessionale, vale a dire obiettiva (per quanto possibile). La teologia protestante di matrice liberale abbandona i fini apologetici e polemici per assumere criteri di tipo scientifico. Qualcosa di analogo avviene anche in ambito cattolico sotto l'influenza del modernismo esegetico, che spinge per un rinnovamento degli studi biblici e patristici. Ma, a differenza di quanto accade in ambito protestante, dove la ricerca è poi proseguita liberamente, in campo cattolico è sceso sugli studi il gelo dell'enciclica *Pascendi dominici gregis* di Pio X, con la quale la Chiesa cattolica impedì, in pratica, la prosecuzione della ricerca.

L'indagine su tale eredità avrebbe naturalmente investito il fondamento stesso del cristianesimo, cioè la Bibbia. Comincia così un lungo cammino, che esamineremo più da vicino in seguito, che si propone anzitutto l'obiettivo di stabilire nella maniera più accurata il testo stesso della Bibbia, utilizzando e classificando la mole imponente dei manoscritti che la tramandavano.

È curioso questo atteggiamento così diffidente della Chiesa di Roma, volto in prevalenza alla conservazione del passato, lontano dalle innovazioni, pronto a perseguire chi non si adegua.

Infatti, questa caccia alle streghe del XX secolo fece vittime anche illustri. Ernesto Buonaiuti, uno fra i primi titolari di una cattedra di Storia del cristianesimo all'università di Roma, venne perseguitato. Buonaiuti era un prete, che però aveva adottato i principi ermeneutici e scientifici sviluppatisi dal Settecento in poi in ambito protestante. L'accanimento contro di lui giunse a forme che potrei definire feroci. In aggiunta, il Vaticano esercitò forti pressioni sul governo italiano perché gli fosse tolto l'insegnamento.

In quale anno si svolsero questi fatti? Quale ne fu l'esito?

Buonaiuti si era formato, alla fine dell'Ottocento, all'Apollinare di Roma, il medesimo seminario in cui, in quegli stessi anni, studiava Angelo Roncalli, il futuro Giovanni XXIII. Ordinato prete nel 1903, intraprese una brillante carriera accademica, destando tuttavia, a causa del suo metodo e dei suoi studi, prima diffidenza, poi l'aperta condanna della gerarchia vaticana. Scomunicato nel 1925, poté conservare la cattedra all'università di Roma finché, con la stipula del Concordato fra Italia e Santa Sede, non venne esonerato dall'insegnamento e assegnato ad altri compiti. Nel 1931, per essersi rifiutato, con uno sparutissimo gruppo di colleghi accademici, di prestare giuramento di fedeltà al fascismo, fu definitivamente rimosso dalla docenza. Non poté riprendere a insegnare neppure dopo la liberazione (1945), poiché, come stabiliva il Concordato, un sacerdote scomunicato non poteva tenere una cattedra nell'università di Stato. Morì di lì a poco, temo di crepacuore.

So che ha lasciato alcuni volumi di Storia del cristianesimo *suppongo che sia la sua ultima grande opera. Al di là delle persecuzioni odiose che dovette subire, è un testo ancora valido?*

È valido come testimonianza del Novecento, non soltantc scientifica, ma anche letteraria. Bisogna tuttavia considerare che Buonaiuti scrive prima delle grandi scoperte avvenute a Qumran (nel deserto di Giuda) e a Nag Hammadi (in Alto Egitto): la sua formazione è essenzialmente ottocentesca, con tutti i limiti che ciò comporta. Tuttavia, fra gli anni Dieci e gli anni Trenta del Novecento, Buonaiuti è stato una straordinaria personalità scientifica italiana, apprezzata anche a livello internazionale.

Quanto afferma mi fa venire in mente che, in effetti, scorrendo una bibliografia sul cristianesimo si trova sempre una schiacciante prevalenza di opere tedesche e, da qualche anno, anche anglosassoni. Comunque, tutte o quasi tutte di ambiente luterano o protestante.

In effetti predominano negli studi, a livello di eccellenza, opere di matrice protestante: di qui, la preponderanza delle lingue anglosassoni. Notevoli progressi sono stati però compiuti in questi ultimi decenni anche da parte cattolica, soprattutto direi in Spagna e in Italia.

Nel corso della conversazione noi speriamo di arrivare a stabilire con la massima certezza possibile com'è nato il cristianesimo, quando, a opera di chi, attraverso quali eventi e protagonisti. Dobbiamo quindi ora stabilire di quale periodo vogliamo parlare in una vicenda che è andata avanti per venti secoli. Una data iniziale potrebbe essere forse la morte di Gesù; quanto alla data finale dovrebbe essere quella che in certo modo conclude la fase aurorale di questa religione. Dove collocarla?

Concordo con lei che possiamo far coincidere l'atto di nascita del cristianesimo con la morte di Gesù e, più ancora, con la fede dei suoi seguaci nella sua resurrezione. Vedremo poi che, in realtà, bisognerà stabilire meglio come sono andate le cose. Quanto alla data conclusiva, la fisserei nel periodo che va da Costantino il Grande a Teodosio I, vale a dire lungo tutto il IV secolo. Se, infatti, Costantino riconosce al cristianesimo il carattere di *religio*, cioè lo ammette nel novero dei culti consentiti, nel giro di pochissimi decenni la nuova fede, che aveva subito persecuzioni e impedimenti di ogni genere, si trasforma in una religione imperiale, come stabilirà un editto di Teodosio. Vedremo quali sono state le conseguenze, alcune delle quali perdurano ancora oggi.

L'epoca che lei delinea abbraccia, dunque, un periodo di circa quattro secoli. È possibile che dovremo violarne i limiti, quando e se sarà necessario, per capire meglio qualche passaggio o le conseguenze, prodottesi magari dopo molti anni, dei fatti che racconterà. Possiamo quindi iniziare.

II

COME TUTTO È COMINCIATO

Uno degli ebrei della diaspora era Shaul o Saulo (Paolo per i latini), nato a Tarso (Cilicia), uomo di intelletto poderoso e di violente passioni, persecutore accanito dei seguaci di Yehoshua e poi, dopo un «trauma accecante» sulla via di Damasco, apostolo altrettanto appassionato dello stesso Gesù.

Paolo, viaggiatore infaticabile, predica e diffonde la parola del messia nelle sinagoghe, si dice convinto che Dio lo abbia scelto per diffondere nel mondo la buona novella, proclama che il Cristo è venuto sulla terra per salvare ogni essere umano, ebreo o gentile che sia. Nell'epoca di cui parliamo, le sinagoghe non erano templi dedicati in esclusiva alle cerimonie religiose. Questo avverrà solo a partire dal IV secolo. Allora, erano soprattutto luoghi di studio della *Torah*, il nucleo centrale della Bibbia, che potevano essere liberamente frequentati.

Nel mondo antico l'ebraismo offriva una certa superiorità sociale nel senso che, rispetto a ogni altra religione, irradiava una forte identità collettiva. Molti «gentili», ossia non ebrei, non appartenenti al popolo eletto, rimanevano colpiti nell'ascoltare Paolo che citava i profeti biblici, l'avvento del regno di Dio, la venuta di un messia, e poi calava quelle antiche parole nell'attualità delle loro vite. Ad Antiochia, a Corinto e in altre città, la predicazione dà frutti abbondanti. Paolo diffonde la fiducia che, con la resurrezione di Gesù di Nazareth, sia arrivata l'età messianica, che ci sarà salvezza per tutti, che i gentili saranno eletti come gli ebrei. La sua forza oratoria, che doveva essere poderosa, il prestigio delle Scritture alle quali si rifaceva, la capacità seduttiva di rituali che parlavano di salvezza, resurrezione, vita eterna convinsero molti a farsi seguaci di Gesù. Il messia aveva parlato a pastori e contadini con metafore e parabole prese dalla vita dei campi e dalle stagioni; Paolo, anche se cerca di rendere accessibile a tutti il suo vangelo, parla (e scrive) come un intellettuale che si rivolge ad altri intellettuali.

Con Gesù la nuova fede era rimasta rurale; con Paolo diventa urbana, e dalle grandi città s'irradia per arrivare fino a Roma. Paolo, come vedremo, è in realtà il primo evangelista sia per l'originalità del suo messaggio sia per un elemento puramente cronologico: la sua azione si sviluppa pochi anni dopo la morte di Gesù.

Non c'è dubbio che, nel secolo in cui il cristianesimo cominciò lentamente a delinearsi, Paolo sia la figura più affascinante. Le sue numerose lettere ci restituiscono la personalità di un uomo pronto a intervenire, che esige obbedienza, che impone ai seguaci rispetto per l'autorità, a cominciare dalla propria. I temi sui quali insiste di più sono la resurrezione di Gesù e l'approssimarsi della fine di tutti i tempi: ognuno deve prepararsi, essere pronto all'evento. I due riti che distinguevano i seguaci di Gesù dagli altri ebrei erano la cerimonia iniziatica del battesimo, parola di origine greca che significa «immersione», e il pasto comune (agape) consumato in memoria dell'ultima sua cena con i discepoli.

In origine un gentile che volesse diventare discepolo di Gesù doveva in primo luogo farsi ebreo, operazione non semplice poiché significava conformarsi ad alcune regole fondamentali di quella fede. Prescrive il Levitico (11,46-47): «Questa è la legge … perché sappiate distinguere ciò che è immondo da ciò che è mondo, l'animale che si può mangiare da quello che non si deve mangiare». Paolo rompe questa stretta osservanza. A suo giudizio, anche i gentili che non osservano pienamente le regole alimentari (*kashrut*) possono essere ammessi alla mensa comune. L'altra norma cogente è quella prevista da Genesi 17,10-11: «Questa è la mia alleanza che dovete osservare, alleanza tra me e voi e la tua discendenza dopo di te: sia circonciso tra voi ogni maschio». La circoncisione può diventare un intervento impegnativo per un maschio adulto e i romani la consideravano una spregevole mutilazione; rischiava quindi di costituire un ostacolo all'adesione di nuovi fedeli. Paolo stabilì anche che la salvezza scaturiva dalla grazia divina, non dall'osservanza della Legge, ragione per cui non ci sono più ebrei o greci, scrive nella Lettera ai Galati, né schiavi o uomini liberi, né maschile o femminile, poiché tutti sono uno in Gesù Cristo.

Per sostenere la sua causa, l'apostolo non esita ad andare a Gerusalemme per incontrare quelle che chiama le «colonne» della nuova fede, Pietro, Giovanni e Giacomo fratello di Gesù, guida riconosciuta del gruppo. Fra lui e gli esponenti di Gerusalemme pare essersi stabilito un compromesso, la cui natura tuttavia non è facile da stabilire, poiché le fonti (Paolo stesso e Luca negli Atti degli Apostoli) sono discordanti. Sta di fatto che, dopo la tregua concordata a Gerusalemme, la polemica si riaccende virulenta. Pietro raggiunge Paolo ad Antiochia, dove si allinea al suo modo di comportarsi prendendo il cibo insieme ai gentili. Paolo rivendicava per loro la possibilità di non circoncidersi. Ma raggiunto da alcuni emissari inviati da Giacomo, ritorna poi sui suoi passi, evitando ogni ulteriore contatto con costoro. Scrive Paolo: «Mi opposi a lui a viso aperto, perché evidentemente aveva torto» (*Gal* 2,11). Siamo in presenza non soltanto di una delle prime fratture fra le comunità cristiane delle origini, sanata da una sorta di distinzione fra gli ambiti territoriali della missione, ma anche di una delle prime derive del cristianesimo dal giudaismo. Vedremo in seguito, infatti, come il superamento della legalità giudaica provochi il primo allontanamento di una parte del cristianesimo dalla comune casa ebraica.

Dopo lo scontro, Paolo, trovatosi isolato, lascia Antiochia, dove non farà più ritorno. L'episodio segna probabilmente un punto di svolta nella sua vita. L'«apostolo delle genti», come verrà chiamato, comincia a diffondere la sua fede in Asia Minore e in Grecia risiedendo a Efeso, città sulle coste dell'attuale Turchia, ricco centro commerciale noto anche per il tempio di Artemide, considerato una delle sette meraviglie del mondo antico.

È Paolo per primo a parlare con insistenza della resurrezione, a farne anzi il centro della sua predicazione. Lo fa con tale forza di convincimento da arrivare a dire che, senza la fede nella resurrezione, vana è la speranza del credente.

Per capire com'è nata questa grande religione vorrei partire dal momento della resurrezione, dal momento cioè in cui alcune persone cominciano a diffondere la voce che Gesù è risorto o meglio che, dopo tre giorni dalla morte, la sua tomba è stata trovata vuota. Chi sono queste persone e come testimoniano questo evento?

Il primo giorno dopo il sabato, quando le donne si recano al sepolcro per visitare, se non addirittura per acconciare la salma di Gesù, è capitale nel racconto evangelico della Pasqua. Notiamo, per il momento, che i testimoni di un evento che ha lasciato come traccia una tomba vuota sono donne. Ora, la testimonianza femminile, nel giudaismo non meno che nel mondo greco-romano, aveva giuridicamente scarso peso, e questo fu in effetti rimproverato ai primi discepoli di Gesù.

L'osservazione ci consente di mettere a fuoco il valore effettivo del racconto, che non è tanto una narrazione storica, quanto un atto di fede. Per capire la distinzione, dobbiamo riferirci alla più antica attestazione della resurrezione, quella che Paolo, avendola accolta da una tradizione precedente, trasmette alla comunità di Corinto: «Cristo morì per i nostri peccati, secondo le Scritture, fu sepolto ed è resuscitato il terzo giorno secondo le Scritture» (*1 Cor* 15,3-4). Siccome la Prima lettera ai Corinzi è databile negli anni Cinquanta del I secolo, è certo che questa formula, che Paolo afferma di aver ricevuto, è vicina all'evento, ovvero databile agli anni Trenta dello stesso secolo. Ora, è evidente che in essa la resurrezione viene interpretata come un compimento delle Scritture, cioè dell'Antico Testamento, dunque in una prospettiva religiosa, non storica.

A un esame attento i racconti evangelici, pur nelle loro differenze, danno in realtà la stessa prospettiva: la resurrezione di Gesù s'iscrive nelle potenti manifestazioni con cui Dio ha rivelato agli uomini il suo progetto di salvezza. Questo è il nucleo. I vangeli storicizzano, per così dire, l'evento, lo collocano cioè entro il percorso storico della primitiva comunità. In tale ambito, merita di essere esaminato il ruolo centrale delle donne, che non sono soltanto le prime a constatarlo, ma, soprattutto, sono le prime ad annunciarlo. In Giovanni, Maria di Magdala, scoperto il sepolcro vuoto di Gesù, informa subito della cosa Simon Pietro e il discepolo «che Gesù amava». I due accorrono sul posto ma, dopo aver visto le bende e il sudario ripiegato, se ne tornano a casa. La donna, invece, si trattiene e incontra il risorto, il quale le ordina di andare dai fratelli e annunciare loro che «io salgo al Padre mio e Padre vostro, Dio mio e Dio vostro» (*Gv* 20,17). Maria di Magdala obbedisce, e diviene così il primo apostolo, il primo inviato ad annunciare la resurrezione.

Paolo è una figura eccezionale, di cui dovremo parlare a lungo, anche perché molti lo ritengono il vero fondatore del cristianesimo. Qui basti dire che, arrivato per ultimo, riesce rapidamente a diventare il primo: gli Atti degli Apostoli parlano quasi solo di lui. Chi sono dunque quelli che per primi diffondono la voce che Gesù è risorto?

Il primo, come abbiamo visto, è proprio Paolo, che certo non è stato testimone diretto dei fatti. Egli non appartiene neppure alla cerchia dei seguaci di Gesù, anzi, il suo ingresso nella storia del cristianesimo, se così ci si può esprimere, è nelle vesti di persecutore di talune delle primitive comunità dei nuovi credenti.

Perché definisce «vangelo» le sue lettere? Che io sappia, i vangeli sono i quattro detti «canonici», più tutti gli altri non riconosciuti dall'ortodossia cattolica.

Nel senso etimologico del termine, le epistole sono certamente un vangelo. «Vangelo» vuol dire annuncio della buona novella, annuncio che Gesù è il Cristo, cioè il messia. Sotto questo aspetto, certamente quello di Paolo è un vangelo, anche se non è redatto nella forma tipica dei tre sinottici (Marco, Luca, Matteo) e in parte di Giovanni. Quando parliamo di vangelo inteso come annuncio del mistero di Cristo, intendiamo l'intero Nuovo Testamento, scritto in diversi generi letterari: il vangelo vero e proprio, gli Atti, le epistole e l'Apocalisse. In questo senso, quindi, Paolo è il primo araldo del vangelo.

La sua figura è, ripeto, eccezionale, anche nella sua complessità. È possibile individuare un passaggio che racchiuda l'essenza del suo annuncio, il cuore del suo messaggio?

Lo si può ricavare da pochissimi versetti del prologo nella Lettera ai Romani. Paolo dice di essere apostolo di Gesù, il quale è nato dal seme di David secondo la carne, e costituito in potenza veramente figlio di Dio a partire dalla resurrezione dei morti (1,3-4). Egli legge la figura di Gesù su due piani: il piano della storia, in cui c'è un Gesù di Nazareth nato dal seme di David, come ciascuno di noi è nato dal seme di qualcuno. Ma la sua pienezza si ha nel momento della sua epifania come figlio di Dio, come messia, al momento della resurrezione dei morti.

Qui cominciano le difficoltà. Paolo non è stato testimone diretto dei fatti. Come fa ad affermare una cosa del genere? A quale fonte attribuisce una notizia di tale importanza?

A una visione o, nel linguaggio biblico, a un'apparizione. La sensibilità contemporanea non è molto in sintonia con certe forme religiose del mondo antico. Ma se si legge l'epistolario paolino, o anche ciò che scrive Luca negli Atti, è chiaro che sono esperienze fatte in un universo che possiamo definire mistico, certo non storico. Tuttavia, dobbiamo ammettere con Hans Conzelmann, grande storico delle origini cristiane, che «la spiegazione della nascita della Chiesa sta nella tradizione delle apparizioni di Gesù risorto». Ma che cosa significa «apparizione»? Credo occorra ricollegarsi alle manifestazioni con cui, nell'Antico Testamento, Dio (piuttosto che il suo angelo o la sua gloria) si manifesta, cioè appare, ai patriarchi, a Mosè, a David, a Salomone. Nei «tempi della fine», tali visioni si presentano come una «ricapitolazione», una pienezza di verità di quelle antiche esperienze: ecco perché Paolo le elenca addirittura in un passaggio della Prima lettera ai Corinzi, in cui sono esplicitamente nominati come testimoni Cefa (ovvero Pietro) e Giacomo, fratello del Signore, e poi tutti gli apostoli e infine più di cinquecento fratelli (15,3-8).

Gli altri vangeli riportano, però, anche dei dati, per dir così, di cronaca. C'è, per esempio, la donna che sta nell'orto, la Maddalena, che per prima vede Gesù. Da dove vengono quei dettagli, chi ha dato quelle notizie?

Nessuno dei quattro vangeli, tanto meno Paolo, parla delle circostanze storiche, fattuali della resurrezione. I vangeli parlano di una tomba vuota, di un'assenza. Abbiamo già accennato a Maria di Magdala che, nell'orto, scambia Gesù risorto per l'ortolano. Possiamo citare l'episodio clamoroso dei discepoli di Emmaus che, mentre discutono di quanto è avvenuto a Gerusalemme, vengono raggiunti da un forestiero (*Lc* 24,13 sgg.). Lo invitano a cena e, a un certo punto, nell'atto liturgico di spezzare il pane, lo riconoscono come Gesù, che però non è più lì, è già scomparso.

Dove sono avvenute queste apparizioni?

Luca concentra a Gerusalemme la nascita della Chiesa e l'apparizione di Gesù ai discepoli. Marco e Matteo, invece, ignorano le apparizioni a Gerusalemme e le collocano in Galilea. Come sanare la contraddizione? Da un punto di vista storico si può presumere che in quella regione del nord sia esistita un'altra comunità autonoma, se non indipendente, da quella di Gerusalemme e fonte del Vangelo di Luca. Dal punto di vista critico occorre considerare che il racconto di Luca risponde a esigenze teologiche, non storiografiche. L'immagine che egli dà di persone ed eventi è condizionata dal suo «ideale» di Chiesa, a modello del quale costruisce la sua «storia», dove Gerusalemme occupa il baricentro.

Ma noi oggi, venti secoli dopo, che cosa dobbiamo pensare, ovviamente se prescindiamo dalla fede e ci limitiamo al piano puramente storico? Nell'ambito della fede la resurrezione non si discute, è il pilastro centrale del cristianesimo, come scrive lo stesso Paolo. Ma per uno storico?

Su un aspetto possiamo concordare: la resurrezione, qualunque cosa possa indicare, sta a significare la presenza di un vivente. Il Cristo non è morto, è presente. Le parole dell'angelo presso la tomba sono: «Voi cercate Gesù Nazareno, il crocifisso. È risorto, non è qui» (*Mc* 16,6). Non è nel regno dei morti. È una presenza vivente. Da qui a ipotizzare qualsiasi altro fenomeno c'è un passaggio che, storicamente, non è possibile ricostruire. La tradizione evangelica parla solo di un'assenza. Gesù è risorto nel senso che, abbandonato il regno della morte, è vivo fra i suoi.

Potrebbe dunque trattarsi di una presenza puramente spirituale nel senso, per esempio, che il suo insegnamento non è morto con lui. Non si tratta di sangue che scorre nelle vene, di un cuore che batte, di piedi che si muovono per avanzare; si parla di una visione del mondo e degli uomini, di ciò che li tiene insieme, li fa uguali.

Obiezioni come queste vennero fatte subito, come dimostra il famoso episodio di Tommaso, che non era presente alla pri ma comparsa del Signore nel cenacolo, e che alla seconda viene invitato a toccare col dito le piaghe. La possibile immaterialità dell'evento è un tema già presente all'aurora del cristianesimo. Era difficile concepire che un Dio morisse. Si era già cominciato a parlare di una morte apparente, per cui la passione e la morte del Cristo erano state patite da qualcun altro, un sostituto, in forma vicaria. Il problema della fisicità che lei pone è però legato, più che alla resurrezione di Cristo, alla resurrezione dell'uomo Gesù.

Dicendo questo, lei trasferisce l'evento della resurrezione dal piano religioso a quello culturale, antropologico. La possibile resurrezione dei corpi, così come la trasmigrazione delle anime o la reincarnazione sono concezioni piuttosto diffuse in parecchie culture umane.

Infatti vengono subito a confronto due grandi visioni dell'uomo: quella giudaica e quella che chiamerei ellenistica, greco-romana. In alcuni ambiti della cultura greco-romana, in cui nasce per la gran parte il Nuovo Testamento (scritto in greco, non dimentichiamolo), c'è il concetto di immortalità. Penso, per esempio, alla teoria dell'immortalità dell'anima di Platone. Nella visione giudaica, invece, il corpo ha, oserei dire, preminenza rispetto all'anima. L'uomo è tale in quanto formato da corpo, anima e spirito. Nel giudaismo non c'è la possibilità di dividere tali parti.

All'interno di questa concezione si stabilirà, per dogma, che Cristo è risorto anche nella carne. È un modo per far partecipare l'umanità al mistero di salvezza di Cristo. Egli è un Dio incarnato, muore e risorge; ma l'uomo come fa a partecipare a questo percorso di salvezza? L'unica strada percorribile è quella della corporeità, poiché il corpo è ciò che l'umanità ha in comune con Cristo. C'è un passaggio della lettera di Paolo ai romani che chiarisce questo aspetto. Scrive l'apostolo che il battesimo del fedele è una partecipazione alla Pasqua di Cristo: «Se infatti siamo stati completamente uniti a lui con una morte simile alla sua, lo saremo anche con la sua resurrezione» (*Rm* 6,5)

La sua ricostruzione disegna una struttura intellettuale di carattere mistico, ma si tratta appunto di pura congettura. La prova della resurrezione resta affidata a un'intuizione o, meglio, al trauma subito da Paolo. Si tratta, comunque, di un'intuizione geniale, che diventa poi una delle ragioni del successo del cristianesimo rispetto agli altri miti di salvezza: l'uomo viene salvato per intero, compresa la sua parte corporea. Nessuno l'aveva mai detto prima.

La visione del risorto non è una congettura, è un'esperienza religiosa. Per quanto concerne Paolo, quella che lei chiama intuizione io la definirei «conversione» nel senso letterale del termine, cioè di una svolta radicale di 180 gradi. L'intera vita dell'apostolo viene stravolta in forza di un'esperienza traumatica. Essa può comprendersi esclusivamente all'interno del linguaggio della fede, che ha altre regole, un'altra sintassi rispetto a quello della storia. Il fatto che lo storico non abbia gli strumenti per misurare tali esperienze non significa affatto che esse non abbiano consistenza. Ce l'hanno su un altro piano pur sempre umano, dato che l'uomo non si esaurisce nella sua razionalità. Va poi aggiunto che comunque, sul piano storico, esse hanno prodotto macroscopiche conseguenze, queste sì ben misurabili, prima fra tutte la nascita di un grande movimento religioso come il cristianesimo.

Ancora una volta è solo Paolo a dirlo. Se fossimo in un tribunale, davanti a una corte e il presidente interrogasse i testi per sapere lo svolgimento di un fatto, noi disporremmo di un solo testimone: Paolo.

Non è così. Indubbiamente in Paolo abbiamo una proclamazione di fede che risponde alla domanda: quando Gesù diventa il messia? Paolo sostiene che la divinità di Cristo si realizza al momento della resurrezione. Pensi agli inizi degli altri vangeli: Marco, il vangelo più antico, comincia con la scena del battesimo. L'evangelista omette, come del resto Paolo, la nascita verginale e tutta l'infanzia; comincia con il battesimo. Che succede nella scena sul Giordano? Si squarciano i cieli, irrompe una colomba e una voce recita Isaia: «Tu sei il mio figlio diletto, in te mi sono compiaciuto» (*Is* 42,1). L'incipit ha un senso ben preciso. Marco è preoccupato della possibilità che il vangelo di Paolo – che è anteriore – venga interpretato nel senso che è proprio di alcune teorie misteriche presenti nella cultura greco-romana: un Dio che eternamente nasce ed eternamente muore. Allora sente il bisogno di mostrare che la storia di Gesù è davvero quella di un messia, cioè del figlio di Dio. Ed ecco che la manifestazione della figliolanza divina viene posta in un preciso momento storico della vita di Gesù, il battesimo.

Se le cose stessero così, Gesù non sarebbe però un vero figlio di Dio, bensì un figlio, per dir così, adottivo, nel senso che, a un certo punto, Dio lo sceglie, lo fa suo quando ha già raggiunto una certa età, non è più un bambino, è diventato un giovane uomo.

Figli di Dio nella Bibbia ce ne sono parecchi. Tutto il popolo d'Israele, per esempio, è il figlio prediletto di Dio, e tali sono anche i profeti, i capipopolo. Alla sua obiezione rispondono i vangeli di Matteo e, soprattutto, di Luca: per evitare che si considerasse Gesù un figlio adottivo al modo dell'Antico Testamento, ecco la nascita verginale per indicare che, fin dal concepimento, Gesù è il Cristo, il messia.

Cioè figlio di Dio in quanto scaturito, generato, direttamente dal seme di Dio, sia pure attraverso un atto soprannaturale e non con un'unione fisica come in tanti episodi della mitologia greco-romana.

Certamente. Ma facciamo un passo avanti, vediamo l'inizio del Vangelo di Giovanni, che è il più recente. Annuncia il famoso prologo: «In principio era il Verbo, e il Verbo era presso Dio e il Verbo era Dio ... E il Verbo si fece carne e venne ad abitare in mezzo a noi» (*Gv* 1,1-14). Giovanni pone la divinità del Figlio in un'insondabile eternità. Se disponiamo gli eventi e i testi che li narrano lungo un doppio schema, cronologico e teologico, abbiamo questa situazione: Paolo – resurrezione;

Marco – battesimo; Matteo e Luca – nascita verginale; Giovanni – preesistenza. Il testo più antico, Paolo, parte dall'evento più recente, la resurrezione. Il testo più recente, Giovanni, comincia invece dal fondo insondabile dell'eternità. Fra questi due estremi, sta la storia di Gesù raccontata dai sinottici con l'intento di dimostrare l'identità fra il Cristo della fede (il risorto in Paolo, il preesistente in Giovanni) e il Gesù della storia, nato da donna e battezzato da un profeta.

Tentiamo di datare questi testi. Le date sono sempre utili a capire, anche perché ho l'impressione che ci stiamo allontanando un po' dalla storia. Quanti anni corrono fra Paolo e Giovanni?

Con Paolo siamo tra la fine degli anni Quaranta e l'inizio degli anni Cinquanta, dando per convenuto che la morte di Gesù sia avvenuta intorno agli anni Trenta del I secolo. Con Giovanni siamo alla fine del I secolo, inizi del II.

Dunque un tempo brevissimo, cinquant'anni all'incirca, poco più o poco meno di mezzo secolo.

Sì, ma mezzo secolo in cui la riflessione teologica compie passi enormi. Lei ha detto che ci stiamo allontanando dalla storia. Tenga conto che sia la resurrezione di cui parla Paolo sia la preesistenza di cui parla Giovanni sono due estremi atemporali e astorici in mezzo ai quali si colloca la vita «storica» di Gesù, compresi nascita verginale e battesimo.

Insisto sulla stessa domanda non per ostinazione, ma per sincera difficoltà a comprendere. Anzi, colgo l'occasione per ribadire che approfondire le origini del cristianesimo, cioè addentrarsi in una delle più complesse costruzioni intellettuali della storia, non è certo facile. D'altra parte, dirsi fedeli di una religione limitandosi alla semplicità di alcune «favolette» non è degno della stessa religione.

Ecco perché torno a chiederle: in una prospettiva solo storica, sia pure di una storia riportata da testimoni interessati, le apparizioni di Gesù nell'orto e a Emmaus sono tutte riferite da persone che non hanno assistito ai fatti. È così?

Lei definisce «fatti» quelli che preferirei chiamare «eventi». Credo, infatti, tanto per spiegarmi, che nella vita di ciascuno di noi vi siano degli eventi, per esempio le emozioni, che sono certamente, e talora gioiosamente o dolorosamente, reali, ma non fattuali: io posso provare un sentimento anche travolgente, che può provocare conseguenze concrete e reali, ma che, in se stesso, non è registrabile come un «fatto». Pensi, tanto per portare un esempio, all'innamoramento: certo, ne posso misurare le conseguenze, ma in sé l'evento resta inconoscibile.

Per tornare alla sua domanda, direi anzitutto che Marco e Matteo, e in parte anche Luca, sono testimoni non già di un evento, la resurrezione, ma delle conseguenze, dei fatti che accadono a partire da quell'evento. Inoltre, come già ricordato all'inizio, quei nomi stanno a indicare una peculiare tradizione religiosa, non certo persone fisiche identificabili.

Dalla fine dell'Ottocento, con la famosa stagione della «storia delle forme», si è capito che anche per la formazione dei vangeli vale ciò che vale per i racconti di fiabe o per la tradizione omerica. Nelle varie comunità sono stati tramandati per decenni resoconti orali, anche molto diversi fra loro, accanto a più o meno estese fonti scritte. Quando, nella biblioteca di Nag Hammadi, nel 1946 venne scoperto il cosiddetto *Vangelo di Tommaso*, si pensò di aver trovato una fonte parallela a quelle parti che i vangeli di Matteo e di Luca hanno in comune, e che non sono ricavate da Marco.

Il *Vangelo di Tommaso* non racconta le azioni di Gesù, si limita a riportarne 114 detti (*loghia*). È un testo che non conosce gli episodi della morte e della resurrezione. Di questi eventi, d'altronde, non parla nemmeno un altro grande documento delle origini, la *Didachè*, databile probabilmente verso il 70-80, cioè gli stessi anni di Matteo. In un tempo relativamente breve, questi materiali sono stati «accorpati» (so di esprimermi in maniera approssimativa) producendo alla fine quelli che noi chiamiamo i vangeli di Marco, di Matteo, di Luca e così via.

Questi nomi, allora, indicano al più i redattori dei testi, vale a dire coloro che hanno incorniciato i vari materiali della tradizione assemblandoli in un'unità letteraria, appunto il vangelo.

Storicamente è così. Ma non mi sembra che l'elemento dell'attribuzione sia poi così importante. Ciò che conta davvero è che, fin dalle origini, i cristianesimi sono stati numerosi e diversificati, almeno tanti quanti sono i nomi degli agiografi del Nuovo Testamento.

Lei ha detto che nessuno degli autori dei vangeli è stato testimone diretto dei fatti. Questo però contrasta con la credenza popolare, mai veramente smentita, che il Giovanni autore del vangelo omonimo sia il cosiddetto «discepolo più amato», colui che sedeva accanto a Gesù nell'ultima cena.

Già le fonti antiche distinguono fra più di un Giovanni. Il vangelo detto «di Giovanni» prende probabilmente il nome da uno dei dodici, ma solo per indicare che la teologia contenuta in quel testo appartiene a un certo gruppo di cristiani. Una delle comunità che si installa in Asia Minore (l'attuale costa egea della Turchia) va sotto il nome di Giovanni, il quale, per altro, nell'omonimo vangelo non viene mai esplicitamente identificato con il discepolo amato. C'è chi fra gli studiosi ha sostenuto, e con argomenti solidi, che il discepolo debba piuttosto venire identificato con Lazzaro, il giovane che Gesù resuscita.

Quale sviluppo ha poi avuto quella comunità, quella corrente?

Il cristianesimo giovanneo in pochi anni soppianta la precedente azione missionaria di Paolo. È una delle varie fasi formative del cristianesimo primitivo, che sono state anche molto conflittuali. Per riassumere, i nomi degli evangelisti si riferiscono a tradizioni anche esegetiche, spirituali, ma ci dicono pochissimo sugli effettivi redattori dei testi.

La tesi storica che lei sta esponendo è condivisa da studiosi di varie confessioni, compresi i cattolici, oppure fra gli storici e i biblisti esistono pareri diversi?

Gli studi sono rimasti allineati su un parametro comune fino alle soglie dell'età moderna. Il Gesù della storia, il Gesù Cristo della fede e il Cristo del dogma sostanzialmente coincidevano. Le cose sono cambiate in epoca illuminista, quando Lessing, nel 1776, pubblica il frammento di un'opera volutamente anonima, anche se tutti in realtà ne conoscevano l'autore. Si trattava di Samuel Reimarus, professore di lingue orientali in un liceo di Amburgo. In questo frammento, intitolato *Sullo scopo di Gesù e dei suoi discepoli*, viene avanzata per la prima volta l'ipotesi che ci sia un'ampia divaricazione fra le intenzioni del profeta Gesù e quelle dei suoi discepoli: davanti al fallimento storico del profeta Gesù, argomenta Reimarus, sarebbe subentrata l'iniziativa apostolica che, «inventando» la resurrezione, fa di lui un personaggio mitico. Si crea la prima frattura fra il Gesù della storia – uno dei tanti profeti di Israele – e il Cristo della fede, oggetto di culto divino. Da lì comincia una grande stagione scientifica che coinvolge, soprattutto in Germania, le menti più lucide della filologia, della storiografia, della filosofia, e che va sotto il nome di «ricerca sulla vita di Gesù». Comincia, insomma, la modernità.

La Chiesa cattolica è sempre stata così gelosa dell'eredità di Gesù da arrivare a definirsi unica depositaria legittima del suo insegnamento. Chiedo ancora: le tesi che lei espone sono condivise anche dalla filologia biblica cattolica?

Fino a un certo punto lo sono state, specie dopo il concilio Vaticano II. Da qualche tempo la restaurazione cattolica tenta di ignorare le distinzioni, accettate finora, fra il Gesù della storia e il Cristo della fede. La resurrezione però, a mio avviso, resta l'autentico diaframma fra quello che c'era prima e quello che c'è dopo, potremmo dire una lente «deformante» che impedisce di vedere davvero la figura storica di Gesù. Fissandolo attraverso questo filtro, ciò che Gesù ha detto o fatto viene riletto alla luce dell'esperienza pasquale, con l'obiettivo di rintracciare dentro la sua storia i sintomi d'una figliolanza divina. La storia di Gesù che i vangeli ci danno è, in senso etimologico, tendenziosa, tende cioè a dimostrarne la messianicità.

È durato a lungo questo atteggiamento di chiusura della Chiesa?

I tentativi di indagine scientifica sul Nuovo Testamento sono stati, per così dire, scomunicati dalle alte gerarchie vaticane. La famosa Commissione biblica istituita da Pio X doveva dichiarare illegittime tali ricerche. Una specie di cintura sanitaria andata in pezzi, come ricordavo, con il concilio Vaticano II, quando finalmente anche la filologia e la ricerca cattoliche si sono allineate ai metodi e ai risultati della migliore ricerca scientifica protestante.

Il concilio Vaticano II è degli anni Sessanta, cioè di mezzo secolo fa. Se ho capito bene, è però cominciata, in una fase successiva, quella che lei ha definito «la restaurazione cattolica». Quando?

Piuttosto recentemente. Direi da una ventina d'anni, se non meno, in coincidenza comunque con la prefettura di Joseph Ratzinger alla Congregazione per la dottrina della fede.

Non vorrei che il colloquio scivolasse troppo sull'attualità, ma d'altra parte l'argomento mi sembra del massimo interesse. Rientra nella «restaurazione» anche il recente libro di Ratzinger su Gesù?

Certamente, basta leggerne l'introduzione. L'obiettivo dichiarato del saggio è di tornare molto indietro, a prima degli studi storico-critici su Gesù. Come per incantesimo, il Nuovo Testamento darebbe anche l'esatta dimensione storica di Gesù, facendo così di nuovo coincidere le varie identità fra il Gesù della storia, il Gesù Cristo della fede e il Cristo del dogma. È un tentativo inaccettabile sotto il profilo storico, anche perché ignora, o piuttosto arbitrariamente rigetta, oltre due secoli di ricerca che hanno dato splendidi risultati e abbondanti frutti.

Visto che siamo fuori tema, approfitto per chiederle come valuta le obiezioni mosse dal cardinale Martini al libro del papa. Mi sembra che coincidano con le sue. Riassumendo grossolanamente, direi che il cardinale lo ha definito un libro non da storico, ma da mistico.

Infatti, preso come un esercizio mistico o forse spiritualistico, il libro va benissimo. Che vi siano diversi modi di contemplare lo stesso mistero rientra nell'ordine delle cose. Sarei disposto a battermi perché ciascuno abbia il diritto di sostenere la sua opinione. La prospettiva scientifica, però, ha un suo carattere. Se mi batto per l'autonomia degli altri metodi, mi batto anche per l'autonomia del mio. Sono uno storico, non un mistico né un religioso. Non devo contribuire a suscitare la fede o a edificare la Chiesa, ma solo rispondere ai miei principi deontologici fissati da un metodo e dalla coscienza. Osservo, peraltro, che il metodo storico produce conoscenza. Questi sono i miei parametri. È sulla base di questi che ho risposto e risponderò alle sue domande.

III

LA VISIONE DI PAOLO

Chi è stato davvero Paolo di Tarso, san Paolo per la Chiesa cattolica, Saulo o Shaul in ebraico? Chi è stato al di fuori dell'agiografia, delle sue indiscutibili capacità, dell'azione, per molti aspetti rivoluzionaria, che lo fece diventare, lui ultimo arrivato nella cerchia stretta del cristianesimo iniziale, il primo di tutti, il più attivo? L'uomo giustamente chiamato «Apostolo delle genti», capace di estendere la predicazione di Gesù anche al di fuori delle comunità ebraiche? L'uomo che molti, non a torto, definiscono il vero fondatore del cristianesimo?

Quasi tutto ciò che sappiamo di lui è lui stesso a dircelo. Infatti, le notizie contenute negli Atti degli Apostoli – che dal capitolo 13 al 28 gli sono per intero dedicati – vengono considerate dagli storici non del tutto attendibili, in quanto frutto della peculiare visione della storia propria del loro autore, Luca, che in effetti è una «teologia della storia». Si preferisce, dunque, basarsi sui dati contenuti nelle sole sette epistole, delle quattordici attribuitegli dalla tradizione, ritenute con certezza autografe.

Era nato a Tarso, in Cilicia fra il 5 e il 10 d.C., da una famiglia di farisei ellenizzati; suo padre aveva ottenuto la cittadinanza romana. Scrive di se stesso: «Anch'io, infatti, sono israelita, della discendenza di Abramo, della tribù di Beniamino» (*Rm* 11,1). Dopo aver studiato a Gerusalemme alla scuola di Gamaliele, venne inviato a Damasco su incarico – secondo una versione dei fatti – del sommo sacerdote, che gli aveva affidato il compito di riportare ordine in una comunità gravemente turbata da quanti riconoscevano Gesù come messia. Secondo un'altra versione, il viaggio a Damasco sarebbe stato una sua iniziativa personale. Stiamo alla prima versione. La delicatezza dell'incarico fa capire che il sommo sacerdote aveva individuato in quel giovane doti particolari. Il compito, infatti, si presentava difficile; oggi diremmo che era a metà fra la repressione poliziesca e il richiamo a una linea più ortodossa. Fin da giovane, Paolo si era dimostrato profondamente motivato, ricco di energia, di una visione chiara dei suoi obiettivi, dotato di tutto l'ardore necessario per conseguirli. Si era messo in mostra come persecutore dei seguaci di Gesù e, a quanto sembra, aveva approvato, assistendovi di persona, la lapidazione di Stefano.

Dunque parte e durante il viaggio ha una visione che divide traumaticamente in due la sua vita e resta uno degli episodi più sconvolgenti nel cristianesimo delle origini. «All'improvviso lo avvolse una luce dal cielo e cadendo a terra udì una voce che gli diceva: "Saulo, Saulo, perché mi perseguiti?". Rispose: "Chi sei, o Signore?". E la voce: "Io sono Gesù che tu perseguiti. Orsù, alzati ed entra nella città e ti verrà detto ciò che devi fare"» (*At* 9,3-5).

Tale fu il bagliore della visione che ne rimase accecato, fino a quando un sant'uomo di nome Anania non gli impose le mani facendogli riacquistare la vista. Così, più tardi, Saulo o Paolo raccontò gli eventi, anche se non si esclude che la «visione» e la cecità siano stati, come si è sostenuto adottando opinabili categorie positivistiche, l'esito di una crisi epilettica.

Gli altri apostoli intanto, a cominciare da Pietro, continuavano con successo la loro predicazione e proprio Pietro compie un gesto audace, accettando l'invito a pranzo di un centurione romano di nome Cornelio. Per un ebreo osservante sedersi a tavola con un *goy*, ossia un non ebreo, voleva dire mangiare cibo non *kasher*, cioè impuro. Anche Pietro, però, aveva avuto una visione nella quale Dio in persona sembrava averlo autorizzato a rompere il divieto mosaico sul cibo.

L'episodio, che figura negli Atti degli Apostoli, dà quindi a Pietro una specie di primogenitura sulla predicazione fuori della cerchia ebraica. Potrebbe trattarsi, tuttavia, di un «precedente» attribuito a lui per legittimare quella che sarà in seguito l'azione svolta, con la sua consueta energia, da Paolo. La discussione su questo punto è ancora vivace fra gli studiosi. Una cosa certa è l'asprezza del dissidio, cui abbiamo già accennato, che si crea fra gli ebrei che volevano mantenersi fedeli al precetto mosaico e quelli che, invece, vedevano con favore un'adesione a questa nuova corrente, per la quale Paolo prometteva invitanti facilitazioni non solo sul cibo ma, soprattutto, sull'abolizione della circoncisione.

Paolo era dotato non soltanto di grande energia fisica e intellettuale, ma anche di un temperamento collerico; la combinazione di tali elementi contribuì a rendere ancora più aspra la disputa su che cosa fosse necessario per la salvezza. L'osservanza della legge mosaica? O la fede in Gesù detto il Cristo?

Nella Lettera ai Galati vediamo Paolo entrare in azione con la più grande determinazione. Resosi conto che molti stavano travisando la sua predicazione, spinti da «coloro che seminano turbamenti e vogliono sovvertire il vangelo di Cristo», scrive furente: «Se anche noi stessi o un angelo dal cielo vi predicasse un vangelo diverso da quello che vi abbiamo predicato, sia anatema! L'abbiamo già detto e ora lo ripeto: se qualcuno vi predica un vangelo diverso da quello che avete ricevuto, sia anatema». Da dove ricavasse la certezza di essere nel giusto, lo dice subito dopo: «Il vangelo da me annunziato non è modellato sull'uomo: infatti io non l'ho ricevuto né l'ho imparato da uomini, ma per rivelazione di Gesù Cristo» (*Gal* 1,8-9.11-12).

Paolo ha diviso nettamente i compiti, come scrive nella lettera: «A me era stato affidato il vangelo per i non circoncisi, come a Pietro quello per i circoncisi – perché colui che aveva agito in Pietro per farne un apostolo dei circoncisi aveva agito anche in me per i pagani» (*Gal* 2,7-8). È chiaro che, dovendo operare fra i «pagani», è molto più facile ottenerne la conversione invocando la fede in Gesù che non obbligandoli a rispettare regole (*in primis* la circoncisione) che molti consideravano con fastidio. Infatti, nella stessa lettera grida a Pietro: «Come puoi costringere i pagani a vivere alla maniera dei giudei?» (*Gal* 2,14).

Ma Paolo reclama anche la propria supremazia. Egli dice: badate bene che sono io e non altri il più fedele inviato e interprete di Gesù. Infatti, gli studiosi fanno notare che, dopo l'assemblea di Gerusalemme e lo scontro con Pietro avvenuto ad Antiochia, quest'ultimo sparisce dagli Atti. Il seguito del testo è quasi tutto dedicato a Paolo.

L'apostolo sviluppa una teoria secondo la quale Gesù il Cristo doveva morire e poi risorgere per portare la salvezza sia ai giudei sia ai gentili. Esalta il ruolo centrale della sua resurrezione e l'importanza di commemorarne la passione. Nella Prima lettera ai Corinzi scrive: «Se Cristo non è resuscitato, allora è vana la nostra predicazione ed è vana anche la vostra fede. Noi, poi, risultiamo falsi testimoni di Dio perché contro Dio abbiamo testimoniato che egli ha resuscitato Cristo, mentre non lo ha resuscitato, se è vero che i morti non risorgono» (*1 Cor* 15,14-15). Bisognava saper infondere un'immensa fede per rendere credibili parole come queste, contraddette dall'esperienza comune che vede nella morte un viaggio senza ritorno. Infatti, nella Prima lettera ai Tessalonicesi afferma: «Il Signore stesso, a un ordine, alla voce dell'arcangelo e al suono della tromba di Dio, discenderà dal cielo. E prima risorgeranno i morti in Cristo; quindi noi, i vivi, i superstiti, saremo rapiti insieme con loro tra le nubi per andare incontro al Signore nell'aria» (*1 Ts* 4,16-17). La sua fede è davvero accecante, a quella è disposto a sacrificare tutto, compresa la conoscenza razionale del mondo. Nella Prima lettera ai Corinzi scrive: «Se qualcuno tra voi si crede un sapiente in questo mondo, si faccia stolto per diventare sapiente; perché la sapienza di questo mondo è stoltezza davanti a Dio» (*1 Cor* 3,18).

Paolo compie anche un'altra operazione dottrinale: spoliticizza la figura di Gesù, sostituendo al profeta che aveva predicato solo per «le pecore perdute della casa d'Israele» (*Mt* 15,24) un annunciatore universale di salvezza. Il «liberatore» d'Israele diventa così il «redentore» dell'umanità. Estendendo il messaggio di Gesù ai gentili, basandosi sulla fede in lui e non sull'osservanza della Legge (scrive infatti: «in virtù delle opere della Legge nessun uomo sarà giustificato», *Rm* 3,20), dilata il suo annuncio a una dimensione mondiale, porta la divulgazione della parola di Dio a tutti gli uomini, rende la nuova fede *katholikè*, cioè universale. Non è più la religione di un singolo popolo, è abolito il legame che impone a ogni nuovo nato la religione dei padri; la scelta di fede dipende dalla coscienza di ognuno. E la fede basta per salvarsi. Forse è troppo dire che è Paolo il vero fondatore del cristianesimo come per altro sostiene una nutrita corrente di studiosi. Certo, egli dà alla nuova fede una dimensione sconosciuta prima di lui.

Quanto alla sua vita, ricca di contrasti e anche di parecchie sconfitte, come ricorda egli stesso nella Seconda lettera ai Corinzi, si chiuse probabilmente a Roma, benché sia leggenda la sua esecuzione avvenuta per decapitazione, come spettava ai cittadini romani.

Apro il capitolo dedicato a Paolo con una domanda sulle sue lettere. Sette o quattordici che siano queste epistole alle varie comunità giudeo-cristiane sparse per il Mediterraneo, Roma compresa, sono una delle fonti più ricche che abbiamo sul cristianesimo delle origini oltre che sulla personalità del loro autore. Come e perché l'apostolo teneva questa vibrante corrispondenza? Che significato ha, per esempio, una sua lettera ai romani? Intendo sia dal punto di vista materiale, vorrei dire logistico, sia delle sue finalità.

Presso le comunità cristiane primitive, Paolo era un'autorità. Si può ipotizzare che qualcuno scrivesse sotto dettatura un testo che lui alla fine firmava. Quanto al significato, le lettere rappresentano il modo in cui egli si teneva in relazione con le Chiese da lui fondate. Nei suoi viaggi, l'apostolo organizza delle comunità, impianta un minimo di struttura, nomina i capi, poi si sposta altrove. Continua, però, a sentirsi responsabile di quelle comunità, vigila che restino fedeli alla linea da lui data e mantiene i contatti attraverso il sistema epistolare, del resto diffusissimo. Sono rapporti spesso burrascosi, perché dopo la sua partenza prevale qua e là una linea che egli disapprova. Allora scrive rimproverando, addirittura minacciando anatema (potremmo dire «scomunica»).

Diverso ed eccezionale è, per altro, il caso della Lettera ai Romani. Si tratta di una comunità non fondata da lui, che anzi rivendica un'origine da Pietro, dunque conflittuale con il suo apostolato. A Roma tuttavia, e da prigioniero, Paolo deve giungere, ed ecco che, in qualche modo, si sente in dovere di presentare le sue «credenziali» teologiche. Ne scaturisce un capolavoro assoluto, il testo che certamente compendia con più efficacia il suo pensiero.

C'è chi sostiene che sia lui il vero fondatore del cristianesimo, nel senso che Gesù non aveva mai pensato che la sua predicazione avrebbe dato vita a una Chiesa. Paolo, invece, attraverso l'elaborazione e l'interpretazione di quell'insegnamento esce dalla cerchia ebraica e dalle sinagoghe, fonda una Chiesa. Condivide questa ipotesi?

È verissimo che Paolo è stato considerato il fondatore del cristianesimo. Nel 1951, quando il grande studioso protestante Rudolf Bultmann pubblica il suo importante saggio sul cristianesimo delle origini, intitolato *Il cristianesimo primitivo nel quadro delle religioni antiche*, dice chiaramente che Gesù va considerato una «premessa» del Nuovo Testamento. In sostanza, afferma che l'annuncio contenuto nel Nuovo Testamento ha certo come presupposto Gesù di Nazareth, ma che Gesù, da solo, non è sufficiente a spiegare quanto è accaduto dopo la sua morte. Ciò che veramente conta è la fede delle primitive comunità cristiane nel fatto che Gesù fosse il figlio di Dio. Ed è appunto Paolo di Tarso a sostenere che Gesù si manifesta o, meglio, si costituisce come figlio di Dio a partire dalla sua resurrezione. Il passaggio rende in qualche modo meno rilevante la figura di Gesù, che resta al centro del messaggio non tanto come persona storica, ma come figlio di Dio; questo però non lo dice Gesù, lo dice Paolo. In questo senso Paolo può essere considerato il vero fondatore del cristianesimo, come del resto ha sostenuto un'autorevole corrente storiografica.

Si tratta di un'interpretazione o, meglio, di una corrente interpretativa che immagino non condivisa da tutti. Rispetto all'ortodossia, questa versione dei fatti risulta quasi demolitoria.

Infatti non è stata condivisa nemmeno all'interno della stessa storiografia tedesca. Uno dei migliori allievi di Bultmann, Ernst Käsemann, nel 1959 scrisse in sostanza che, se si allontana troppo il Cristo della fede dal contesto storico di Gesù di Nazareth, ciò che resta è poco più di un mito. La verità del cristianesimo sta nella prodigiosa coniugazione tra fede e storia, nella testimonianza apostolica secondo la quale Gesù di Nazareth, cioè un preciso individuo storico, è il figlio di Dio.

D'altra parte, però, una presenza troppo incombente dello «sfondo» rischia di omologare il cristianesimo a numerose altre religioni dell'antichità. Alla fin fine, tutte garantivano più o meno le stesse cose, rassicuravano gli uomini sugli stessi eterni problemi, in primis *alleviando il terrore della morte.*

Ciò è vero fino a un certo punto. Il successo del cristianesimo rispetto agli altri miti di salvezza è proprio nel fatto che, in qualche modo, tiene conto della storia. Dire che Gesù è il Cristo significa dire in sostanza due cose: che la divinità, la sua parola o Verbo (Cristo) si è incarnata, ha assunto tutti i tratti dell'umanità, a eccezione del peccato; d'altro canto, la stessa carne, l'umanità, tramite Cristo può accedere alla divinità, deificarsi. È proprio la storicità a rendere il cristianesimo diverso dagli altri annunzi di salvezza. Ricordi cosa scrive Giovanni: «In principio era il Verbo, il Verbo era presso Dio»; però subito dopo: «E il Verbo si fece carne e venne ad abitare in mezzo a noi» (*Gv* 1,1.14).

Il cristianesimo ha vinto certamente rispetto agli altri miti religiosi. Basta pensare al dio Mitra che, pur avendo numerosi punti di contatto con Gesù, è del tutto sparito e quasi nessuno oggi ne conosce il nome. Ha vinto nella storia, dunque, molto meno nella società e nella cultura, nella coscienza degli uomini.

Anche in questo caso ciò che dice è vero solo in parte. Nel nome di Cristo si sono certo commessi atroci delitti, ma la forza del cristianesimo sta anche nell'aver saputo raccogliere e tramandare l'eredità della cultura romana, la sua sapienza giuridica, gli stessi culti popolari. Pensi alle tante festività che nel mondo antico, Roma compresa, ritualizzavano le varie fasi dell'anno solare o agricolo. Sono state riprese dal cristianesimo, a cominciare dal Natale che coincide con il solstizio d'inverno e che infatti i romani chiamavano il giorno del *sol invictus*. Inoltre, il cristianesimo è venuto incontro al bisogno di fisicità nelle manifestazioni del divino. Una fisicità portentosa, di cui sovente si è fatto un uso distorto, quando non blasfemo, come quando, alla morte di una persona in odore di santità, le si squarciava il petto per vedere i segni, le stimmate del divino, che avrebbero dovuto essere impressi sul suo cuore. E tuttavia, dal punto di vista antropologico, si tratta di manifestazioni che vengono incontro al bisogno di poter vedere, toccare, riconoscere la divinità, di poter chiederle di fare miracoli, un bisogno molto diffuso nell'area mediterranea.

Dovremo tornare su questo tema così importante. A me pare, comunque, che queste manifestazioni soddisfino un bisogno non limitato al solo ambito cattolico, anche se i protestanti le considerano con un certo disprezzo. Le religioni, in fondo, poggiano su due motivazioni fortissime: alleviare le sofferenze psicologiche, dare una speranza che non tutto finisca con la morte, anzi, che cominci da quel momento la vera vita. Un paradosso commovente. E geniale.

Non lo sottovaluti. Questi bisogni esistono, la sofferenza è reale, la speranza necessaria. Sono andato a Lourdes una sola volta. Dopo aver visto decine di migliaia di persone in quelle condizioni, mi sono rafforzato nella convinzione che rispettare il dolore è un dovere morale primario. Ma per tornare al Nuovo Testamento e a Paolo, vediamo che anche intorno a lui si faceva ressa, la folla premeva per dargli delle pezzuole, dei lembi di stoffa da toccare, in modo da poter alleviare le sofferenze dei malati e degli ossessi. La magia da contatto è già nel Nuovo Testamento, è un elemento originario del cristianesimo, anche se indubbiamente non aveva le attuali dimensioni ipertrofiche.

Paolo, appunto. Poc'anzi lei ha detto che Paolo fonda il cristianesimo attraverso la Pasqua, cioè proclamando la resurrezione di Gesù. Il nostro Dio è morto, ma è risorto, dice. Nella tradizione evangelica si affermerà poi che il Signore è restato per alcuni giorni con i discepoli e che, dopo l'ascensione al cielo, è rimasto in spirito. È questo l'atto di nascita?

È così. Come abbiamo già detto sopra, nella Lettera ai Romani Paolo dice che egli è apostolo di Gesù, il quale è nato dal seme di David secondo la carne, quindi come vero uomo. L'atto costitutivo, ciò che rivela Gesù come messia, come figlio di Dio, è però la resurrezione.

La parola «resurrezione» ha un significato semplice, anche se utopico: significa «tornare in vita dopo la morte». Bisogna però che una cosa così inverosimile si verifichi davvero perché risulti credibile. Paolo non solo proclama la resurrezione di Gesù, la promette a tutti in tempi molto ravvicinati.

In realtà, il vocabolo greco tradotto con «resurrezione», *anastasis*, ha un significato neutro, che indica il sorgere, il levarsi, il risvegliarsi, accezioni, queste, che vengono assunte nel corrispettivo concetto cristiano. Nel brano della Lettera ai Romani in questione, Paolo afferma che Gesù si rivela veramente figlio di Dio «a partire dalla resurrezione *dei* morti», anche se l'espressione greca originale viene quasi universalmente tradotta con «a partire dalla resurrezione *dai* morti». Quest'ultima traduzione fa indubbiamente riferimento alla resurrezione di Gesù, che l'apostolo costantemente proclama essere il momento in cui si manifesta la divinità del Cristo. Ma è proprio così? Detto in altri termini: a quale resurrezione fa riferimento Paolo, a quella di Gesù, come viene spontaneo intendere, o a quella più in generale di tutti i morti?

Per giustificare questa seconda ipotesi, dobbiamo leggere un passaggio cruciale del Vangelo di Matteo, che ha caratteri davvero singolari. Siamo nel momento in cui Gesù, inchiodato sulla croce, «emise lo spirito». Tutta la tradizione evangelica soggiunge che, simultaneamente, si squarciò il velo che nel Tempio di Gerusalemme separava la cella in cui si conservava l'Arca dell'Alleanza (il *sancta sanctorum*) dal resto dell'edificio. Il solo Matteo, tuttavia, così prosegue: «la terra si scosse e le rocce si spezzarono, i sepolcri si aprirono e molti corpi di santi morti resuscitarono. E uscendo dai sepolcri dopo la sua resurrezione entrarono nella città santa e apparvero a molti» (27,51-53).

Ancora una volta temo di essermi perso. Non riesco a capire bene la successione degli eventi. Gesù sulla croce emette lo spirito; simultaneamente i morti si risvegliano, dirigendosi, dopo la resurrezione di Gesù, verso la città santa, cioè Gerusalemme. Che vuol dire?

La successione degli eventi è dettata, come sempre nel Nuovo Testamento, dall'intento di rendere attuale, di dare piena luce a realtà che si ritengono nascoste o confuse nell'Antico Testamento. Procediamo con ordine. Il primo elemento, comune a tutti i vangeli, è il verbo utilizzato per rendere la morte di Gesù, vale a dire «emettere lo spirito». È chiaro il riferimento a quell'emissione dello spirito che, nel libro della Genesi, anima il «fantoccio» di fango il quale, tramite il soffio di Dio, diventa uomo, il fulcro della creazione. Se è così, allora anche l'emissione dello spirito di Gesù sulla croce dà inizio a una nuova creazione, inaugura quei cieli e quella terra nuovi che l'Apocalisse di Giovanni descrive come le realtà della nuova era messianica, del regno di Cristo sulla terra.

Se nella Genesi lo spirito di Dio dà inizio alla creazione, al mondo, alla vita nelle sue varie manifestazioni, lo spirito di Gesù descritto da Matteo a che cosa dà origine?

A un terremoto, segno prodigioso, in tutta la tradizione biblica, della presenza del divino. Ma quello che è più interessante notare è l'effetto di questo sisma, vale a dire la resurrezione dei morti che avviene, è bene ripeterlo, nell'istante stesso in cui Gesù spira sulla croce. Anche questa terribile scena non può che essere letta in riferimento alla Bibbia, in questo caso a una tremenda pagina di Ezechiele (37,1-14). In una sua visione, il profeta viene trasportato dalla mano di Dio in una valle, coperta di ossa inaridite, e riceve l'ordine di annunziare loro che, tramite l'emissione dello spirito, esse rivivranno. Così infatti avviene poiché, accostatesi fra loro dapprima le ossa, queste vengono ricoperte con i nervi, la carne e la pelle: «ma» prosegue il testo «non c'era spirito in loro»; ed ecco allora scatenarsi l'azione dello spirito che, trasportato da quattro venti, riporta in vita quello che risulta essere «un esercito grande, sterminato».

La visione è veramente terrificante ma, mi perdoni, a che cosa allude quell'esercito così grande?

È il popolo d'Israele, stremato dall'esilio babilonese, a cui il Signore profetizza: «Ecco, io apro i vostri sepolcri, vi resuscito dalle vostre tombe, o popolo mio, e vi riconduco nel paese d'Israele». Come si può notare, nel Vangelo di Matteo la sequenza è identica: emissione dello spirito, apertura dei sepolcri, resurrezione dei morti, loro destinazione escatologica. In Ezechiele è l'Israele restaurato, in Matteo la Gerusalemme celeste. Ecco perché, se stiamo alla formula più antica del vangelo, la nuova creazione ha inizio quando Gesù spira sulla croce, il momento centrale qui non è la resurrezione, bensì la morte sulla croce, il suo spirare, che inaugura l'era messianica. Del resto, nel famoso dialogo di Luca fra Gesù e il «buon ladrone» (23,43), il Signore promette a costui che entrerà «oggi stesso» in paradiso, cioè nel giorno della crocifissione.

Resta però una rilevante contraddizione. Nel testo di Matteo si dice che i morti escono dai sepolcri dopo la resurrezione di Gesù. Ma Gesù è appena morto. Le cose non si combinano. Come si spiega?

Si spiega con l'analisi esegetica. Matteo utilizza il testo di Ezechiele – che, a quanto pare, veniva letto nelle sinagoghe durante la liturgia pasquale giudaica – per dare un significato salvifico alla morte di Gesù. Tuttavia, egli si rende conto che l'immagine usata dal profeta urta con quanto ha scritto Paolo quando afferma che Cristo è « il primogenito di coloro che risuscitano dai morti» (*Col* 1,18). Allora, in maniera maldestra, Matteo inserisce questa sua correzione per armonizzare due tradizioni teologiche che si contraddicono.

Discutendo di questi aspetti mi pare che sarebbe essenziale tenere separati il piano della fede da quello della ricostruzione storica. In questo caso, per esempio, i due piani restano nettamente distinti. Ho però il dubbio che, data la situazione delle fonti, questo non sia sempre possibile.

È evidente che qui di storico non c'è nulla. La descrizione di ciò che avviene nel momento in cui Gesù muore obbedisce a tipologie fisse: i terremoti, i sepolcri che si aprono, il cielo che si oscura. Il significato dell'evento è dato invece dalla fede di Matteo o, per meglio dire, dalla fede di una comunità cristiana convinta che con la croce si fosse inaugurata la nuova creazione, in sostituzione di quella descritta nella Genesi.

Il tema enorme della resurrezione dei morti e della fine del mondo torna prepotentemente nella visione paolina, nella sua dottrina, dove occupa un posto centrale. Se non crediamo che Gesù è risorto, vana sarà la nostra fede, dice Paolo.

Attestazioni come queste si leggono già nella Prima lettera ai Tessalonicesi, la più antica delle lettere di Paolo. L'apostolo vuole rassicurare quella comunità su quanto accadrà negli ultimi momenti. La comunità aveva evidentemente patito la morte di alcuni suoi membri, restandone sconcertata. I fedeli credevano davvero che la fine del mondo fosse imminente, si chiedevano che cosa sarebbe successo a chi era già morto nel momento in cui sarebbe arrivato il regno dei cieli. Paolo li rassicura scrivendo che, per primi, risorgeranno proprio i morti, poi seguiremo noi viventi e verremo rapiti sulle nubi dove incontreremo Cristo in gloria. I suoi argomenti tentano di controbattere uno dei temi più insistiti nel pensiero greco: la constatazione che tutto si corrompe e corre verso la morte. Paolo si assume il compito immane di contraddirlo enunciando all'interno dello stesso mondo greco-romano ciò che ritiene specifico dell'annuncio cristiano

Per maggiore chiarezza leggo qualche riga dalla Prima lettera ai Corinzi (15,1-5): «Vi rendo noto, fratelli, il vangelo che vi ho annunziato e che voi avete ricevuto, nel quale restate saldi e dal quale anche ricevete la salvezza ... Vi ho trasmesso dunque, anzitutto, quello che anch'io ho ricevuto: che cioè Cristo morì per i nostri peccati secondo le Scritture, fu sepolto ed è resuscitato il terzo giorno secondo le Scritture, e che apparve a Cefa e quindi ai Dodici». Che significato assumono queste parole all'interno del pensiero paolino sulla resurrezione che lei sta esponendo?

Sono parole importantissime, siamo allo stato aurorale del cristianesimo. Per cominciare, Paolo premette che non sta trasmettendo un suo messaggio, al contrario afferma: «Vi ho trasmesso dunque, anzitutto, quello che anch'io ho ricevuto», e cioè che Cristo morì per i nostri peccati secondo le Scritture ed è resuscitato il terzo giorno sempre secondo le Scritture. Questo è certamente il *kerygma* (ossia l'annuncio) più arcaico, che precede lo stesso apostolo, il quale si limita a trasmetterlo ai suoi fedeli. Nel prosieguo della lettera però, al versetto 15,12 ricapitola: «Se si predica che Cristo è resuscitato dai morti, come possono dire alcuni tra voi che non esiste resurrezione dei morti?». Rispetto all'annuncio fatto prima, qui c'è una differenza sostanziale. Prima ha annunziato che, secondo quanto a lui stesso è stato tramandato, Gesù era morto e risorto secondo le Scritture. Qui invece dice che è risorto dai morti. Vede la differenza?

Francamente no.

In effetti per cogliere la differenza bisogna conoscere il significato esatto dell'espressione «secondo le Scritture». Quando i vangeli parlano della passione e della morte di Gesù, attualizzano una figura tratta dal profeta Isaia: il cosiddetto Servo sofferente, cioè colui che, innocente, ha assunto su di sé i peccati di tutto il popolo, li espia con la morte, però Dio lo manifesta come vero messia. La tradizione apostolica evangelica ha riutilizzato questa figura biblica che si attagliava benissimo a Gesù.

Allora la novità di Paolo sarebbe nel fatto che non parla più di un Gesù che risorge secondo le Scritture, cioè come il Servo sofferente di Isaia, ma semplicemente come uno che risorge dai morti.

Esattamente. Paolo scrive ai corinzi per rispondere a un quesito che gli viene da quella comunità. Una parte di costoro non credeva che per «risorgere» fosse prima necessario morire. Essi credevano che il battesimo fosse un sacramento, un rito, che già da solo consentiva di introdursi nella dimensione del regno. In un'altra lettera più tarda, quella ai romani, Paolo scrive, e anche questo lo abbiamo già ricordato, a proposito della partecipazione dell'umanità al mistero di salvezza di Cristo: «Non sapete che quanti siamo stati battezzati in Cristo Gesù, siamo stati battezzati nella sua morte? Per mezzo del battesimo siamo dunque stati sepolti insieme a lui nella morte, perché come Cristo fu resuscitato dai morti per mezzo della gloria del Padre, così anche noi possiamo camminare in una vita nuova» (*Rm* 6,3-4).

Mi sembra un testo molto oscuro e temo di aver perso nuovamente il filo. Anzi, prendo lo spunto per chiederle se lei è sicuro che temi così lontani dalla nostra sensibilità, così difficili da capire oggi, per dirla tutta, che sembrano così assurdi, siano importanti ai fini della nostra conversazione? Non vorrei che la conoscenza approfondita dei testi che lei ha, gli anni di studio, avessero orientato la sua attenzione…

Vedo dove vuole arrivare, però sbaglia. Buona parte del cristianesimo delle origini si gioca su questo tema. Trascurarlo significa rinunciare a capire. In sostanza, Paolo dice che noi siamo morti nella morte di Cristo e che abbiamo partecipato alla sua morte nel battesimo. Come nel battesimo siamo stati sepolti insieme a lui, così, nello stesso battesimo, torneremo a nuova vita come lui. Era proprio appoggiandosi a queste parole che i corinzi sostenevano che per risorgere non era necessario morire, perché bastava essere stati battezzati. O, altrimenti detto, la soglia della resurrezione era costituita non dall'uscita dai sepolcri, ma dall'emersione dalle acque battesimali. E ne traevano delle conseguenze tutt'altro che astratte o teoretiche, come si vede benissimo nel quinto capitolo di questa lettera.

Che cosa vi si narra?

Un clamoroso caso d'incesto: un componente della comunità convive, infatti, con la moglie di suo padre, coabitazione già proibita nel libro del Levitico. La sdegnata reazione di Paolo stigmatizza il fatto e, soprattutto, l'atteggiamento dei credenti di quella comunità, i quali, anziché esserne afflitti, si «gonfiano di orgoglio», come scrive l'apostolo.

Ma com'è possibile inorgoglirsi per un simile disordine sessuale?

La risposta la troviamo quando Paolo redarguisce i corinzi perché non si adeguano al vangelo che hanno ricevuto: «Già siete sazi» constata amaramente, «già siete diventati ricchi, senza di noi già siete diventati re» (*1Cor* 4,8). Ora, sazietà, ricchezza e regalità sono, in tutta la tradizione biblica non meno che nelle speculazioni del primitivo cristianesimo, caratteri peculiari del regno messianico: evidentemente, i corinzi pensavano che, con il battesimo, fossero già arrivati i tempi escatologici, per cui stavano già vivendo in una dimensione di assoluta impeccabilità. «Magari foste diventati re!» li contesta Paolo. «Così anche noi potremmo regnare con voi!» Il regno è insomma vicino, anzi imminente, ma non è ancora arrivato. Come poi si leggerà nell'Apocalisse, le porte del regno si dischiuderanno soltanto con la «prima resurrezione», al termine della grande battaglia escatologica fra Cristo e Satana.

Capisco che la contesa che lei sta descrivendo, ridotta in ordinari termini politici, si presenta come un forte contrasto fra correnti dello stesso partito. Accetta il paragone?

Sì, se per partito s'intende la fede in Gesù Cristo da parte di comunità che spesso venivano dall'ebraismo, ma che stavano via via coinvolgendo molti di coloro che Paolo chiama «gentili». Possiamo parlare addirittura di una frantumazione. Dall'epistolario paolino si capisce che esisteva un amplissimo ventaglio di «fazioni».

IV

I CRISTIANI E IL MONDO

Poche religioni, nella fase iniziale e anche in seguito, sono state più differenziate del cristianesimo. Differenziate al punto che non è esagerato parlare di vari cristianesimi che hanno convissuto a lungo nei primi secoli, separati da rilevanti difformità.

E numerosi sono anche i testi che raccontano le prime fasi o forniscono testimonianza di qualche episodio. Per dare solo un'idea si possono enumerare, per esempio, il *Vangelo degli ebioniti*, il *Protovangelo di Giacomo*, il *Vangelo degli egiziani*, il *Vangelo dei nazareni*, il *Vangelo di Giuda*, il *Vangelo del Salvatore*, il *Vangelo di Filippo*, il *Vangelo di Maria*, il *Vangelo di Nicodemo*, il *Vangelo di Pietro*, il *Vangelo degli ebrei*. Quasi altrettanto fitto l'elenco degli «Atti», fra i quali troviamo gli *Atti di Pilato*, gli *Atti di Tecla*, gli *Atti di Tommaso* eccetera. Esistono una quantità di epistole, alcune dichiaratamente false, compresa una corrispondenza fra Paolo e Seneca, una *Lettera dello Pseudo-Tito*, una *Lettera di Barnaba*, una *Lettera di Clemente*, una *Lettera di Tolomeo* e via dicendo. Anche il catalogo delle apocalissi è ben nutrito.

Tutte queste opere hanno per gli specialisti uno straordinario interesse. Anche quando la loro autenticità appare dubbia, aiutano a capire le condizioni in cui una corrente del movimento cristiano era nata o si stava sviluppando, facilitano, per analogia o per contrasto, la comprensione di altri testi, i loro rapporti reciproci. Prendiamo, per esempio, la corrispondenza fra Paolo e il filosofo Seneca. È chiaro che si tratta di un falso e quasi nessuno ha mai preteso che fosse autentica. È interessante, però, indagare le ragioni per le quali si è sentito il bisogno di fabbricare il falso. Allora si vede che le quattordici lettere che i supposti autori non hanno mai scritto, sono state inventate per dimostrare che Paolo godeva di alta considerazione nei circoli filosofici della sua epoca. Prendiamo la *Lettera di Barnaba,* che possiamo definire uno pseudoepigrafo, cioè un testo scritto da chissà chi e posto sotto l'autorità di Barnaba, compagno di Paolo. Tale paternità serviva a dare valore alla tesi sostenuta nell'opera, ossia che l'ebraismo è una falsa religione e che l'Antico Testamento è un libro cristiano.

Da un punto di vista storico possiamo dire che i documenti falsi sono importanti quanto quelli autentici, se esaminati da specialisti in grado di collocarli nella temperie della loro epoca e di scoprire le motivazioni per le quali sono stati fabbricati. Quando le gerarchie fecero la scelta di restringere i documenti ritenuti ispirati ai quattro vangeli detti «canonici», dovettero quindi sfoltire enormemente i testi in circolazione e scegliere quelli più simili fra loro. Così è, infatti, per i tre vangeli detti «sinottici» (Marco, Luca, Matteo), lo è di meno per il quarto (Giovanni), che resta però compatibile con i precedenti.

Con un grande balzo di venti secoli, possiamo affermare che le enormi diversità esistenti fra i cristianesimi delle origini continuano anche oggi. Fra i missionari che operano nelle zone disagiate del mondo, spesso a rischio della vita, e un predicatore televisivo americano che insegna come diventare ricchi e felici, esiste una distanza abissale. Eppure, entrambi si rifanno a Gesù, entrambi si dicono cristiani e ispirati dagli stessi vangeli. Ciò che più conta, entrambi reclamano, per la maggior parte, di essere i soli legittimi eredi del messaggio lasciato dal Cristo.

È lecito considerare tali diversità, spesso insignificanti e che sconfinano a volte nel pittoresco, i residui attualizzati delle grandi diversità esistenti nel II e nel III secolo. C'erano allora cristiani convinti che il mondo fosse stato creato da Dio e altri per i quali non il Dio buono, ma una divinità malvagia aveva creato l'universo, il che spiegava come mai nel mondo ci fosse tanto male. Per altri ancora, il fabbricatore del mondo era una divinità di second'ordine, che non disponeva pienamente del predicato essenziale di Dio, cioè dell'eternità. Per secoli ci sono stati cristiani che non hanno mai sentito parlare della verginità della madre di Dio, né mai hanno sentito il bisogno di ipotizzare una circostanza che stride così apertamente con il senso comune. Anche su Gesù circolavano fra i cristiani le opinioni più diverse. Alcuni credevano, in base all'insegnamento di Paolo, che la sua morte e resurrezione avessero comportato la redenzione del genere umano, mentre altri pensavano che non avessero niente a che fare con la salvezza, e altri ancora ritenevano che non fosse mai morto.

Come si spiega che idee tanto diverse convivessero presso persone in assoluta buona fede, rettamente ispirate, tese alla ricerca del bene, che si dicevano seguaci della stessa religione? Si spiega col fatto che, in quei secoli, non era ancora stato costituito un *corpus* di testi di riferimento valido per tutti, quello che oggi si chiama il Nuovo Testamento, un insieme di 27 scritti che comprende, oltre ai quattro vangeli, gli Atti detti «degli Apostoli», numerose epistole e l'Apocalisse. Ci vorranno secoli perché si arrivi a questa relativa omogeneità e ci vorrà il concilio di Trento, nel XVI secolo, perché essa venga resa ufficiale dalla Chiesa cattolica, anche se il *corpus* del Nuovo Testamento da almeno un millennio si era ormai assestato.

E degli altri cristianesimi che cosa è stato? La dottrina ufficiale ha operato in modo da cacciarli progressivamente nell'ombra fino a farli dimenticare, quanto meno dalla gran massa dei fedeli che di tante cose non hanno mai inteso parlare. L'opera di rimozione è stata poi completata con un'altrettanto efficace sostituzione. La dottrina ufficiale ha cioè riscritto e divulgato la storia iniziale, come se tutte le diverse interpretazioni non fossero mai esistite, come se le opinioni diventate appunto «ufficiali» fossero state da sempre quelle ereditate direttamente dall'insegnamento del fondatore Gesù. È nata così la «teologia», cioè la branca del sapere che studia la divinità e orienta la fede dei credenti.

È stato un bene o un male che le cose siano andate come sono andate? La domanda, è ovvio, appare quasi priva di senso. La pongo solo perché consente di affermare che, come sempre, il risultato conclusivo è stato un insieme di bene e di male. Di certo, un bene dal punto di vista della Chiesa che, grazie a una dottrina via via consolidata, e poi sagacemente adattata alle circostanze e ai tempi, ha potuto rafforzare e mantenere il suo potere sia spirituale sia politico; un male perché quella stessa solidità è all'origine di tutte le crudeltà e del sangue sparso nel corso dei secoli in nome di un Gesù che non ne è affatto responsabile. Un male anche perché, con i vari cristianesimi delle origini, è stata rimossa pure la possibile ricchezza che le tante interpretazioni avrebbero potuto portare. Ma le ideologie, come sappiamo, non ammettono deroghe e la sopravvivenza di una Chiesa obbedisce a regole che non sono molto diverse da quelle di una qualunque altra istituzione umana.

Forse vale la pena ripetere che, allo stato iniziale, non esisteva un solo cristianesimo. C'erano tanti diversi modi di sentirsi cristiani e non sempre concordavano fra loro sull'essenziale.

Anzi, spesso questi modi confliggevano. Ho accennato alla polemica di Paolo con una frangia cristiana a Corinto, quindi in una comunità che lui stesso aveva fondato. A maggior ragione c'erano conflitti fra espressioni diverse del cristianesimo.

Dovremmo forse fare qualche esempio, anche per capire meglio a quale livello si verificassero questi contrasti d'opinione.

Un esempio cruciale è la figura di Cristo. Fra il I e il II secolo, in molti scritti Cristo è una divinità di secondo livello, più simile al demiurgo platonico che non al Figlio di Dio, seconda persona della Trinità, come verrà stabilito fra il concilio di Nicea nel 325 e quello di Calcedonia nel 451. Nei testi giudeo-cristiani la figura di Cristo appare simile a quella di un angelo, glorioso certo, ma in quanto angelo creatura, non figliolanza. Spesso, inoltre, in quegli stessi testi non è affatto chiara la distinzione tra il Figlio e lo Spirito, che tendono a sovrapporsi.

O ancora, presso una delle frange certo importanti del movimento, quella degli ebioniti, si continuava a osservare la Legge giudaica, mantenendo rigoroso il carattere radicale della propria fede; i suoi membri venivano anche definiti con sprezzo i «poveri», termine che traduce appunto la parola ebraica «ebioniti», poveri, però, non in senso sociale, ma psicologico: una sorta di mentecatti che favoleggiavano su irreali scenari apocalittici, e che avrebbero potuto, secondo i loro avversari, essere pericolosi se non fossero stati semplicemente risibili. Oltre che nella teologia, le differenze si colgono poi anche nel rito, nel culto, nel modo di vivere, nel ruolo delle donne, nel carattere delle adunanze, eccetera.

Anche a questo abbiamo già accennato, ma sempre in termini piuttosto vaghi. Si può fare qualche esempio di questa molteplicità?

Negli Atti degli Apostoli si racconta che, quando Paolo arriva a Efeso, trova dei discepoli e chiede loro: «Avete ricevuto lo Spirito santo quando siete venuti alla fede?». Quelli rispondono che non hanno mai sentito parlare dello Spirito santo. Dicono di aver solo ricevuto il battesimo di Giovanni. Paolo allora li battezza nuovamente «nel nome del Signore Gesù» e a quel punto, ricevuto lo Spirito santo, loro cominciano a parlare lingue diverse e a profetare (*At* 19,1-7).

Alle origini, insomma, le diversità sono clamorose, riguardano addirittura il sacramento del battesimo, che è un punto cardine della vita cristiana, l'atto che a essa introduce.

Paolo, nei rari casi in cui lo fa, battezza sempre e solo «nel nome del Signore Gesù» ignorando, o comunque non utilizzando, la formula trinitaria che viene invece impiegata nella chiusa del Vangelo di Matteo: «Andate dunque e ammaestrate tutte le nazioni, battezzandole nel nome del Padre, del Figlio e dello Spirito santo» (*Mt* 28,19).

Potrei poi ricordare i contrasti fra Roma e l'Asia sulla data in cui celebrare la Pasqua, oppure quelli fra la stessa sede romana e l'Africa, ancora sulla somministrazione del battesimo. Sono tutti casi in cui si arriva quasi alla rottura definitiva fra le varie Chiese. Solo circostanze esterne o autorevoli mediazioni riescono a scongiurarla.

Uno dei conflitti più accesi e più importanti si verifica fra Paolo e le «tre colonne» della comunità di Gerusalemme: Giacomo, Giovanni e Pietro. Una disputa per certi aspetti addirittura violenta, nella quale si mescolavano ragioni di dottrina e altre molto concrete, compresi problemi di finanziamento. Se ricordo bene, il compromesso alla fine si raggiunse anche sulla promessa di Paolo di andare in giro a raccogliere fondi per quella comunità. È possibile fare una cronaca, dal punto di vista storico, di questo drammatico confronto? Che successe a Gerusalemme? Quali erano le ragioni del contrasto?

Siamo presumibilmente alla fine degli anni Quaranta del I secolo. I protagonisti sono coloro che Paolo stesso definisce «le tre colonne» della Chiesa di Gerusalemme e cioè: Giacomo, Giovanni e Pietro. Una prima notazione, oggi diremmo sociologica, è che la principale delle colonne non è né un apostolo né un evangelista: è Giacomo, fratello del Signore, personaggio di cui abbiamo attestazione nei vangeli e nello stesso epistolario paolino. È, cioè, un membro della famiglia di Gesù, uno di coloro che, insieme con Maria, la madre, ritenevano che Gesù fosse pazzo, per cui si erano messi in viaggio per tentare di riportarlo a casa (*Mc* 3,20-21). Dal punto di vista umano e storico, sapendo com'è andata a finire, avevano tutte le ragioni di temere e di cercare d'intervenire.

Quando lei definisce Giacomo «fratello del Signore», sa bene di contraddire un insegnamento ufficiale, anzi un dogma della Chiesa che fa di Gesù un figlio unigenito.

Unigenito di Dio, non unigenito di Maria. Che la mia ricostruzione si discosti dal dogma potrà eventualmente essere rilevante in altra sede, non in questa. Gli storici procedono con mezzi limitati e sempre verificabili. La storia, peraltro, non cerca la verità, ma solo un'approssimazione alla verità. Definendo Giacomo «fratello del Signore» non faccio che riferirmi alle numerose attestazioni in questo senso del Nuovo Testamento: Gesù aveva quattro fratelli e un numero imprecisato di sorelle (*Mc* 6,2-3). Del resto, nella tradizione patristica, sono molti gli autori che non hanno alcuna difficoltà ad ammettere che questa è la situazione nella famiglia di Gesù.

Quello che viceversa può sorprendere è che Giacomo, da un iniziale atteggiamento d'incomprensione del messaggio del fratello, giunga nel volgere di pochissimi anni a un ruolo preminente nella comunità dei credenti in Gesù Cristo. Ciò si spiega con il «califfato *ante litteram*», vale a dire l'uso orientale (già presso gli ebrei, poi anche presso i musulmani) di trasmettere il potere religioso per via familiare.

Ha appena detto che un altro dei protagonisti è Giovanni. Quale Giovanni?

Giovanni è verosimilmente uno dei Dodici, mentre su Pietro non ci sono dubbi, è proprio il Pietro al quale tutti pensano. Le cosiddette «tre colonne» sono i dirigenti di una cospicua corrente del cristianesimo nascente, la giudaico-cristiana, che riteneva non esservi soluzione di continuità fra ebraismo e cristianesimo. Per loro, la fede nella messianicità di Gesù non comportava il taglio delle radici giudaiche. Pensi che uno storico del II secolo, quindi di poco posteriore agli eventi, Egesippo, racconta che Giacomo aveva la pelle delle ginocchia simile a quella di un cammello a furia di stare inginocchiato nel Tempio. La notizia, vera o no, intende segnalare la sua assiduità al Tempio, cioè la continuità con le norme e le regole dell'ambito giudaico.

Sappiamo che lo scontro fra Pietro e Paolo fu durissimo, come lo stesso Paolo apertamente scrive in alcune sue lettere, facendo capire di aver messo le cose a posto. Il motivo del dissidio è dunque questo: quale doveva essere il peso, l'importanza, delle radici ebraiche nel nuovo movimento.

Il punto è che Paolo vuole portare a tutti, anche a chi non proviene dal giudaismo, il nuovo messaggio. Ma ciò comportava problemi non indifferenti. Che cosa chiedere a coloro che intendono far parte della comunità e che non sono ebrei? Quale tipo di obbedienza? Quali riti? Le «tre colonne» rispondevano: è sufficiente che osservino, insieme con la circoncisione, alcune fondamentali norme di purità nel culto. Come abbiamo già visto, Paolo non è d'accordo. Ciò che salva, nella sua concezione, non è la circoncisione né l'osservanza formale della Legge, ma la fede in Gesù Cristo. Questa, fra l'altro, è la preistoria di un conflitto che nell'Europa del Cinquecento spaccherà la cristianità. È Lutero a riprendere l'assoluta centralità della fede, ma le radici della sua posizione sono già presenti in questa prima disputa. Il dilemma è se si debba essere salvati attraverso le opere oppure attraverso la fede. Paolo trova un brillante compromesso affermando (Lettera ai Galati) che le opere sono sostanzialmente il frutto della fede. Anche se l'apostolo intende le opere non nel senso ebraico di osservanza della Legge, ma come comportamento, oggi diremmo come «etica».

Colgo il doppio riferimento a Paolo e a Pietro per porle un'altra domanda. Nel capitolo 13 della Lettera ai Romani, Paolo esorta i cristiani a obbedire anche alla legittima autorità civile, nel rispetto dell'ordine voluto da Dio. A questa esortazione è stata spesso contrapposta la diversa posizione di Pietro che in Atti 5,29, al sommo sacerdote che ordina agli apostoli di smettere ogni predicazione, risponde: «Bisogna obbedire a Dio piuttosto che agli uomini». Su questo passo si è fondata la disobbedienza cristiana al potere politico, compresi vari movimenti pacifisti e libertari. Non c'è contraddizione fra i due precetti?

Sicuramente c'è e possiamo cercare di capirne la ragione. Quanto al celeberrimo passaggio paolino secondo cui «ciascuno sia sottomesso alle autorità costituite» (*Rm* 13,1), si è sostenuto trattarsi di un'interpolazione tardiva, introdotta per cercare una mediazione fra cristiani e autorità. Vero però che la formula, presente anche altrove nel Nuovo Testamento, è stata uno dei pilastri su cui si è fondata la storia del cristianesimo. Basti pensare alla dottrina luterana dei due regni, vale a dire, in parole poverissime, alla teoria della separazione degli ambiti di giurisdizione del potere politico e di quello ecclesiastico. Lei stesso ha ricordato, però, che questa concezione altrove viene contraddetta. Per esempio nella terribile visione dell'Apocalisse di Giovanni, in cui la Bestia che sale dal mare è una mostruosa effigie del potere politico (*Ap* 13). Insomma, nel Nuovo Testamento il rapporto fra cristiani e Stato, società, cultura viene concepito e visto entro una doppia e opposta polarità. Il contrasto fra il testo di Paolo e quello di Giovanni lo mette molto bene in luce.

Ma allora, in presenza di contraddizioni così evidenti, com'è possibile ricavare dal Nuovo Testamento una direttiva, chiamiamola così, sul comportamento che il cristiano deve avere nel mondo?

La direttiva, e spero di non scandalizzarla, non la dà il Nuovo Testamento, ma il credente che legge il Nuovo Testamento. Mi spiego con un esempio tratto dalla letteratura martirologica. Il 17 luglio dell'anno 180, a Cartagine, viene processato un manipolo di cristiani proveniente da Scili, una località della Numidia. Secondo la prassi, il proconsole Saturnino li esorta a rientrare nei ranghi della romanità, compiendo quei sacrifici per il mantenimento del potere e la salute del principe che sono dimostrazione di lealismo civico. I candidati martiri esibiscono i dati del loro lealismo: «Non abbiamo mai commesso nulla di male, non ci siamo mai prestati a opere inique ... non ho mai commesso furto ... quando compro qualcosa, pago il dovuto all'ufficio dell'esattore». In particolare, una fra le imputate, Donata, afferma: «Onore a Cesare come si deve a un imperatore, il timore però soltanto a Dio».

Qui c'è un'allusione trasparente allo stesso passo della Lettera ai Romani di Paolo (13,7) dove l'apostolo scrive: «Rendete a ciascuno ciò che gli è dovuto: a chi il tributo, il tributo; a chi le tasse, le tasse; a chi il timore, il timore; a chi il rispetto, il rispetto». Del resto tutti ricordano la frase di Gesù riferita da Matteo: «Rendete dunque a Cesare quello che è di Cesare, e a Dio quello che è di Dio» (22,21). Il problema di fondo è determinare l'ambito delle rispettive «giurisdizioni», quella di Dio e quella di Cesare: allora, non meno di adesso, la scelta viene compiuta su un fondamento non esegetico, ma storico e politico. In altre parole: il comandamento di Dio vale, come direbbe Rudolf Bultmann, *hic et nunc*, nel qui e nell'adesso della situazione storica che il credente sta vivendo. La martire Donata, nell'infuriare della persecuzione, utilizza il testo di Paolo per fondare la sua disobbedienza nei confronti delle leggi dello Stato. Agostino d'Ippona, in un quadro storico totalmente mutato, utilizzerà lo stesso testo per giustificare la repressione dello Stato contro i dissidenti religiosi dell'Africa del suo tempo.

Nonostante dichiarazioni così convincenti, potrei addirittura dire nobili, questi ottimi cittadini, che pagano correttamente le tasse, vengono messi a morte. Come si spiega?

Si spiega col fatto che il loro lealismo civico appariva ambiguo. Per i romani la lealtà politica comprendeva anche un aspetto religioso. Afferma il proconsole Saturnino nel testo che abbiamo appena citato: «Anche noi abbiamo un comportamento ispirato alla religione, e la nostra religione implica lealtà, per cui prestiamo giuramento sulla divinità del nostro imperatore e offriamo sacrifici per la sua salute: è ciò che dovete fare anche voi». Il cristiano, invece, contesta alla radice questa pretesa religiosa: «*Imperium huius saeculi non cognosco*», non riconosco l'autorità di questo mondo, replica il martire Sperato. La sua lealtà civica dipende dall'obbedienza a un altro e contrapposto imperatore, Dio stesso. Ecco dove nasce il conflitto insanabile, ed ecco perché il valore del monito paolino, che apparirebbe come un ordine assoluto di obbedienza all'autorità civile, diviene sulle labbra della martire un'icastica contestazione a quella stessa obbedienza.

La tradizione cristiana delle origini è sempre contraria alla violenza e alla guerra?

Dalle origini a Costantino è unanime, nel pensiero cristiano, un radicale rifiuto della violenza e della guerra, motivato sull'esegesi dei testi biblici. Durante la più grave e duratura persecuzione, quella che Diocleziano scatena nel 303, uno scrittore cristiano di origine africana, Lattanzio, compone un'opera, le *Istituzioni divine*, in cui afferma che per un cristiano l'uso della violenza è assolutamente proibito, anche in caso di legittima difesa. Di lì a poco, dopo l'editto di Costantino (313) che dà ai cristiani libertà di culto, lo stesso autore, in un sunto della sua opera, sostiene che, se combattuta in difesa della patria, la guerra è addirittura un bene. Ciò che fa mutare l'opinione è evidentemente un nuovo approccio esegetico al testo sacro, sollecitato dalla mutata condizione dei cristiani nel mondo: non più perseguitati, ma cordialmente accolti dal potere, verso il quale sentono il dovere di professare un lealismo civico che s'industriano a ricavare dalla Bibbia. Ribadisco ancora una volta: nelle scelte concrete, quello che ha sempre storicamente contato non è tanto il testo sacro, quanto, e ben di più, la sua interpretazione.

Del resto, nell'Antico Testamento si narra di un'autentica epopea bellica. Penso alla conquista della terra promessa nel libro di Giosuè.

Per ordine di Yahvè, Giosuè, cominciando da Gerico, vota allo sterminio tutte le città di quella terra, «passando a fil di spada ogni essere che era nella città, dall'uomo alla donna, dal giovane al vecchio, e perfino i buoi, gli arieti e gli asini» (6,21). Tralascio i particolari più orripilanti di quella conquista, che tanti rozzi fomentatori dell'odio e del razzismo dovrebbero leggere.

Venga allo scoperto, a chi si riferisce?

Intendo esprimere il mio disgusto per l'oscena strumentalizzazione di certi passi del Corano, operata da truci cristiani, per i quali sarebbe quel testo sacro a fomentare la violenza e il terrorismo islamici. Quand'anche fosse vera questa rozza semplificazione delle cose, e certo non lo è, prima di eccepire comunque sulla pagliuzza nell'occhio di Allah, bisognerebbe togliere la trave dall'occhio di Elohim, che fra l'altro sono nomi diversi per la stessa identità divina.

Torniamo a Giosuè.

Quel testo ha creato molte difficoltà fin dai tempi dell'esegesi patristica. Il più grande intellettuale degli inizi del cristianesimo, Origene, morto nel 253, lo lesse in chiave allegorica: l'epopea bellica di Giosuè, con tutti i suoi orrori, altro non sarebbe che la prefigurazione della guerra che ciascun cristiano seguace di Gesù, che ama la pace, s'impegna a combattere contro i vizi e i peccati. La cruda lettera della Bibbia viene spiritualizzata nel Nuovo Testamento, trasferendo i fatti della storia nel campo dell'etica.

Una soluzione forse arbitraria ma, per i tempi, geniale.

Origene è uno spirito grande, ma, come tutti i geni, venne presto tradito. Quella che era un'invocazione alla pace quando i cristiani erano perseguitati (egli stesso morirà per le sevizie subite in carcere) mezzo secolo dopo si trasforma in un imperativo alla violenza e alla guerra.

Com'è potuto accadere?

Le idee, al pari dei materiali, si trasformano, basta disporre di laboratori adeguati. Quando Costantino il Grande, dopo aver sconfitto e ucciso il collega Licinio, diventa l'unico imperatore (324), assurge a una tale posizione che, pur non essendo nemmeno battezzato, convoca e presiede a Nicea il primo concilio ecumenico (325). Egli stesso si definisce *koinonos episcopos ton ektos*, che possiamo parafrasare con «vescovo universale per l'incontro della Chiesa con il mondo». Ma c'è di più: il vescovo Eusebio di Cesarea, nella formulazione della più antica «teologia politica», delinea la figura dell'imperatore come quella di un vicario del Logos, cioè di Cristo, titolo di cui si fregeranno, molti anni dopo, i papi. Ne consegue che i nemici dell'imperatore diventano anche i nemici di Cristo.

C'è qui una malefica combinazione di politica e di spiritualità. Il cristiano, se vuole davvero combattere contro i vizi e i peccati, deve impugnare le armi a favore dell'imperatore, divenuto vicario di Cristo. Dalle altezze spirituali di Origene si piomba dritti nel sangue e nel fango dei campi di battaglia.

Ci siamo allontanati molto da Paolo, dalle linee guida che cercava di dare alle comunità da lui fondate, dalle diatribe e dai litigi che ebbe con Pietro e con gli altri capi della nascente cristianità. Di Costantino dovremo parlare a lungo, le domande e anche le curiosità sono molte. Per il momento torniamo a Paolo. Quale sviluppo ebbero questi dissidi? A Gerusalemme si tenne addirittura una specie di concilio. La descrizione dei fatti fa capire che ci furono discussioni accese che giunsero al punto di compromettere gli stessi rapporti personali.

Esistono due versioni dei fatti: una è di Paolo nella Lettera ai Galati (2,1-10); l'altra, successiva, è di Luca (*At* 15,5-29). Anche in questo caso le due versioni sono divergenti. Paolo dice che a lui non è imposto nulla e che accetta di predicare il vangelo alla maniera di Gerusalemme. Rivendica, però, il diritto di predicarlo anche fuori del mondo giudaico. Pietro è la figura cerniera, che incarna drammaticamente il contrasto. È lui a recepire il messaggio paolino nel modo più esplicito, quasi avventuroso. Il capitolo 10 degli Atti racconta il famoso episodio della cena a casa del centurione romano Cornelio. Pietro va a mangiare da questo Cornelio, che è un uomo pio ma è pur sempre un gentile, cioè un pagano.

Per maggiore chiarezza leggo dagli Atti 10,27-29, la giustificazione che Pietro dà di questo suo comportamento: «Entrò [in casa di Cornelio] e trovate riunite molte persone disse loro: "Voi sapete che non è lecito per un giudeo unirsi o incontrarsi con persone di altra razza, ma Dio ha mostrato che non si deve dire profano o immondo nessun uomo. Per questo sono venuto senza esitare quando mi avete mandato a chiamare"».

Pietro si era recato in casa di Cornelio, che lo aveva invitato su ispirazione divina, dopo aver avuto una visione: una tovaglia ricolma di animali che, secondo i precetti del Levitico, erano da considerarsi in parte puri e in parte impuri. Una voce dall'alto gli intima di ucciderli e di mangiarli, ma egli si schermisce, da osservante, affermando che non gli è consentito cibarsi di carni impure. Ma la stessa voce dall'alto aggiunge: «Ciò che Dio ha purificato, tu non permetterti più di chiamarlo profano».

Dietro l'episodio traspare, in realtà, il momento di discrimine nei rapporti fra l'ebraismo e le nuove comunità che si andavano formando. Con l'abbandono del rispetto per la norma della purità dei cibi prescritta dalla Bibbia, la cena di Pietro da Cornelio segna la cesura con l'osservanza stretta della Legge ebraica.

Leggo qualche versetto dal Levitico (11,9-11) per dare un'idea di quali fossero queste prescrizioni alimentari, del resto valide tuttora presso gli ebrei osservanti. È il famoso cibo kasher, *cioè puro: «Questi sono gli animali che potrete mangiare fra tutti gli acquatici. Potrete mangiare quanti hanno pinne e squame, sia nei mari sia nei fiumi. Ma di tutti gli animali che si muovono o vivono nelle acqua, nei mari e nei fiumi, quanti non hanno né pinne né squame li terrete in abominio. Essi saranno per voi in abominio: non mangerete la loro carne e terrete in abominio i loro cadaveri…». Eccetera. Per tornare a Pietro, anche qui, come in precedenti e celebri occasioni della sua vita, egli ha un atteggiamento oscillante.*

Alcuni emissari di Gerusalemme lo rimproverano proprio per il suo comportamento, dicendogli: «Sei andato in casa di uomini non circoncisi e hai mangiato cibi impuri con loro». Pietro, colpito, fa marcia indietro. Paolo allora esplode, accusandolo di doppiezza. È un episodio vivissimo che dà un'immagine molto precisa delle dinamiche che segnano il momento in cui il cristianesimo comincia ad abbandonare il tetto paterno del giudaismo.

Un altro elemento importante in questa fase di passaggio è, come abbiamo già visto, la circoncisione. L'escissione del prepuzio come segno visibile del brit milah, *il patto della circoncisione, fu ordinata da Dio ad Abramo, padre del popolo ebraico, come simbolo di legame eterno fra il Santo Benedetto e la Casa d'Israele (Gn 17,7). Anche sulla circoncisione, però, l'atteggiamento di Paolo sembra intriso di scetticismo, o forse sono considerazioni pratiche a renderlo scettico.*

Infatti, non è propriamente scetticismo. Paolo ha altri fini. La circoncisione, secondo il precetto, dev'essere fatta agli otto giorni di vita di un neonato. Anche a Gesù fu praticata in quel termine, sebbene pochi sappiano che il 1° gennaio non si festeggiava, nella liturgia cattolica, solo il capodanno, ma anche la circoncisione di un eccezionale bambino ebreo. Fatta su uomini adulti può diventare un intervento piuttosto fastidioso, e anche disdicevole, quando non addirittura ripugnante per la sensibilità di chi, come i «timorati di Dio», arrivavano al giudaismo provenendo dal mondo dei «gentili». Paolo temeva che tale intervento cruento potesse frenare nuove adesioni.

La circoncisione, però, è un argomento complesso. Già in Deuteronomio compare una distinzione fra circoncisione della carne e circoncisione del cuore, tema che nel Nuovo Testamento avrà grande fortuna.

Paolo tende a metterla un po' in secondo piano; la sua fede era che la salvezza viene da Gesù Cristo, non dalla circoncisione né dalla Legge o dalla purità. Di conseguenza, anche la mancata circoncisione entra a far parte degli elementi che fanno superare la *Torah* in nome del vangelo. Tuttavia lo stesso Paolo fa circoncidere Timoteo, giudeo per parte di madre ma di padre greco. Se lo faccia, come sostiene Luca, «per riguardo ai giudei che si trovavano in quelle regioni» (*At* 6,3) o perché anch'egli continuava a osservare la *Torah*, è questione ancora oggi fieramente disputata.

Molto lentamente e fra numerose controversie anche violente, la corrente capeggiata da Paolo comincia così ad acquistare una fisionomia talmente netta da diventare una nuova religione, sempre più lontana dalla sua origine e addirittura con un nome diverso. Quando si è cominciato a parlare di «cristiani»?

Disponiamo di una citazione diretta, che però ci aiuta fino a un certo punto. In Atti 11,26 leggiamo che Paolo, insieme a Barnaba, comincia una predicazione ad Antiochia: «Rimasero insieme per un anno intero in quella comunità e istruirono molta gente; ad Antiochia per la prima volta i discepoli furono chiamati cristiani».

Finalmente mi sembra tutto molto chiaro, una volta tanto.

Meno di quel che può pensare. Il termine «cristiani» è attestato qui per la prima volta. Ad Antiochia però si parlava greco e si è fatto osservare che i greci avrebbero chiamato questi seguaci non «cristiani», ma «cristei», perché l'aggettivo in greco si forma con il suffisso *eios*. Il suffisso *ianos* è invece latino. Ci si è chiesti: chi ad Antiochia poteva aver chiamato i seguaci di Cristo con un termine costruito alla latina? L'autorità romana, ovviamente. Ma l'autorità romana può essersi interessata a loro solo per ragioni politiche, cioè di ordine pubblico. Uno studioso tedesco, Joachim Molthagen, ha avanzato l'ipotesi che, al pari di *pompei-anus*, aggettivo derivato da *Pompeus*, o *caesari-anus*, derivato da *Caesar*, o *sill-anus*, derivato da *Silla*, questo suffisso, applicato ai discepoli di Cristo, stesse a indicare un gruppo di persone che potevano essere anche armate, seguaci di un leader. Il nome conterrebbe così una connotazione politica, innovatrice rispetto agli altri termini con cui prima venivano indicati i discepoli. Per esempio, Eusebio afferma che ad Alessandria i cristiani, alle origini, erano chiamati *therapeutai*, cioè i medici, i terapeuti.

Mi rendo conto che nulla è semplice nemmeno quando lo sembra. Affronto allora la questione da un altro angolo. Quando Paolo comincia a diffondere l'annuncio fuori delle comunità ebraiche, non contraddice uno dei precetti di Gesù? Il maestro aveva detto di essere venuto a predicare solo alle pecore smarrite della casa d'Israele.

D'altra parte, nel finale dei tre vangeli sinottici è Gesù risorto che invita i discepoli a predicare a tutte le genti e a battezzarle. Come comporre queste contraddizioni?

Bisognerebbe evitare di confondere le due cose. La frase «Andate e predicate a tutte le genti» è chiaramente un'aggiunta fatta quando l'annuncio era esteso ormai anche ai gentili. Si attribuisce a Gesù ciò che di fatto stava già avvenendo. Più sfumato il discorso sulle altre parole da lei ricordate. Ci sono certamente in Gesù aspetti che oggi diremmo preclusivi, per esempio: «Non andate fra i pagani e non entrate nelle città dei samaritani; rivolgetevi piuttosto alle pecore perdute della casa d'Israele» (*Mt* 10,6). Però abbiamo anche episodi che aprono verso una prospettiva non giudaica. Gran parte degli ebrei, all'epoca, viveva fuori della Palestina, quindi in rapporto con la società e le esperienze religiose greco-romane. Sappiamo che nel III secolo prima dell'era volgare, ad Alessandria, era stata tradotta in greco la *Torah*, per arricchire certo la famosa biblioteca cittadina, ma anche per venire incontro a quei molti ebrei della diaspora che non sapevano più l'ebraico né l'aramaico. Non solo. C'è pure la figura esemplare di Filone di Alessandria, contemporaneo di Gesù, che voleva rendere accessibile la stessa *Torah* alla cultura greca. Insomma, i tentativi di colloquio fra mondo giudaico ed ellenistico erano nella realtà delle cose, per cui è comprensibile che la missione cristiana potesse estendersi anche fuori dal giudaismo.

Resta, però, che Paolo, ogni volta che arriva in una città per predicare il suo annuncio, per prima cosa va in sinagoga a pregare.

Sicuramente, rimane cioè nel grembo materno. Ma la sua predicazione sovente crea spiacevoli incidenti all'interno delle comunità giudaiche, fra le quali molte ricordavano con apprensione, se non proprio con timore, il passato persecutorio dell'apostolo. Solo a quel punto, consumatasi la rottura, Paolo allarga l'ambito della sua evangelizzazione.

Lo dice lui stesso nella Seconda lettera ai Corinzi: «Cinque volte dai giudei ho ricevuto i trentanove colpi; tre volte sono stato battuto con le verghe, una volta sono stato lapidato ... Viaggi innumerevoli, pericoli di fiumi, pericoli di briganti, pericoli dai miei connazionali, pericoli dai pagani, pericoli nella città, pericoli nel deserto, pericoli sul mare, pericoli da parte di falsi fratelli...» (11,24-26). Una vita travagliata sulla quale ha certamente pesato il fatto che in una prima fase Shaul, Paolo, era stato zelantissimo nel perseguitare i cristiani.

Come già detto, era un fervente fariseo, educato in Gerusalemme alla scuola di Gamaliele, e nei discepoli di Gesù vedeva gli esponenti di un nuovo, intollerabile culto. Poi è successo qualcosa di traumatico, di qualunque cosa si sia trattato, che lo ha trasformato nell'apostolo delle genti, anche se non godette in genere di grande successo.

Narrano gli Atti che, condotto sull'Areopago, la collina di fronte all'acropoli di Atene, centro della vita pubblica cittadina, suscita un vivace interesse (17,16-34). Cominciano ad ascoltarlo, incuriositi, anche alcuni filosofi epicurei e stoici i quali, sentendolo citare Cristo e *anastasis* pensano che stia annunciando una nuova coppia di divinità. Scambiano cioè la resurrezione (*anastasis*) per il nome di una dea. A un certo punto, però, capiscono che l'apostolo parla proprio della resurrezione dei morti, allora qualcuno comincia a deriderlo, altri più garbati gli dicono: «Ti sentiamo su questo un'altra volta». A parte i filosofi greci che fraintendono, è importante notare che nel cristianesimo delle origini il tema della resurrezione dei morti, premessa dell'escatologia, è importante almeno quanto quello del Cristo. Ci si potrebbe allora chiedere perché, a fronte di un ipertrofico sviluppo della cristologia, l'escatologia sia di fatto scomparsa dai cieli opachi dei cristianesimi contemporanei. Ma questa è ovviamente una divagazione.

Un profano come me una risposta ce l'ha. Perché alla resurrezione dei morti oggi nessuno crederebbe, proprio come ad Atene. Paolo, invece, continua a predicare la fine del mondo e la resurrezione dai morti anche se già nei suoi anni s'è capito che la fine non c'è, che tutti continuano a morire come sempre, che il mondo nuovo, il famoso regno, non arriva. Come si poteva conciliare la profezia, la predizione, con una realtà che la contraddiceva ogni giorno così apertamente?

Il ritardo della parusia, cioè del ritorno di Cristo in gloria, è un problema importante anche per gli storici. Come reagirono i fedeli a questa mancata promessa? Ancora una volta, chi riesce a centrare meglio il cambiamento di prospettiva è Paolo, nella Prima lettera ai Corinzi: «Questo vi dico, fratelli: il tempo ormai si è fatto breve; d'ora innanzi quelli che hanno moglie vivano come se non l'avessero, coloro che piangono come se non piangessero e quelli che godono come se non godessero, quelli che comprano come se non possedessero, quelli che usano del mondo come se non ne usassero appieno, perché passa la scena di questo mondo» (*1 Cor* 7,29-31). Con fermezza, con ostinazione, Paolo tiene ferma la prospettiva escatologica a dispetto di tutto. Dice: vivete pure nel mondo, vivete però in una prospettiva condizionata dal tempo rimasto, che è molto breve, poiché si sta approssimando un altro mondo, un altro regno, la vostra vera città. Nonostante eclissi e rimozioni, Paolo tiene in vita la fondamentale prospettiva escatologica del vangelo.

Quale accoglienza avevano le sue lettere, come venivano recepiti i principi e le linee ideologiche che contenevano?

Le lettere di Paolo sono state con ogni verosimiglianza le prime a essere radunate rispetto al resto del Nuovo Testamento. Ne abbiamo testimonianza già con Marcione, verso la metà del II secolo. Il suo Nuovo Testamento era formato in sostanza, oltre che da una versione emendata del Vangelo di Luca, proprio dalle più importanti lettere paoline. Durante l'interrogatorio di alcuni martiri, quei cittadini di Scili cui ho già fatto riferimento, il proconsole d'Africa chiede al portavoce del gruppo: «Che c'è in quella cassetta?». L'altro risponde: «Le lettere, i libri del beato Paolo». Si conferma così che in età piuttosto precoce esisteva già un *corpus* paolino, probabilmente anche in traduzione latina.

Le lettere, a eccezione forse di quella ai romani, sono scritti d'occasione, vale a dire costituiscono in gran parte delle risposte a determinate questioni che gli venivano sottoposte dalle comunità da lui fondate. Paolo, dopo aver annunciato il vangelo in una determinata località, la dotava di un minimo di struttura organizzativa, poi riprendeva il suo itinerario di missione, rimanendo tuttavia in comunicazione epistolare con quei fedeli. Ovvio che si creassero problemi nuovi, che talora portavano a dissidi se non a veri e propri conflitti. Ci si rivolgeva a lui per avere chiarimenti o dirimere i contrasti. Sarebbe bene tener conto di questo carattere estemporaneo della sua produzione epistolare per evitare il rischio di irrigidirla e sistematizzarla troppo, tradendo così la natura stessa di questi scritti.

V

LA LEGGE DI DIO
E QUELLA DEGLI UOMINI

I romani hanno sempre avuto un atteggiamento tollerante nei confronti di tutte le religioni. Essendo però la loro una religiosità essenzialmente pubblica, politica, esigevano, come recitava già il testo delle Dodici Tavole riportato da Cicerone nel *De Legibus*, che «nessuno abbia per proprio conto dei né nuovi né forestieri se non riconosciuti dallo Stato». Rispettata questa premessa, reagivano duramente solo nel caso in cui una religione presentasse aspetti di possibile eversione politica. Nel caso dell'opposizione fra cristianesimo e impero, una larga corrente di studiosi sostiene che si trattò di un contrasto più psicologico e culturale che non propriamente politico, dal momento che i cristiani non predicavano né praticavano riti pericolosi. È tuttavia possibile che una certa valenza politica il cristianesimo l'abbia avuta nel sostenere i più umili, compresi, a volte, gli schiavi.

Comunque, quando i primi cristiani vengono arrestati e si chiedono loro (per usare un termine contemporaneo) le generalità, molti rifiutano di identificarsi, come del resto rifiutano il «servizio militare». Si limitano a dire che la loro ascendenza è in Gesù Cristo, un atto di disobbedienza che le autorità romane considerano intollerabile.

A Roma si era convinti, non a torto, di aver introdotto forti elementi di civilizzazione nel Lazio arcaico e in tutto il territorio imperiale, costituito per lo più da lande dove s'ignorava l'idea di legge, abbondavano rozze leggende e primitive superstizioni. La creazione dello *ius*, cioè della superiore civiltà del diritto, aveva rappresentato un passo avanti, che non è enfatico definire rivoluzionario, sulla via del progresso umano; e i romani ne erano consapevoli e orgogliosi. Virgilio vi si rifà quando crea il mito del «pio Enea», fondatore della città e della stirpe, il giovane uomo che fugge da Troia in fiamme con il vecchio padre Anchise sulle spalle e per mano il figlioletto Ascanio: passato, presente e futuro di Roma racchiusi in quelle figure che simboleggiano le tre età della vita. Al centro del quadro, Enea, destinato a illuminare la nuova patria che fonderà sulle rive del Tevere con la luce dell'*humanitas*. La religiosità romana era una forma di patriottismo, confinava con lo spirito nazionale, rafforzava il senso di appartenenza a quella civiltà.

Il cristianesimo, al contrario di altre religioni, parve estraneo a una tale visione del mondo, configurandosi, nei fatti se non nelle intenzioni, come un concorrente politico. Per un certo periodo della sua storia la nuova fede non è stata una religione civica. I suoi seguaci erano diffusi ovunque, dentro e fuori l'impero. La loro lealtà era dedicata per intero a un Dio universale, non alle singole città.

Anche gli ebrei erano portatori di una religione estranea ai culti civici tradizionali. Diversamente dai cristiani, però, non cercavano di convertire le genti; chiedevano solo di poter praticare liberamente il culto, all'interno delle loro comunità. Ma, soprattutto, gli ebrei avevano una patria e una legge, erano cioè identificabili, a differenza dei cristiani, nel novero dei popoli e dei riti censiti nell'impero.

Lo storico Svetonio (è un altro aspetto curioso e poco noto del primo cristianesimo) descrive vividamente l'ostilità con la quale i seguaci del nuovo culto erano stati accolti a Roma. Nella *Vita di Claudio* scrive che, nel 41, l'imperatore espulse i giudei da Roma perché, su istigazione di un certo «Chrestus», stavano tumultuando. È verosimile che questi disordini fossero scoppiati nella comunità giudaica romana proprio in relazione alla nuova predicazione cristiana. Poco dopo il 60, quando Paolo arriva a Roma, i capi della comunità giudaica gli dicono che «questa setta» trova dovunque opposizione. Sempre Svetonio, nella *Vita di Nerone*, scrive che ai cristiani vennero inflitte delle sanzioni poiché si sospettava che praticassero la magia. Negli *Annali* (44, 2-3) Tacito racconta invece che a seguito dell'incendio appiccato, forse, da Nerone, fu facile scaricare la colpa sui cristiani data la pessima fama che li circondava:

> Per troncare le dicerie, Nerone spacciò come colpevoli e sottopose a pene raffinatissime quelli che il popolo chiamava cristiani, odiati per le loro nefandezze. Tale nome veniva da Cristo, che sotto il regno di Tiberio era stato suppliziato per ordine del procuratore Ponzio Pilato. Momentaneamente repressa, la nefasta superstizione dilagò di nuovo non solo in Giudea, dove questo malanno aveva avuto origine, ma anche a Roma, dove da ogni parte, ogni cosa atroce o vergognosa confluisce e viene praticata.

Secondo Tacito, che imputa a Nerone la responsabilità dell'incendio, i supplizi cui furono sottoposti i cristiani erano comunque meritati, a causa del loro odio contro il genere umano. Giudizio di straordinaria durezza.

L'editto che stabilisce la tolleranza verso i cristiani, detto «di Milano», viene emanato dagli imperatori Licinio e Costantino nel 313 e segna un punto di svolta dalle profonde conseguenze (ne parleremo a lungo, più avanti). L'anno prima, Costantino aveva attribuito la sua vittoria al ponte Milvio contro Massenzio a una visione celeste. Quando, eliminato nel 324 il co-reggente Licinio, può finalmente regnare da solo, cerca di infondere lo spirito cristiano nella legislazione abolendo, per esempio, il supplizio della croce e i combattimenti di gladiatori. Tuttavia la sua vita privata, i metodi con cui si assicura il dominio restano, come si accennerà, ripugnanti.

Il modo in cui i cristiani guardavano alle autorità è reso complicato anche dai testi già citati nel capitolo precedente e che sono chiaramente contrastanti e attribuiti rispettivamente a Paolo, Pietro e Giovanni. Paolo incita i cristiani a obbedire alla legittima autorità civile, nel rispetto dell'ordine voluto da Dio. Pietro, al sommo sacerdote che ingiunge a lui e agli altri apostoli di non predicare più, risponde che bisogna obbedire a Dio piuttosto che agli uomini. Parole che è bene ripetere, poiché, come si è già detto, hanno segnato la storia antica e recente della testimonianza cristiana di fronte al potere politico. A queste, in epoca moderna e contemporanea, si è ispirata la disobbedienza civile dei movimenti pacifisti e libertari cristiani. Giovanni giunge addirittura a identificare il potere politico come un emissario di Satana.

Il celebre cardinale Bellarmino, l'uomo che istruì il processo a Giordano Bruno, si esprime sul tema con assoluta certezza: «Se anche il papa errasse comandando dei vizi e proibendo delle virtù, la Chiesa è tenuta a credere che i vizi siano buoni e le virtù cattive» (*De romano pontifice*, IV, 2). Completamente diversa l'indicazione data da Francesco d'Assisi ai suoi: «I frati obbediscano ai loro ministri in tutte quelle cose che hanno promesso a Dio di osservare e che non sono contrarie alla coscienza e alla regola» (*Regola bollata*, 10). Siamo, come si vede, in un campo di straordinaria delicatezza, con indicazioni contrastanti, sulle quali non è facile decidere.

Come si comportavano allora i primi cristiani? Come reagivano di fronte alle autorità romane così poco abituate a quel tipo di religiosità? Quale fu la causa delle persecuzioni reiterate e feroci contro di loro? Fra le varie possibili cause, quale ebbe peso maggiore: la dottrina o la politica?

Come vivevano questi primissimi cristiani? Rispettavano le leggi? Obbedivano alle autorità imperiali romane? Qual era nella concreta pratica quotidiana il loro orizzonte materiale e religioso?

Per rispondere le racconto la storia avventurosa di un testo prezioso. Verso il 1436 un giovane chierico, Tommaso d'Arezzo, trovandosi per motivi di studio a Costantinopoli, mentre stava comprando del pesce si accorse che i fogli con cui lo incartavano appartenevano a un codice, e subito li acquistò in blocco. Per farla molto breve, si trattava di una silloge bizantina con testi apologetici cristiani contro i giudei, contro i pagani, contro i musulmani. Erano tutti già noti, tranne uno, quello che oggi conosciamo come l'*A Diogneto*: un'esortazione a farsi cristiani, scritta da un anonimo in forma di lettera e indirizzata appunto a un tal Diogneto di cui nulla sappiamo. È sorprendente che l'opera, oggi datata al II secolo, fino ad allora fosse totalmente sconosciuta, mai citata né dagli autori antichi né da quelli medievali. Per una serie rocambolesca di eventi il codice, dopo la Rivoluzione francese, arriva alla biblioteca comunale di Strasburgo. Durante la guerra franco-prussiana del

1870, una bomba tedesca colpisce la biblioteca e il testo brucia. Per fortuna, era già stato trascritto.

Bellissima storia, se ne potrebbe ricavare uno sceneggiato. Ma perché richiama questo testo per rispondere alla domanda? Qual è il suo valore?

Si tratta di un vero gioiello della letteratura cristiana antica, il cui tema è la vita paradossale del cristiano, il suo rapporto col mondo, articolato attraverso una felice combinazione della teologia di Paolo e di quella di Giovanni. Ne cito qualche passaggio dal capitolo V, facendo notare che si tratta di uno dei pochi riferimenti patristici accolti nei documenti del concilio Vaticano II. La bella traduzione di Bernardino M. Zanella non è forse scientificamente inappuntabile, rende però benissimo il pathos straordinario del testo:

> I cristiani non si distinguono dagli altri uomini né per il territorio, né per la lingua, né per le consuetudini di vita. Perché non abitano città proprie, non usano un linguaggio particolare, non conducono uno speciale genere di vita. La loro dottrina non è frutto dell'acuta indagine di uomini di genio; e non professano, come alcuni, una filosofia umana. Disseminati per città elleniche e barbare, secondo che a ciascuno è toccato in sorte, e uniformandosi alle abitudini locali nel vestire, nei cibi, e in ogni altro aspetto della vita, rivelano, per comune consenso, la meravigliosa e paradossale forma della loro vita associata.

Pensi alla distanza fra questo ritratto della vita del cristiano e la smania odierna di battezzare ed etichettare, cristianamente se non addirittura cattolicamente, ogni cosa nella società, nella politica, nella finanza, nella cultura, nelle arti, nelle scienze.

Penso, e misuro l'enorme distanza. Mi sbaglio o emerge da questi passaggi la configurazione di una sorta di «cristianesimo anonimo»? Ma, se così è, in che cosa consiste lo specifico della vita cristiana?

Proprio nel paradosso di cui parla il testo. «Abitano una loro rispettiva patria» prosegue infatti il documento «*ma* vi sono come pellegrini; prendono parte a tutti gli obblighi come cittadini, *ma* tutto sopportano come stranieri; ogni terra straniera è patria per loro, ogni patria è terra straniera.» Il termine greco qui tradotto con «pellegrini» è *paroikoi* (da cui, indebitamente, deriva l'italiano «parrocchia»), che in buona sostanza indicava la situazione di quei cittadini stranieri che abitavano in una città senza però averne piena cittadinanza. Mi chiedo se non potrebbe tentarsi un confronto con gli attuali immigrati. Detto altrimenti: sono sì cittadini, *ma* di due diverse città; in quella storica «si sposano come tutti gli altri e generano figli, *ma* non espongono la prole. Hanno in comune la mensa, *ma* non il talamo. Vivono nella carne, *ma* non secondo gl'istinti della carne ... Obbediscono alle leggi costituite, *ma* con il loro modo di vivere superano le leggi». Insomma, mentre si afferma e si dà valore all'orizzonte storico nel quale si iscrive la vita del cristiano, si denuncia la provvisorietà e la superabilità di quello stesso orizzonte. La piena cittadinanza cristiana è altrove: «trascorrono l'esistenza sulla terra, *ma* sono cittadini del cielo». Cipriano di Cartagine, morto nel 258, scriverà che «*patriam nos nostram paradisum computamus*», noi riconosciamo come nostra patria il paradiso.

Da quanto sappiamo, le autorità politiche romane si irritavano nei confronti dei cristiani per la loro disobbedienza, attiva o passiva. Anche gli obblighi civili più elementari venivano spesso elusi. Chiedevano le generalità e quelli rispondevano: io sono di Cristo. Chiedevano di venerare l'immagine dell'imperatore e quelli rifiutavano. Chiedevano di assolvere i doveri militari e quelli rifiutavano d'impugnare le armi.

Questo è vero. I cristiani però non vengono perseguitati perché disobbediscono alle autorità, cioè per il mancato rispetto delle leggi. La questione è più complessa e vorrei anche in questo caso affrontarla attraverso l'esame di un documento, la lettera che Plinio il Giovane, pro-pretore in Bitinia negli anni Dieci del II secolo, scrive all'imperatore Traiano. Siamo in presenza della più antica attestazione non cristiana sui cristiani stessi.

Si tratta di Plinio il Giovane nipote dell'altro Plinio, detto appunto il Vecchio, che lo aveva adottato?

Esattamente. Suo zio era il grande naturalista che morì per voler osservare troppo da vicino l'eruzione del Vesuvio. La Bitinia era una provincia turbolenta, già oggetto di severi provvedimenti imperiali al fine di assicurare l'ordine pubblico. Nella lettera Plinio dice di aver ricevuto un documento anonimo nel quale si denunciavano alcuni cristiani. E riassume in questi termini la procedura adottata: a coloro che venivano interrogati chiedeva se fossero cristiani. Chi rispondeva di no, veniva subito rilasciato. A chi rispondeva di sì, la domanda veniva ripetuta due o tre volte, sotto minaccia di pena capitale. Se insistevano a dirsi cristiani, li mandava a morte, ritenendo una simile ostinazione degna di questa condanna.

C'è una spietata durezza in tale modo d'agire. Mi chiedo sulla base di quale capo d'imputazione fosse emessa la sentenza. La giustizia romana sapeva essere severa fino alla ferocia, ma le regole del diritto erano precise.

Nessun reato, in questo caso. Plinio, infatti, scrive all'imperatore: non so se debbano essere condannati a causa del *nomen* o dei delitti infamanti che vengono attribuiti a quel «nome». Nella procedura adottata comunque, come abbiamo appena letto, lui non tiene in alcun conto le accuse, gli basta che si riconoscano cristiani.

Ma come poteva bastare il solo nomen? *Sembra un'assurdità giuridica rispetto al normale funzionamento del diritto a Roma.*

Per tentare di chiarirlo, vale la pena ricordare le altre due testimonianze più antiche sui cristiani, sempre di provenienza non cristiana. Una, quasi degli stessi anni, è la famosissima notizia di Tacito relativa all'incendio di Roma sotto Nerone. Tacito conosceva le questioni giudaiche, avendo svolto funzioni amministrative in Siria; verosimilmente, gli erano ben noti personaggi ed eventi della Palestina di quegli ultimi decenni.

Tacito, però, scrive parecchi anni dopo i fatti.

Non tantissimi. I suoi *Annali* sono di circa cinquant'anni posteriori. Ma ho ricordato la sua magistratura in Siria proprio perché, probabilmente, aveva avuto una conoscenza ravvicinata degli eventi. È lui che afferma, fra l'altro, che Gesù era stato giustiziato sotto Ponzio Pilato, il che mi fa pensare che avesse avuto accesso agli archivi. Tacito, dunque, scrive che, per stornare da sé i sospetti di aver incendiato Roma nel 64, Nerone accusa i cristiani, che erano detestati dal popolo. È chiaro che Tacito non li ritiene responsabili dell'incendio, ma, nonostante questo, pensa che siano meritevoli dei supplizi cui vengono sottoposti. Un'ulteriore notizia, questa sì più tarda, la dà Svetonio, il quale non attribuisce la responsabilità dell'incendio ai cristiani ma, parlando dell'impero di Claudio, dice che questi «cacciò da Roma quei giudei che, istigati da Cresto, provocavano disordini continui». Nella *Vita di Nerone* aggiunge: «Sottopose a supplizi i cristiani, una razza di uomini di una superstizione nuova e malefica».

L'elemento che mi pare accomuni queste tre notizie di reato, ammesso che di un vero reato si fosse trattato, è che si riferiscono tutte a ciò che, in termini odierni, si definirebbe «turbamento dell'ordine pubblico».

Tenga conto che Plinio aveva cominciato la repressione anticristiana in Bitinia a seguito di una denuncia anonima dei macellai, che avevano visto diminuire la vendita della carne immolata agli idoli. Quando si sacrificava agli dei, si utilizzava nel rito solo una minima parte delle offerte, l'altra (e più grande) finiva nelle macellerie a prezzi politici, ribassati. Erano, insomma, grandi occasioni di saldi, diremmo oggi. I macellai, vedendo diminuire le vendite, danno la colpa ai cristiani e da lì nasce la persecuzione. In Tacito c'è l'incendio di Roma; in Svetonio si parla di agitazioni e disordini. I cristiani non vengono contrastati a causa della loro dottrina, bensì per le molto concrete turbative sociopolitiche che provocano, o che si pensava provocassero, in quanto la stranezza dei loro atteggiamenti li portava a essere malvisti e a fare da capri espiatori.

Accetto la sua spiegazione, ma mi resta una perplessità di tipo giuridico. Della humanitas *introdotta da Roma era parte centrale proprio la certezza del diritto. Per emettere una condanna occorrevano prove, accuse precise, che in questo caso, mi pare, non c'erano.*

Qui sta il punto, ma per affrontarlo meglio dobbiamo fare un passo indietro. Nel riordinamento del potere voluto da Augusto al termine delle guerre civili e dopo la battaglia di Azio (31 a.C.), era compresa anche una riforma religiosa. Pensiamo al *Carme secolare* di Orazio e, soprattutto, all'*Eneide* di Virgilio. Protagonista del poema è Enea, l'eroe che fugge da Troia e fonda Roma, la società romana, il potere politico della città, ciò che un romano avrebbe appunto chiamato *humanitas*. È importante ricordare come nell'*Eneide* Enea sia costantemente definito *pius*, cioè religioso. Nel programma di restaurazione augustea, ben propagandato nel poema, il piano della *religio* e il piano dell'*humanitas*, cioè della civiltà, vengono indissolubilmente connessi nella figura di Enea, il quale, con la sua *pietas*, vale a dire con la religione, fonda l'*humanitas*, la civiltà. Ne consegue necessariamente che chi è al di fuori dalla *religio* è perciò stesso al di fuori dell'*humanitas*, è cioè un mostro. Non per nulla i cristiani venivano accusati di praticare l'incesto e di cibarsi di carne umana, soprattutto dei bambini. Possiamo allora capire per quale ragione Tacito lanci contro di loro la terribile accusa di essere *odiatores generis humani*, odiatori del genere umano.

A capo di questa convincente ricostruzione vedo che le accuse contro i cristiani sono più o meno le stesse che, dopo aver preso il potere, i cristiani hanno lanciato per secoli contro gli ebrei.

Infatti lo schema è sempre uguale. Anche nel famoso *Senatusconsultus ultimus de bacchanalibus* del 186 a.C., una sorta di proclamazione dello stato di emergenza, s'imputavano ai seguaci dei culti dionisiaci le stesse colpe. Alla fine della Roma repubblicana, Cicerone in una famosa orazione esorta il senato a non ricevere una delegazione dei galli perché i loro sacerdoti, i druidi, compivano gli stessi misfatti: si cibavano di carne umana ed erano incestuosi. Lei ha citato le accuse contro gli ebrei, causa degli atroci pogrom in Europa fra Medioevo ed età moderna (se non oltre). Ma negli anni Cinquanta del Novecento anche i comunisti venivano in qualche modo accusati di mangiare i bambini. Un ulteriore elemento di continuità fra tali manifestazioni così distanti nel tempo sta nel fatto che questi soggetti, coribanti o druidi, cristiani, ebrei o comunisti, uniscono sempre alla mostruosità etica e religiosa il pericolo dell'eversione sociale e politica.

Se vogliamo aggiungere un'ulteriore voce all'elenco, anche in molti processi della Santa Inquisizione si accusavano gli imputati di reati analoghi. È la forza evocativa di questi immaginari delitti che spiega la spietatezza di Plinio in Bitinia?

Nella repressione dell'«eretica pravità», autorità religiosa e autorità politica agiscono quasi sempre di conserva. I primi cristiani, in quanto irriducibili alla *religio* romana, non possono che comportarsi in modo scellerato, sotto il profilo sia etico sia politico, per quella sovrapposizione fra *religio* e *humanitas* che ho richiamato. Ora possiamo forse meglio comprendere perché, per meritare una sentenza capitale, sia sufficiente la semplice professione del *nomen*, vale a dire la dichiarazione di essere cristiano.

Oltre a Plinio, abbiamo ulteriori testimonianze di questa severissima prassi penale?

Cito, fra i tanti possibili, soltanto un altro esempio: il 14 settembre 258 viene giustiziato Cipriano, vescovo di Cartagine, figura di spicco nella società africana del tempo. Il magistrato gli chiede: «Sei tu il papa?», cioè il responsabile della comunità dei cristiani. Cipriano risponde: «*Ego*», sì sono io. A questo punto il proconsole lo condanna a morte per decapitazione. Non è stato necessario né un interrogatorio né una prova; quell'ammissione è stata sufficiente. Del resto, anche nel processo subito da Cipriano l'anno precedente, l'esilio gli era stato comminato sulla base di una breve professione di fede e nonostante che questa si chiudesse addirittura con l'assicurazione che i cristiani elevavano preghiere a Dio «per noi, per tutto il genere umano e per la salute degli stessi imperatori». Ancora una volta è il *nomen* che rende passibili di pena capitale.

Ho afferrato il concetto, del resto molto convincente. Trovo però ancora difficile comprendere quali reati potesse aver commesso un vescovo, noto per la sua carità non meno che per la sua dottrina, per meritare una sanzione così estrema.

Le ragioni le possiamo desumere dalle «motivazioni» della sentenza, accuratamente riportate negli atti. Il registro è doppio, uno religioso e l'altro politico, intrecciati fra loro. Il proconsole imputa al vescovo di essere vissuto in atteggiamento sacrilego, manifestando inimicizia nei confronti degli dei di Roma, rifiutandosi di prestare il dovuto culto. Neppure gli imperatori, *pii et sanctissimi*, hanno potuto indurlo a celebrare le festività, a compiere i sacrifici che rendessero evidente la sua lealtà civica. Egli ha radunato intorno a sé un'accolita di empi congiurati (evidentemente la comunità, o almeno la dirigenza della Chiesa cartaginese), ammaestrati dal suo scellerato esempio, per cui è stato arrestato come ispiratore di un abominevole crimine: essersi estraniato, con proterva e sacrilega ostinazione, dalla romanità. L'ordine pubblico dovrà dunque essere ristabilito con lo spargimento del suo sangue: «E [il proconsole] lesse dalla tavoletta» conclude il testo «la sentenza: Tascio Cipriano è condannato alla decapitazione». Insomma: l'alterità religiosa conduce di necessità all'eversione sociale e politica.

Vorrei fare un passo indietro per riandare a un altro tipo di persecuzioni o, se vuole, di spargimento di sangue. Mi riferisco alle persecuzioni giudaiche contro i cristiani, che ovviamente vanno lette all'interno del processo di gestazione del cristianesimo nel grembo dell'ebraismo. Uno degli esempi più famosi è quello di Stefano, che la Chiesa definisce «protomartire», cioè primo dei martiri. Quale era stata la sua colpa?

Sappiamo dagli Atti che, a un certo punto, si creò nella primitiva comunità di Gerusalemme una grave tensione fra i cristiani di provenienza giudaica e quelli che venivano dalla cultura ellenistica. Ci fu un'assemblea nella quale questi ultimi cominciarono a protestare, dicendo che si trascuravano le loro vedove e i loro orfani. Sembrava una questione riguardante l'amministrazione della carità, tanto che l'assemblea decise di nominare dei diaconi, fra i quali Stefano, per occuparsi appunto degli indigenti. Di fatto, nel prosieguo del testo si vede che questi diaconi compiono lo stesso ufficio degli apostoli, cioè predicano. Quindi il racconto degli Atti nasconde probabilmente una realtà oggi difficile da ricostruire. La situazione sembra analoga a quella fra Paolo e le «tre colonne»: modi diversi d'intendere la predicazione. È anche probabile che si fossero create diverse competenze: i missionari provenienti dall'ellenismo, o comunque residenti in città greche, predicavano agli ellenisti, quelli provenienti dal giudaismo, ai giudei.

Ciò che a me pare interessante – e sinistro – in questa fosca storia è che le tensioni all'interno delle varie correnti cristiane potevano arrivare fino al linciaggio di un avversario, poiché Stefano venne in pratica linciato dalla folla. Inoltre, sembra improprio attribuirgli la qualifica di «protomartire», data la natura del dissidio dal quale Stefano venne travolto.

Quello che certo sorprende nella narrazione del martirio di Stefano è che, mentre lui, esponente degli «ellenisti», viene lapidato, il resto dei discepoli di Gesù in Gerusalemme rimane indifferente. Ciò ha indotto numerosi studiosi a ritenere che la persecuzione giudaica colpisse solo alcuni cristiani. Una conferma potrebbe vedersi anche nel celebre viaggio a Damasco, durante il quale Paolo cade a terra e si converte. Che bisogno c'era di andare fino a Damasco a perseguitare i cristiani, se a Gerusalemme c'erano moltissimi discepoli di Gesù? Ovvio dedurne che il furore persecutorio del futuro apostolo non è contro tutti i discepoli, ma solo contro quella parte che non proviene dal giudaismo, cioè gli ellenisti, proprio come Stefano.

I vari episodi aiutano molto a capire la travagliata nascita di questa religione. Diverse domande però incalzano. Per esempio, l'atteggiamento dei primi cristiani nei confronti della sessualità: donne, verginità, matrimonio. È un tema sul quale anche Paolo interviene con il consueto vigore e con giudizi netti. Da quali elementi dipendeva e quale era la concezione della vita sessuale?

Era sicuramente una visione molto negativa. Esistono attestazioni, precedenti a Paolo o coeve, nelle quali la sessualità viene nettamente svalutata, dove anzi l'introduzione del peccato nel mondo è attribuita proprio a cause sessuali. L'apostolo risente di questa linea e la condivide. Nella Seconda lettera ai Corinzi dice chiaramente: io non ho indicazioni su queste problematiche da parte di Gesù, però se vi mantenete vergini è meglio. Aggiunge: piuttosto che ardere di desiderio, sposatevi, dove il matrimonio sembra essere svilito a *remedium concupiscentiae*. Comincia in quegli anni e in quella temperie culturale la svalutazione del corpo, della fisicità, della sessualità. Paolo è uno dei responsabili, ma è figlio del suo tempo e di un giudaismo fra l'altro minoritario, perché il giudaismo ufficiale sulla sessualità ha un giudizio gioiosamente positivo. Nella fecondità e nella prole si scorge l'azione benedicente di Dio, anche se il rapporto uomo-donna, come in gran parte delle società antiche, è tutt'altro che paritario.

È possibile delineare, anche se a grandi tratti, una storia del rifiuto della sessualità nel cristianesimo delle origini?

Questa storia è stata raccontata ne *Il corpo e la società, Uomini, donne e astinenza sessuale nel primo cristianesimo*, un'ampia e importante opera tradotta anche in italiano, agli inizi degli anni Novanta del Novecento, dal grande studioso Peter Brown. In estrema sintesi, direi che le motivazioni del rifiuto della sessualità poggiano su diversi fondamenti: il dualismo platonico, con la connessa svalutazione della materia e della corporeità, assunto da un numero ragguardevole di pensatori cristiani. La continenza diventa segno di un'elezione alla salvezza, poiché soltanto la parte spirituale, trattenuta come prezioso diamante nelle tetre viscere del cosmo, sarà reintegrata al divino. Corollario di ciò è l'abbattimento della distinzione sessuale. È un tema insistito, per esempio, nel già citato *Vangelo di Tommaso*, che Paolo riprende nella Lettera ai Galati, ma che è presente anche nella predicazione di Gesù. Quando i discepoli gli chiedono quando potranno entrare nel regno, Gesù, sempre secondo Tommaso, risponde: «Quando farete di due una sola cosa ... in modo da rendere il maschio e la femmina un unico individuo, così che il maschio non diventi maschio e la femmina non diventi femmina ... allora entrerete [nel regno]».

Che cosa dicono le fonti su questo argomento di primaria importanza?

Il *Vangelo di Tommaso* ci dà una preziosa testimonianza del primitivo annuncio cristiano. Se lo confrontiamo su questo punto con i vangeli sinottici si vede sia la differenza sia la contiguità. Matteo, per esempio, racconta che un giorno i farisei chiedono a Gesù se sia lecito ripudiare la propria moglie. Egli risponde: «Chiunque ripudia la propria moglie, se non in caso di concubinato, e ne sposa un'altra, commette adulterio». I discepoli, da bravi maschilisti, subito commentano: «Se questa è la condizione dell'uomo rispetto alla donna, non conviene sposarsi» (*Mt* 19,9-10). La replica di Gesù chiarisce il senso della sequenza. Egli aggiunge: «Vi sono infatti eunuchi che sono nati così dal ventre della madre; ve ne sono alcuni che sono stati resi eunuchi dagli uomini, e vi sono altri che si sono fatti eunuchi per il regno dei cieli. Chi può capire, capisca» *Mt* 19,12). Sono concetti che non riguardano tanto il dibattito sul divorzio, quanto le condizioni per entrare nel regno. Come si capisce, Gesù pone come condizione per l'ingresso nel regno la continenza assoluta. Non siamo molto lontani dal detto riportato nel *Vangelo di Tommaso*.

Rimane traccia di questo radicalismo evangelico nei primi secoli cristiani?

Più a lungo di quanto si creda. Ancora oggi, i tre voti solenni pronunziati da chi si fa monaco mi sembrano strutturati proprio su questo capitolo di Matteo che, dopo la benedizione ai fanciulli, destinati al regno proprio in virtù della loro debolezza, si conclude con la promessa che anche chi si spoglia di tutto, facendosi assolutamente povero, riceverà cento volte di più, il che è un altro modo per indicare l'ingresso nel regno. Ora, povertà, castità e obbedienza (cioè debolezza) sono appunto i tre voti che si chiedono ai monaci. Ci sono, nel cristianesimo delle origini, anche attestazioni di un uso gioioso della sessualità nel regno, Gesù però sembra escluderlo. Un giorno i sadducei, negatori della resurrezione, lo provocano sottoponendogli il caso di una donna che, secondo la legge del levirato, aveva sposato in successione, uno dopo l'altro, sette fratelli. Gli chiedono di chi mai sarebbe stata moglie dopo essere risorta. Gesù ribatte seccamente: «I figli di questo mondo prendono moglie e prendono marito; ma quelli che sono giudicati degni dell'altro mondo e della resurrezione dai morti non prendono né moglie né marito». Poiché, soggiunge in Matteo, «si è come angeli nel cielo» (*Mt* 22,30).

Lei tuttavia afferma che nel primitivo cristianesimo c'era chi ammetteva l'esercizio della sessualità anche dopo l'avvento del regno di Dio. Come si concilia tutto ciò con queste parole di Gesù?

La sua domanda presuppone una sistematicità che nei testi primitivi non c'è. Non mi stancherò mai di ripetere che parole e gesta del Signore ci sono state tramandate in funzione dei bisogni, dei contesti vitali delle varie comunità che le hanno raccolte. Nel nostro caso, l'esclusione della sessualità nella resurrezione dipende dalle esigenze, se non dalle polemiche e dai contrasti, che animavano la vita di quelle comunità. Del resto, nella stessa tradizione dei vangeli il regno assume spesso i caratteri festosi di un banchetto. Pensi solo alle parole di Gesù nell'ultima cena, quando, libato il calice, afferma: «Non berrò più del frutto della vite fino al giorno in cui lo berrò nuovo nel regno di Dio» (*Mc* 14,25). In molte comunità del primitivo cristianesimo, questa gioia paradisiaca comporta anche l'esercizio della sessualità, che tuttavia verrà progressivamente contestato, nel processo di epurazione di ogni carattere materialistico dell'escatologia.

VI

LA CREAZIONE DI UN CANONE

Accompagna o precede la nascita e la formazione di una qualunque fede, ideologia, filosofia o corrente intellettuale una serie di testi di riferimento nei quali sono racchiusi il significato e l'etica di quel movimento, la sua ragion d'essere, il suo orizzonte teorico. È ciò che si definisce un «canone».

Nella Chiesa cattolica la formazione del canone è stata lunga, molto travagliata, segnata da vivacissime controversie seguite spesso da drammatiche lacerazioni. In pratica, ci sono voluti quindici secoli, come vedremo, prima che si arrivasse a una decisione definitiva; una complessità di procedimento che non ha uguali nella storia umana.

Che cosa accadde dopo la morte di Gesù e prima che arrivasse Paolo, di cui abbiamo parlato nei capitoli precedenti? La prima comunità di seguaci si forma a Gerusalemme avendo a capo Giacomo «fratello del Signore», come viene chiamato da tutti, Paolo compreso. La morte di Gesù sul patibolo, come un criminale, era stata un trauma profondo per chi aveva creduto in lui, ne aveva seguito la predicazione, auspicato la vittoria. Infatti, dopo quella terribile tragedia la comunità dei suoi più stretti seguaci sembra in un primo momento disperdersi, forse nel timore che la repressione delle autorità non si fermasse al capo, ma investisse anche i componenti del gruppo.

In un secondo momento, però, gli «apostoli» si ritrovano di nuovo a Gerusalemme e proclamano che in realtà Gesù, morto sulla croce, è resuscitato; infatti la sua tomba è stata trovata vuota, e c'è chi dice di averlo visto camminare, mangiare, parlare. La buona notizia corre, esultano coloro che si erano rattristati, e sempre nuovi dettagli si aggiungono al racconto del prodigioso evento Cominciano a intravedersi i segni di un movimento con un'accentuata inclinazione messianica nel quale confluiscono ebrei di origini diverse.

Fra loro ce ne sono alcuni di lingua e cultura ebraica, ma anche altri di lingua e cultura greca, i cosiddetti «ellenisti». Le controversie fra i due gruppi divampano; le autorità giudaiche, come abbiamo visto, arrivano addirittura a lapidare un seguace di lingua greca, Stefano (in seguito proclamato «protomartire»), per aver bestemmiato contro il Tempio. Dato che gli scontri degli ellenisti con le autorità religiose giudaiche sono frequenti, alcuni membri si allontanano e danno vita ad altre comunità, per esempio quella di Antiochia, dove fra l'altro, come si è spiegato, per la prima volta si comincerà a parlare di «cristiani». In ognuna di queste nuove comunità viene ripetuta la narrazione della vita di Gesù, vengono riferite le sue parole, le azioni da lui compiute, il mistero e la gloria della sua resurrezione. Per molti anni le notizie passano di bocca in bocca, affidate solo alla tradizione orale, il che comporta ovviamente notevoli distorsioni nel racconto dei fatti e nella loro stessa collocazione all'interno della sua biografia. Viene però un momento, come vedremo in questo capitolo, in cui una tradizione così confusa e incerta non basta più a una Chiesa che comincia a formarsi come istituzione e non è più solo un'«assemblea degli eletti», che è il significato originario della parola *ecclesia*. Una delle prime esigenze avvertite quando si raggiunge questa fase è stabilire un *corpus* di testi di riferimento con un carattere il più possibile unitario e il meno possibile contradditorio. Comincia così a profilarsi la necessità di un canone, la cui definizione avverrà in maniera ancora una volta conflittuale e fra molte incertezze. Da un punto di vista formale, essa, per la Chiesa cattolica, si ebbe soltanto con il concilio di Trento, tenutosi dal 1545 al 1563, anche se, di fatto, il *corpus* dei testi del Nuovo Testamento era ormai consolidato da almeno un millennio.

Come è stato ricordato all'inizio del libro, si tratta di quattro vangeli detti appunto «canonici», nonché degli altri ventitré scritti costituenti il cosiddetto Nuovo Testamento, che venne aggiunto all'Antico Testamento, cioè la Bibbia ebraica. Il racconto del modo in cui questo canone si è formato è drammatico. Esso fa capire bene attraverso quali conflitti si arrivò a individuare una linea dottrinale in grado di raccogliere il più ampio consenso e che sintetizzasse nel modo più coerente possibile l'insegnamento di Gesù.

Lei ha più volte citato testi che adombrano vari cristianesimi. Naturalmente la scelta degli uni o degli altri è stata fondamentale per la formazione di un canone e, di conseguenza, per l'edificazione di un'ortodossia, diciamo pure per far nascere l'ufficialità di questa nuova religione, escludendo i testi in apparenza difformi. Possiamo raccontare il modo in cui questo canone si è formato?

La domanda costituisce in effetti la premessa per capire il progressivo distacco del cristianesimo dall'originaria matrice ebraica. Parliamo per prima cosa dei testi. Sappiamo che nell'antichità cristiana ne circolavano molti. Proprio dall'abbondanza scaturì a un certo punto la necessità di fare una scelta. Ci si chiese: quali sono i libri che meglio rivelano la salvezza? che la annunciano? Il primo significato di «canone» è infatti «bacchetta», la bacchetta di bambù utilizzata come unità di misura. Da qui dunque la norma. E si decise che soltanto alcuni dei numerosissimi scritti potevano essere ritenuti vera parola di Dio.

In base a quali criteri si fece la scelta?

In base a un criterio per noi certamente non oggettivo: l'ispirazione. Soltanto gli scritti che si ritenevano redatti sotto l'ispirazione dello Spirito, cioè in sostanza da Dio stesso, potevano essere ritenuti normativi. Questo fu il principio formale. In pratica la decisione si basò su ciò che si chiama tecnicamente il *consensus ecclesiae*. In altre parole, quando le grandi comunità, Alessandria, Antiochia, Edessa, Gerusalemme, Roma, più tardi Costantinopoli, riconobbero un comune patrimonio di fede, questo diventò il canone, cioè la norma. Difatti, negli antichi formulari c'è quasi sempre una premessa che recita: «Noi vi comunichiamo che il credo annunciato ad Alessandria, ad Antiochia, a Roma è anche il nostro». Il simbolo di fede di Aquileia, per esempio, comincia proprio con tali parole.

Il *consensus ecclesiae* in realtà non è qualcosa di diverso dall'ispirazione, è solo lo strumento «oggettivo» attraverso cui si manifesta e si riconosce l'ispirazione del testo sacro.

In sostanza, è un criterio che sancisce la convergenza delle grandi Chiese su alcuni specifici punti dottrinali.

Esattamente. A livello teorico il criterio è facile da esporre; a livello storico, invece, è stato molto più complesso, perché alcune Chiese accettavano certi scritti ma non altri. La formazione del canone è un processo durato così a lungo che la Chiesa cattolica lo definirà ufficialmente soltanto con il concilio di Trento, nel XVI secolo, cioè quattordici secoli dopo i fatti. Basta questo a far capire quante difficoltà ci siano state. Ma per rendere le cose ancora più esplicite, pensi che un testo come l'Apocalisse – che oggi suscita forse più interesse di altri libri – stentò molto a essere accettato nel canone, e alla fine vi riuscì a fatica dopo opposizioni fortissime. Lo stesso accadde al Vangelo di Giovanni, alla metà del II secolo. Un gruppo di cristiani della comunità romana che non voleva sentir parlare di *Logos*, cardine della teologia giovannea, si oppose a lungo all'inclusione di quel testo. Per converso, nei canoni più antichi troviamo testi che successivamente sono stati espunti, come *Il Pastore di Erma* o la *Lettera* dello pseudo-Barnaba.

Uno dei più antichi documenti che contengono un canone biblico è il *Canone muratoriano*, così chiamato perché scoperto da Ludovico Antonio Muratori alla biblioteca Ambrosiana, dove attualmente si trova. È un testo della fine del II secolo, scritto in un latino molto rozzo. Enumera i libri ispirati, quelli che si possono accettare per l'edificazione dei credenti e quelli invece che devono essere rigettati.

Che cosa ha sollecitato l'interesse, anzi l'esigenza, di arrivare alla formazione di un canone? A parte, ovviamente, il bisogno fondamentale di dare certezze dottrinali alla nuova fede.

Molti fattori. Fra questi, però, uno dei più impellenti era l'atteggiamento da assumere nei confronti dell'Antico Testamento. Un intero filone della tradizione cristiana non accettava la Bibbia ebraica, ritenendola rivelazione di un Dio malvagio. Il vero Dio, l'amorevole Padre del Logos-Figlio, si sarebbe manifestato solo con il Nuovo Testamento. Nemmeno in tutto il testo, però, ma solo in una parte. Negli anni Quaranta del II secolo giunge a Roma Marcione, uno straordinario personaggio, la cui opera è andata quasi interamente perduta, figlio di un ricco vescovo del Ponto. Quando arriva a Roma, fa una cospicua donazione alla Chiesa locale e comincia a predicare. Come già accennato, il suo vangelo, possiamo chiamarlo così, era limitato a pochissimi testi: l'epistolario paolino e il Vangelo di Luca. Ma perfino sull'epistolario paolino Marcione faceva dei tagli, spesso impeccabili dal punto di vista filologico. Non accettava, per esempio, le lettere pastorali o la Lettera agli Ebrei; e lo stesso Vangelo di Luca era in più parti emendato e abbreviato.

Tagliato o no che fosse, perché Marcione si era concentrato su Luca escludendo cioè Marco e Matteo, gli altri due vangeli che oggi fanno parte della trilogia sinottica?

La ragione è che Luca è quello con la posizione teologica più vicina a Paolo. È ragionevole pensare che anche l'atteggiamento di Marcione – che ebbe molto successo nelle comunità cristiane – abbia rappresentato uno stimolo a iniziare il lento processo per la definizione di un canone. Una riprova è che, fra il 160 e il 180 della nostra era, la Chiesa di Roma dette inizio ai cosiddetti «prologhi antimarcioniti», con i quali autenticava i testi del Nuovo Testamento che Marcione rifiutava. Nello stesso tempo, sempre la Chiesa romana approvava i prologhi alle dieci lettere di Paolo composti da Marcione. Capisce quanto sia sbagliato e rozzo segnare con l'accetta il confine fra presunta ortodossia e presunta eresia?

Fino a quando arriva l'imperatore Costantino che ordina e coordina la sistemazione più conveniente. Ma di questo parleremo più avanti e con l'ampiezza che merita. La figura di quell'imperatore è affascinante anche per la sua ambiguità, merita attenzioni particolari.

Possiamo anticipare che l'intento di Costantino era di dare vita a una religione unitaria per tutto l'impero. Da buon politico temeva fratture e divisioni. Ovvio quindi che si rendesse conto dell'importanza di un *corpus* normativo in base al quale definire il nuovo culto che stava sostituendo quello antico, non più spendibile.

Torniamo ai criteri di formazione. Quando si stabilisce una norma, un codice, si stabilisce anche, se non altro per contrasto, per absentiam, *ciò che nel canone non deve esserci, vale a dire l'eresia.*

Infatti l'eresia, come categoria teologica, si pone proprio come mancato rispetto del canone. Che cosa è l'ortodossia per il pensiero antico? Lo possiamo riassumere così: al momento dell'ascensione, Cristo consegna agli apostoli il deposito della fede, vale a dire ciò che ha detto e ciò che ha fatto. La Chiesa, infatti, si dice «apostolica» proprio in virtù della trasmissione fatta da Cristo agli apostoli. Alla morte di ciascun apostolo, ognuno di loro consegna il deposito nelle mani del suo successore, che è il vescovo.

L'ortodossia si stabilisce dunque in virtù della retta successione dei vescovi. Fino a quando questa legittimità è garantita, lo è anche l'ortodossia di quella Chiesa. Ne consegue che l'eresia è l'indesiderato effetto di un *vulnus*, di una frattura nel processo della legittima successione apostolica. Questo schema teologico, nella sua sostanza, non viene messo in discussione fino al XX secolo. Ireneo, vescovo di Lione, nella sua opera contro le eresie intitolata *Adversus haereses* pubblica la lista di successione dei vescovi di Roma. Lo fa proprio per stabilire che, al pari di altre comunità, essendo legittima la successione da Pietro all'ultimo vescovo vivente, in quella Chiesa vige l'ortodossia.

Lei ha detto «fino al XX secolo» e questo sembra, se posso dirlo, stupefacente. Quando, come, questo schema cambia?

Lo schema è messo in crisi dalla pubblicazione, nel 1934, di una famosa opera dello studioso tedesco Walter Bauer intitolata *Rechtgläubigkeit und Ketzerei im ältesten Christentum* (Ortodossia ed eresia nel più antico cristianesimo), che evidenziava un dato inconfutabile. Esaminando le origini del cristianesimo nelle grandi metropoli del mondo antico, Alessandria, Antiochia, Edessa, Gerusalemme e, infine, Roma, Bauer aveva constatato che, nelle loro prime manifestazioni, le comunità avevano spesso praticato un cristianesimo che in seguito, paradossalmente, era stato dichiarato eretico. Secondo lo studioso, questa è fra l'altro una delle ragioni per cui sappiamo così poco del cristianesimo delle origini. Le comunità, una volta giunto a miglior definizione il dogma, avrebbero rimosso la storia delle origini, che appariva inadeguata alle nuove condizioni della Chiesa e della teologia. Dall'interpretazione di Bauer risulta insomma che, storicamente, l'eresia precede l'ortodossia.

Queste sono cose di cui certo non si parla a livello di semplici fedeli per le ragioni che possiamo facilmente intuire.

Lei ha appena usato una frase che è spesso fonte di equivoci. Ha detto: «per le ragioni che possiamo facilmente intuire». Frasi simili sono usate per alludere a una sorta di congiura del silenzio ordita dalla Chiesa per eliminare tesi scomode. Non è così: le tesi di Bauer e degli altri studiosi cui faremo riferimento sono note e universalmente diffuse fra gli addetti ai lavori. Non se ne parla a livello di semplici fedeli appunto per la «semplicità» di questi ultimi. Il problema, caso mai, sarebbe valutare quanto colpevole o, viceversa, coatta, sia questa *simplicitas,* soprattutto in Italia. Leggere tali studi è difficile e Bauer, per esempio, non è nemmeno tradotto in italiano. E poi si tratta di cose che interessano poco il grande pubblico. Ma non ci sono congiure del silenzio.

D'accordo. Quello che io posso constatare, Bauer a parte, è che fra le sue risposte in questo colloquio e ciò che un «semplice fedele» conosce della sua religione c'è un abisso. La vulgata cristiana, le nozioni accessibili a tutti, sono enormemente riduttive rispetto alla complessità teologica e intellettuale con la quale il cristianesimo è stato pazientemente costruito. Non ci sarà una congiura del silenzio, ma una diffusa e interessata ignoranza certamente sì. Torniamo aBauer.

Oh sì, diffusa e profonda ignoranza! Del resto, se le cose non s'insegnano, nessuno le può imparare. E nelle scuole italiane, a eccezione dell'università, queste discipline non vengono insegnate. Per tornare a Bauer, ho detto che l'opera ebbe un effetto dirompente; aggiungo, però, che ha anche un limite storiografico. Bauer stabilisce che le origini del cristianesimo sono eretiche; ma in base a quali criteri ritiene di poterle definire eretiche? Egli in sostanza risponde: in base all'elaborazione cristologica avvenuta fra il IV e il V secolo. Il limite è che, dal punto di vista prettamente storico, il suo principio non è corretto poiché non si possono applicare a fonti del I-II secolo criteri di ortodossia elaborati fra il IV e il V secolo.

Mi sembra giustissimo. Del resto, lo stesso argomento viene utilizzato, e con uguale ragione, per gli esegeti che cercano d'interpretare Gesù sulla base di valutazioni ottocentesche o addirittura contemporanee. Persone e testi possono essere analizzati correttamente solo nel contesto del loro tempo. Com'è accaduto che questa codificazione sia giunta a far considerare eretiche le altre posizioni?

Bauer afferma che i conflitti teologici fra il IV e il V secolo trovano un loro punto di composizione nella teologia romana. In sostanza, ciò che corrisponde alla teologia romana è ortodosso, ciò che non le corrisponde è eretico. Faccio un esempio per spiegarmi meglio. Alla fine degli anni Cinquanta del Novecento uscì una prodigiosa opera di Jean Daniélou, che diventerà poi anche cardinale di Santa Romana Chiesa, la *Teologia del giudeo-cristianesimo*. Per Daniélou il giudeo-cristianesimo è la forma del cristianesimo fino al 135. Tutto ciò che i cristiani producono fino al 135, anno in cui le due religioni prendono strade divergenti, sarebbe giudeo-cristianesimo. Nella premessa, Daniélou distingue fra un giudeo-cristianesimo ortodosso e un giudeo-cristianesimo eretico. Su quali basi? Esattamente sulla cristologia del IV e V secolo, cui dette un apporto sempre più sensibile, e comunque «mediatore», la teologia romana.

Perché ha detto che non è semplice stabilire che cosa è l'eresia? A me pare l'opposto: se si sceglie Roma come centro autorizzato dell'elaborazione teologica, ciò che Roma non approva è eretico. Fine del discorso.

Sono contrario, in ambito storico, all'uso delle categorie «eretico» ed «eresia». Dal punto di vista storico, l'eresia non esiste, come del resto non esiste l'ortodossia. Preferisco parlare di cristianesimi vittoriosi e di cristianesimi sconfitti, e sono disposto anche ad accettare, ma non sempre, un'eccellenza teologica dei primi sui secondi. L'eresia è il cristianesimo sconfitto. Prendiamo l'arianesimo. Sotto il profilo dogmatico posso affermare che si tratta di un'eresia. Dal punto di vista storico potrei parlare, invece, di una forma di cristianesimo che è stata maggioritaria in Oriente, non meno che in Occidente, fino a tutto il IV secolo. Solo in seguito venne sconfitta dalla reazione dei Padri cappadoci in Oriente e, in Occidente, da quell'episcopato minoritario che ha in Ambrogio il suo corifeo. Inoltre, vorrei far notare che, prima che Roma assuma, almeno in Occidente, un ruolo normativo, dovrà passare moltissima acqua sotto i ponti. Lei sa che fino alla metà dell'Ottocento i decreti pontifici avevano attuazione, nella provincia ecclesiastica ambrosiana, soltanto dopo l'*exequatur* del metropolita di Milano? Mi fermo qui perché l'analisi del progressivo, lento affermarsi del centralismo romano, da Gregorio VII a Pio IX, esula dal nostro colloquio. Spiace soltanto che, anche in anni recenti, sia stata riesumata l'insostenibile formula *Roma locuta, causa soluta,* quando Roma definisce, la questione è risolta. I problemi restano, invece. Tagliati con formule liquidatorie, semplicemente si aggravano.

Nelle comunità protocristiane circolavano dunque i ventisette scritti del corpus *neotestamentario insieme, però, a molti altri testi che, a un certo punto, sono stati dichiarati apocrifi e condannati all'oblio. Credo sia interessante cercare di vedere come nascano, che indirizzo prendano, quali temi trattino questi ultimi scritti.*

La classificazione di un testo come apocrifo è conseguenza diretta del fatto che, a un dato momento, si afferma un canone. Un elenco di scritti autorizzati crea automaticamente una lista di documenti non autorizzati. All'inizio, invece, nelle comunità cristiane circolavano moltissimi testi: vangeli, atti, lettere, apocalissi, una prodigiosa fioritura letteraria. La parte che poi è stata esclusa era di gran lunga prevalente e presenta alcuni caratteri comuni. Abbiamo, per esempio, molte rivelazioni esoteriche che il Risorto affida solo a un piccolo gruppo di fedeli. In altre parole, nel periodo che intercorre fra la resurrezione e l'ascensione – teniamo questi termini per comodità di racconto – Gesù avrebbe impartito insegnamenti riservati a gruppi selezionati di seguaci. Altro esempio: per un cristiano degli inizi del II secolo il *Vangelo di Pietro* era rilevante quanto il Vangelo di Matteo o di Marco. Questi testi, con varia importanza e fortuna, arriveranno fino al V secolo.

Il termine «apocrifo» viene sentito in genere come dispregiativo. Eppure, in senso rigorosamente etimologico «apocrifo» deriva dal verbo greco kryptein, *che vuol dire «nascondere». Pensiamo a «cripta», «criptico» e via dicendo. Applicato ai vangeli, starebbe a indicare testi nascosti, sottratti, rimossi.*

In realtà le accezioni di «apocrifo» sono due. Questa letteratura viene definita «apocrifa» proprio perché rivela degli insegnamenti tenuti nascosti, ed è il primo caso. Tuttavia, in un diverso, possibile significato può anche voler dire «non corrispondente alla verità».

Quanto afferma mi sembra riguardi il metodo scientifico, non la fede. Penso che, dal punto di vista della fede, sia legittimo stare al criterio che è eresia, quindi non corrisponde alla verità, ciò che non coincide con l'ortodossia. Che poi, in nome dell'ortodossia, siano stati perpetrati massacri e stragi è ovviamente un altro discorso.

Simili osservazioni vanno ovviamente rivolte a un teologo, non a uno storico. La repressione, soprattutto violenta, all'inizio è sconosciuta. Fino al IV secolo non ci sono forme repressive quali si avranno poi nel Medioevo e, soprattutto, nell'età moderna. Gli episodi di violenza, certo, non mancano. Costantino il Grande, nel 317, scatena l'esercito contro i donatisti (gli appartenenti al donatismo, il vasto movimento ereticale sorto in Africa nel IV secolo a opera del vescovo di Cartagine Donato), che si contrappongono alla Chiesa cattolica e nei confronti dei quali anche Agostino, a un certo punto, si dice favorevole all'uso della coercizione armata. Priscilliano viene giustiziato a Treviri dall'usurpatore Massimo, su istigazione di due vescovi iberici, nonostante il parere contrario di Ambrogio e di Sulpicio Severo. Direi, però, che la criminalizzazione dell'eresia come reato sociale e politico avviene in seguito, anche se le premesse le pone Ambrogio di Milano. Lei sa che l'Inquisizione ha sempre sostenuto di non aver mai ucciso nessuno e di essersi limitata a emettere sentenze demandando poi al braccio secolare l'esecuzione delle condanne. Il primo a fare una richiesta del genere, anche se non per una pena capitale, è per l'appunto Ambrogio di Milano nel 381. Quella è stata la premessa: da un lato, affidare la parte cruenta del provvedimento al braccio secolare; dall'altro, fondarsi sulla tragica teorizzazione di Agostino.

Agostino è ovviamente Agostino d'Ippona, il filosofo e grande esegeta fatto santo dalla Chiesa. Anche di lui dovremo parlare a lungo, essendo stata cruciale la sua influenza sugli sviluppi del cristianesimo e sui fondamenti della sua dottrina. Ma, intanto, perché definisce addirittura «tragica» la sua interpretazione dei testi?

La teorizzazione di Agostino avviene nel momento in cui egli cambia atteggiamento nei confronti del donatismo. In una fase iniziale, essendo molto accorto, si dichiarò contrario all'uso della coercizione per persuadere gli avversari a rientrare nei ranghi. Nei primissimi anni del V secolo, per ragioni che non stiamo qui a elencare, cambia però atteggiamento. Fonda una dottrina che legittima l'uso della violenza ai fini della conversione. Per arrivarvi elabora un'interpretazione aberrante, malamente fondata, della famosa parabola evangelica sugli invitati alle nozze (*Lc* 14,15-24). La storia è questa: un padrone invita alcuni amici a una festa di nozze, ma essi, con vari pretesti, rifiutano. Allora il padrone dice a un servo: «Va' e invita gli zoppi, i ciechi, i poveri». L'ordine viene eseguito, ma la sala del banchetto non è ancora piena. Allora il padrone ordina: «Va' e costringi a entrare chiunque passerà per strada». La costrizione a entrare, interpretata come l'ingresso nella vera fede, sarà usata dall'Inquisizione per obbligare, attraverso detenzione, torture e morte, a «entrare» nell'ortodossia. Si farà sempre ricorso a questo passo agostiniano, che è una fra le interpretazioni dalle conseguenze più nefaste che il grande esegeta abbia mai elaborato.

VII

FRA ORTODOSSIA ED ERESIA

La storia del cristianesimo nei suoi primi secoli di vita presenta, come abbiamo visto, aspetti molto travagliati che a volte assumono dimensioni drammaticamente contraddittorie. Tutto è in via di assestamento: la dottrina, l'organizzazione, le gerarchie, l'influenza e il peso delle varie comunità nei rapporti reciproci e verso l'esterno. Quella che diventerà con il tempo la poderosa organizzazione della Chiesa cattolica appare agli inizi incerta sul cammino da prendere; si tratta, d'altronde, di scelte non facili e comunque gravide di conseguenze.

Molto lentamente e fra numerose contaminazioni, la corrente giudeo-cristiana si distacca dall'originaria matrice ebraica fino ad assumere un connotato suo proprio. L'anno scelto dagli studiosi per segnare questo distacco è il 135, che ha giustificazioni in parte reali e storiche, in parte convenzionali, come del resto accade sempre con le date cruciali della storia: 476, caduta dell'Impero romano; 1492, inizio dell'era moderna e via dicendo.

Nell'anno 135 si conclude, con la definitiva distruzione di Gerusalemme, una guerra sanguinosissima. Quella guerra, quella sconfitta avranno conseguenze storico-politiche visibili ancora oggi. Dopo la grande rivolta del 70, stroncata dalle truppe di Tito, i romani avevano preso misure adeguate per tenere sotto controllo una tra le province più riottose: in terra d'Israele venne acquartierata un'intera legione, presto raggiunta da una seconda. Nel 130 l'imperatore Adriano era andato a visitare le rovine di Gerusalemme promettendo che avrebbe fatto ricostruire città e Tempio. Sembravano parole rassicuranti, nascondevano invece un tranello, o un errore tattico. Il desiderio dell'imperatore era infatti di riedificare la città santa sul modello di una metropoli romana dedicando il Tempio a Giove. Non fu il solo errore, in quella difficile provincia. Adriano rese anche noto di voler abolire la circoncisione, che considerava una mutilazione ripugnante, irritando così le autorità religiose locali. Nel 131 cominciarono i lavori per la ricostruzione della città, ribattezzata, con un'ulteriore imperdonabile mancanza tattica e diplomatica, Aelia Capitolina. Il cambiamento di nome, aggiunto al resto, contribuì ad accrescere l'ostilità verso i romani, se mai ce ne fosse stato bisogno.

Guida spirituale della rivolta che andava montando fu Akiba ben Yosef, rabbino noto per dottrina e saggezza, al punto da essere chiamato Rosh la-Chachomim, Capo di tutti i saggi, l'uomo che in seguito sarà considerato fondatore del giudaismo rabbinico. La guida delle operazioni militari toccò a Simon bar Kochba, ossia Figlio della stella, ritenuto il messia sulla base di una profezia contenuta in Numeri 24,17: «Una stella spunta da Giacobbe e uno scettro sorge da Israele».

L'intensità della ribellione colse i legionari di sorpresa. Dopo i primi scontri la guarnigione romana di Gerusalemme si ritrovò tagliata fuori dal resto dell'esercito. Da Roma cominciarono ad affluire cospicui rinforzi di truppe per colmare le perdite. Per tre anni si susseguirono scontri di inaudita violenza. È scritto nel *Talmud*, con eloquente esagerazione, che «i romani compirono tali eccidi che i loro cavalli erano immersi nel sangue fino alle narici». È anche scritto che, finito il conflitto, per diciassette anni i romani non permisero ai giudei di seppellire i loro morti né, per lungo tempo, di entrare in Gerusalemme.

Nel 135 la rivolta venne infine schiacciata. Secondo Dione Cassio i giudei ebbero 580.000 morti e cinquanta città fortificate vennero rase al suolo. Durature le conseguenze della reazione imperiale, che non si limitò a far bruciare pubblicamente i rotoli della Legge; Roma ordinò che si cambiasse il nome alla regione, ribattezzata Syria Palaestina, in ebraico biblico Eretz Pelishtiyin, ossia «terra dei filistei», i *peleshet*, nemici tradizionali dei giudei. Circostanza che dimostra quanto lontano affondino, in certi casi, le radici della storia contemporanea. Non più Canaan dunque, non più Judaea, ma Palaestina.

Dal doppio disastro del 70 e del 135, il giudaismo rabbinico uscì rafforzato e furono proprio i rabbini a riorganizzarlo su base sapienziale, chiudendo i conti con le tendenze millenaristiche e apocalittiche che avevano contribuito a provocare quell'immane rovina. Il 135, una data tragica, segna inoltre ufficialmente l'uscita del cristianesimo dall'alveo nel quale aveva cominciato a prendere vita. Tuttavia, con la separazione iniziarono pure i problemi, non più solo di dottrina, ma anche pratici: organizzazione, incarichi, logistica, finanziamenti, gerarchie.

Durante il colloquio lei ha più volte accennato a comunità giudaiche, giudeo-cristiane, solo cristiane. È possibile individuare quando questo magma ancora indistinto, fatto di giudaismo e cristianesimo, si apre, anzi si scinde come fanno le cellule, dando vita a due organismi separati e distinti?

Ho già menzionato il valore simbolico dell'anno 135, poiché, con la definitiva caduta di Gerusalemme, i due rami del giudaismo sopravvissuti alla tragedia, il rabbinismo e il cristianesimo, in origine generati dallo stesso utero, dividono le loro sorti, acquistano connotati sempre più precisi che li portano ad accentuare progressivamente le rispettive differenze. Per affermare se stessi occorre negare, quando addirittura non eliminare, l'altro da sé. Nasce così quel micidiale processo di autoaffermazione che porta a diffamare gli altri e che segnerà tragicamente la storia dei rapporti fra ebraismo e cristianesimo sino a oggi.

Credo utile precisare che cosa distingua il rabbinismo dal giudaismo tradizionale. Anche per vedere meglio quando uno dei due gemelli, il cristianesimo, dopo essere cresciuto nello stesso alveo, esce di casa per non tornarvi più.

Gran parte degli storici vede il momento della separazione nella seconda caduta di Gerusalemme, avvenuta appunto nell'anno 135. Come abbiamo detto, la città era già stata espugnata da Tito nel 70. Nel 132-135 ci fu un'altra violenta fiammata con l'insurrezione guidata da Bar Kochba, unto come messia. Di nuovo la capitale venne espugnata e, dopo questa seconda catastrofe, l'imperatore Adriano le cambiò addirittura nome: Gerusalemme diventa Aelia Capitolina, e agli ebrei era addirittura proibito entrarvi. Ovviamente, nella data, l'anno 135, come sempre accade in casi del genere, c'è sì un avvicinamento alla realtà degli eventi, ma anche la necessità di fissare un punto di riferimento.

Ciò che possiamo dire è che in quel periodo avviene da un lato l'uscita definitiva del cristianesimo dalla prospettiva giudaica; dall'altro, la riorganizzazione del giudaismo nel cosiddetto «rabbinismo». I rabbini, gli ebrei sopravvissuti, devono fare i conti con un'esperienza che li ha portati in sessanta, settant'anni alla catastrofe. È una sciagura imputabile alle componenti millenariste, apocalittiche del giudaismo. Il rabbinismo liquida questa esperienza, si organizza in sistema sapienziale, si arrocca su alcuni principi, emargina l'altro, il diverso, come avviene sempre nei momenti di crisi.

Il fenomeno che lei descrive, ovvero la rigidità, il rifiuto dell'altro, non fu un atteggiamento proprio anche del cristianesimo non appena ebbe forza sufficiente per adottarlo?

Si tratta, in effetti, di fenomeni abbastanza simili. Per descriverli si è usata una bella espressione: è stato come quando un adolescente esce di casa, il tipico periodo della perenne conflittualità con i genitori. Quel 135 simboleggia il momento in cui il cristianesimo non ne vuole più sapere del genitore, il giudaismo, e del fratello, il rabbinismo.

Insomma, il 135 è una data chiave, come tante altre della storia. A partire da quell'anno possiamo dire che le comunità dei seguaci di Gesù diventano cristiane e perdono il contatto con la loro matrice. Su quali fondamenta basano il loro statuto spirituale queste prime comunità solo cristiane?

Devo fare una precisazione. È vero che dopo il 135 le comunità cristiane compiono il ripudio del giudaismo; non tutte però. Alcune correnti giudeo-cristiane sopravvivono. Né bisogna dimenticare che le frange che restano legate al giudaismo faranno da incubatrice alla nascita della terza grande religione monoteista, cioè l'islam. Il Profeta pare proprio essere stato educato dai giudeo-cristiani. Dal tronco dell'ebraismo non nasce solo il cristianesimo: l'altro grande ramo che mi pare stia diventando, nei nostri giorni, lussureggiante, è appunto l'islam. Direi di più: i veri eredi del giudeo-cristianesimo, cioè del cristianesimo sconfitto dalla rovina di Gerusalemme nel 135, sono loro, i musulmani.

Precisazione utilissima che credo non tutti abbiano presente. La discendenza intrecciata fra i tre grandi monoteismi pone in effetti molte domande, alcune delle quali inquietanti, proprio sul tema della tolleranza o, meglio, della sua mancanza nei confronti degli «infedeli».

Ma torniamo all'affascinante racconto sulla nascita del canone, che comincia dunque a vedere la luce in quegli anni. In una prima fase, infatti, le parole e la vita di Gesù erano state trasmesse solo oralmente, erano cioè passate di bocca in bocca con tutte le distorsioni che una trasmissione di questo tipo comporta; in una seconda fase, come accennato all'inizio della conversazione, parole e azioni cominciarono a essere messe per iscritto, localmente però, cioè in ambito limitato, cosicché quasi ogni comunità aveva il «suo» vangelo. Dunque, col tempo si era creata una massa piuttosto ingente di vangeli e bisognava fare ordine.

Fare ordine in relazione, soprattutto, a ciò che dicevamo all'inizio, e cioè cercare di vedere quali di quei testi annunciassero la salvezza, si potessero ritenere «parola di Dio». C'era, infatti, tutto un fiorire non solo di vangeli, ma anche di «Atti» e di «Apocalissi». Uno dei testi più antichi è il *Vangelo di Pietro* che risale, grosso modo, agli anni del Vangelo di Giovanni se non addirittura a prima (c'è chi, con buone motivazioni, ritiene che sia stato redatto negli stessi anni dei vangeli sinottici, ossia tra il 60 e il 70 d.C.). Ovviamente, i criteri per individuare tali scritti erano tutti interni alla Chiesa e ciascuna comunità aveva un *corpus* suo proprio.

Non accentuerei però le differenze, poiché il grosso di questa eredità era sostanzialmente comune: le lettere di Paolo, i tre vangeli detti «sinottici», gli Atti; più fluttuante la situazione per quanto concerne le altre lettere dette «cattoliche» (Giacomo, Pietro, Giuda eccetera). Creavano, invece, particolari difficoltà il Vangelo di Giovanni e l'Apocalisse, oltre alle lettere dello stesso Giovanni. A Roma, per esempio, sorge un movimento che si oppone all'inclusione nel canone del Vangelo di Giovanni e dell'Apocalisse. Anche la Lettera di Giacomo, oggi rivalutata, non era uniformemente accettata dalle varie Chiese

Che tipo di cristianesimo è quello che comincia a espandersi verso occidente? Il panorama che lei ha evocato lascia intravedere molti tratti diversi, che presumibilmente non riguardavano solo l'organizzazione ma anche la dottrina. Era un cristianesimo uguale a quello che conosciamo oggi? O diverso? E in tal caso, quanto diverso?

Era un cristianesimo molto diverso o, meglio, erano molto diversi e frastagliati cristianesimi. Per l'aspetto che qui ci interessa, ricordo l'esistenza di gruppi e movimenti non marginali che contestavano il progressivo affermarsi di una struttura ecclesiale dove la figura del vescovo stava diventando determinante. Accadeva infatti che il vescovo concentrasse in sé tutti i «carismi», ossia le funzioni prima distribuite fra varie componenti della comunità. Alla metà del II secolo, in Frigia, sorge un movimento, la Nuova Profezia, animato dal profeta Montano e da due sue seguaci, le profetesse Prisca e Massimilla, che in pochi decenni raggiunge Roma, l'Africa, la Gallia e l'Iberia, provocando dispute e scontri nelle varie comunità cristiane. Per arginare il fenomeno, i vescovi dell'Asia si dotano di un inedito strumento di battaglia, il concilio.

Su quali aspetti in particolare verteva il conflitto?

Sui due snodi capitali che abbiamo già intravisto: la successione a Cristo e il canone. A fronte della successione apostolica che ho descritto, imperniata sulla figura maschile del vescovo, Montano e i suoi numerosi seguaci propugnano una successione profetica, imperniata sulla figura, femminile piuttosto che maschile, del veggente. I sogni, le visioni, gli oracoli di questi profeti, che, ripeto, erano spesso donne, vengono messi in relazione a quelli del Nuovo e dell'Antico Testamento. Si può comprendere, allora, come la stessa idea di un canone delimitato dalle Scritture perda consistenza. La rivelazione, la parola di Dio continua a essere annunciata tramite la profezia, il sogno, la visione. Non si può «chiudere» un canone se Dio continua a parlare tramite i suoi profeti.

Se capisco bene, ci troviamo di fronte a una contrapposizione non solo di ruolo (vescovo contro profeta) ma anche di genere (maschile contro femminile). Inoltre, ci sono due modi diversi d'intendere la rivelazione: per gli uni, essa è in qualche modo interamente contenuta in ciò che si viene formando come canone; per gli altri è ancora in atto nell'universo dei profeti.

Si tratta di due elementi di primaria importanza. Da alcuni le donne vengono via via sospinte ai margini; al contrario, questi movimenti concedono loro spazio e voce. Elchasai, un enigmatico profeta mesopotamico della prima metà del II secolo, affermava di aver avuto una rivelazione da due personaggi di statura gigantesca, un maschio e una femmina, identificati con il Figlio di Dio e lo Spirito santo (nelle lingue semitiche «spirito» è di genere femminile). Ancora nel IV secolo si prestava un culto quasi divino a due donne, Marthus e Marthana, discendenti del fondatore della comunità di Elchasai. Analoghe posizioni le troviamo in un altro straordinario testo delle origini cristiane, l'*Ascensione di Isaia*, ben conosciuto dopo l'edizione approntata da un'équipe di ricercatori italiani. Potrei ovviamente fare altri esempi.

Lei sta approfondendo una questione dove s'intrecciano due elementi: la successione profetica e il canone. Vale a dire se la rivelazione fosse o no conclusa per sempre con i testi fissati nel canone. Ribadisco il tema, senz'altro semplificando, perché per i non specialisti si tratta di argomenti non facilissimi.

Ci può aiutare a capire meglio la questione un testo magnifico della letteratura martirologica, la *Passione di Perpetua e Felicita*, composto probabilmente a Cartagine nei primissimi anni del III secolo. Lo scritto riporta i sogni e le visioni della nobile Vibia Perpetua, ragazza poco più che ventenne; ma contiene anche una visione del suo maestro nella fede, il diacono Saturo. Gli esempi di testimonianze come questa sono rarissimi nell'antichità. Il redattore – da taluni individuato in Tertulliano, primo grande teologo e polemista dell'Africa paleocristiana – confronta la rivelazione biblica con le testimonianze di questi martiri che costituiscono, a suo giudizio, la nuova rivelazione.

Di chiunque si tratti, questo redattore sostiene che le testimonianze più recenti devono essere considerate superiori a quelle antiche. Contro chi ritiene esaurita l'ispirazione divina nel canone che sta nascendo, il redattore dice di preferire le nuove testimonianze (*nova documenta*, le chiama) perché più vicine alla fine dei tempi, all'ora in cui si avrà la pienezza della grazia. La citazione biblica invocata a sostegno è un brano del profeta Gioele, in cui il Signore proclama che, nei tempi della fine, «effonderò il mio spirito sopra ogni uomo, e diverranno profeti i vostri figli e le vostre figlie; i vostri anziani faranno sogni, i vostri giovani avranno visioni» (3,1). I sogni e le visioni dei martiri hanno un'importanza uguale, se non superiore, al resto delle Scritture, proprio perché profetizzano l'imminenza della fine.

Com'è possibile sostenere la superiorità di queste esperienze profetiche rispetto a tutta una tradizione di parole, di gesta, di elaborazioni teologiche contenute nel Nuovo Testamento? Quel corpus *si stava consolidando in un canone ritenuto di ispirazione divina.*

L'ispiratore della rivelazione è appunto l'effusione dello Spirito. Ora, già nella tradizione canonica Gesù aveva annunziato: «Il Consolatore, lo Spirito santo che il Padre manderà nel mio nome, egli v'insegnerà ogni cosa e vi ricorderà tutto ciò che io vi ho detto» (*Gv* 14,26). Gesù sa che i discepoli non sono in grado di portare il peso di tutta la rivelazione. Egli stesso profetizza l'avvento dello Spirito che «vi guiderà alla verità tutta intera, perché non parlerà da sé ma dirà tutto ciò che avrà udito e vi annunzierà le cose future» (*Gv* 16,12-13). I martiri, nelle loro esperienze oniriche, attuano questo tempo ulteriore della rivelazione, che la comunità dei credenti deve poi interpretare.

È significativo che la profezia di Gioele, cui ho accennato, venga ripresa dal discorso che Pietro tiene alle folle di Gerusalemme quando esce dal cenacolo insieme ai discepoli. Gli apostoli hanno appena subito la portentosa effusione dello Spirito che s'è manifestato sotto forma di fiammelle sulle loro teste;

sono così sconvolti che agli astanti appaiono come un branco di ubriachi già di prima mattina. Ebbene, quel piccolo drappello configura per l'apostolo l'immagine della Chiesa.

Come lei ricordava nel precedente capitolo, nel 1934 lo studioso tedesco Walter Bauer ha sostenuto che nel primo cristianesimo era più diffusa l'eresia di quella che poi sarebbe diventata l'ortodossia. Immagino che Bauer fornisse qualche esempio a suffragio della sua tesi. A distanza di quasi un secolo dalla pubblicazione di quel testo, le sembrano ancora convincenti? Possiamo citarne qualcuno?

Un caso esemplare è Alessandria. Non sappiamo quasi nulla delle origini cristiane in una città che pure era la seconda metropoli del mondo antico. La ragione starebbe nel fatto che ad Alessandria il primo cristianesimo fu, a giudizio di Bauer, gnostico e che la tradizione patristica ortodossa, in seguito, lo ha ripudiato, cancellandolo.

Lei sta descrivendo una lenta e problematica formazione del canone non solo dal punto di vista dottrinale, ma anche delle strutture: funzionali, gerarchiche, logistiche. C'è insomma una religione che comincia a diventare Chiesa, quindi comunità di uomini e donne che si organizzano in maniera stabile e hanno bisogno di un responsabile, di aiutanti del responsabile, di un luogo dove riunirsi, di facilitazioni, di finanziamenti e così via. Che sappiamo al riguardo?

Le maggiori attestazioni le abbiamo dal III secolo in avanti. Per la fase più arcaica, cioè fra il I e il II secolo, la ricostruzione è lacunosa, molto frammentaria. Sappiamo di donne e uomini che si riunivano principalmente per ragioni di culto e poco più. Tutti i racconti che troviamo negli Atti tendono a presentarci più che le varie comunità storiche, l'ideale di un'unica comunità d'amore fraterno unita nel culto, nella comunione dottrinale, nella condivisione dei beni. Non a caso, quest'aureo modello di «vita apostolica» eserciterà un fascino irresistibile nei secoli, e non soltanto durante i conflitti interecclesiali fra Medioevo ed età moderna. Fra gli autori marxisti dell'Ottocento v'è chi ha sostenuto con passione l'analogia fra la primitiva comunità cristiana e la cellula di una federazione socialista.

Viene da chiedersi chi fossero questi primi fedeli, se ricchi o poveri, liberi o schiavi, in maggioranza donne o uomini. Che cosa sappiamo su questi aspetti?

È difficile applicare criteri sociologici alle origini cristiane. I testi non rispondono a questi nostri interrogativi, sono di altra natura, perseguono altri scopi. Se però esaminiamo la questione da lei posta, nella più antica fonte «pagana» sui cristiani, cioè la lettera di Plinio il Giovane a Traiano che abbiamo già citato, vediamo che la composizione sociale è medio-bassa: fra gli arrestati della Bitinia ci sono, per esempio, anche due schiave «che loro chiamavano ministre», quindi con un certo ruolo gerarchico nella comunità. Da alcune fonti posteriori emerge, forse con intenti denigratori, un quadro popolato da gente di bassa estrazione, donnicciole, infanti, creduloni eccetera. Non mancano tuttavia esponenti dei ceti superiori: Giustino martire, che muore nella seconda metà del II secolo, era un insegnante, un intellettuale inquieto approdato al cristianesimo al termine di una lunga e tormentata ricerca filosofica. In quello stesso secolo viene processato e condannato a morte a causa della sua fede addirittura un senatore, Apollonio.

Col passare del tempo, ai vertici delle comunità giungono sempre più spesso persone preparate, intellettuali, scrittori. Alcuni storici ritengono che la predicazione cristiana avesse attecchito nella stessa famiglia di Domiziano, ultimo dei Flavi. È insomma verosimile che, con il trascorrere dei decenni, il cristianesimo si sia diffuso in ogni ceto della società, esercito compreso. Una prova la possiamo individuare nel brusco mutamento della politica repressiva romana. Fino alla metà del III secolo le persecuzioni avevano presentato un carattere simile a quello di un pogrom, una locale esplosione di odio popolare. Da Decio a Valeriano vengono invece scatenate dal potere centrale con appositi editti validi in teoria su tutto il territorio dell'impero. Il potere centrale comincia insomma a percepire la pericolosità del cristianesimo con i suoi sempre più numerosi adepti, le strutture gerarchiche, la rete assistenziale, l'espansione nei vari gangli della società.

Lo scopo di queste comunità quindi non era solo di pregare insieme; vi si affiancavano finalità, diciamo, pratiche cioè di mutuo soccorso, di condivisione dei beni, di aiuto ai più deboli.

L'attività di sostentamento dei poveri non rappresentò soltanto un modello ideale, ma conobbe un'attuazione pratica, ribadita già da Paolo. Nelle raccomandazioni conclusive della Prima lettera ai Corinzi, l'apostolo esorta a fare una colletta per la comunità di Gerusalemme, precisandone le modalità: «Ogni primo giorno della settimana, ciascuno metta da parte ciò che gli è riuscito di risparmiare ... Quando poi giungerò, manderò con una mia lettera quelli che voi avete scelto per portare il dono della vostra liberalità a Gerusalemme. E se converrà che vada anch'io, essi partiranno con me» (16,2-4).

Com'erano organizzate, quale struttura avevano queste primitive comunità?

In genere venivano rette in maniera assembleare, con un organo direttivo che oggi chiameremmo forse «consiglio di amministrazione». All'interno di questi consigli, però, emerge sempre più la figura dell'*episcopos,* che è il sorvegliante, il tesoriere, insomma colui che tiene i cordoni della borsa. La figura del vescovo, come poi la conoscerà la grande stagione conciliare, si viene affermando lentamente anche a Roma.

Se capisco bene, il vescovo è, potremmo dire, un funzionario, un addetto alla gestione economica della comunità. È sposato, ha famiglia, è un uomo di una certa età con compiti dottrinali ma anche eminentemente pratici.

Certamente. Si preferivano uomini sposati, con moglie e figli, perché davano maggiori garanzie di stabilità, di una vita ordinata, priva di eccessi. Il celibato non è contemplato per l'esercizio del ministero, come ancora oggi non è previsto né fra gli ortodossi né fra i protestanti. Questo status resta un tratto peculiare della Chiesa cattolica, il portato di una tradizione senza fondamento biblico né dottrinale.

Sappiamo, immagino, com'è nata la tradizione del celibato, e per quali ragioni.

In un concilio di difficile datazione, fra il III e il IV secolo, in Spagna, a Elvira, i padri conciliari imposero il celibato ai preti. Il modello venne preso per imitazione da quello ebraico che imponeva ai sacerdoti di astenersi dai rapporti sessuali con la moglie, ma solo per il periodo in cui entravano, a rotazione, in servizio nel Tempio. Siccome il sacerdozio cristiano – argomenta il concilio – non è temporaneo ma permanente, ergo anche l'astensione dai rapporti coniugali dev'essere permanente. Miseranda logica, disattesa infatti per molti secoli, fino a quando la clericalizzazione dei monaci, che erano laici votati alla castità, non si applicò per estensione a tutti i sacerdoti.

Francamente, mi sembra una motivazione un po' pretestuosa. In una visione pratica, accanto a queste motivazioni ce ne saranno state sicuramente delle altre di maggior consistenza.

Più che altro è una motivazione assai fragile. Tanto è vero che al concilio di Nicea (325), considerato il primo concilio ecumenico, il problema venne nuovamente affrontato: fu un santo vescovo di nome Pafnuzio, che pure era un vergine, un asceta intransigente, ad alzarsi per sostenere che non si doveva adottare una norma che rendesse obbligatorio il celibato. Resta comunque che il celibato, immutato ancora oggi nella Chiesa di Roma, è un portato del Medioevo più che dell'antichità. Si spiega, soprattutto, con ciò che accadde al tempo della lotta per le investiture.

La lotta per le investiture, ricordo, vide contrapposti papa e imperatore e, più in generale, le autorità secolari, per stabilire chi dovesse conferire le cariche ecclesiastiche. Siamo poco dopo l'anno Mille. Il contrasto andò avanti a lungo e conobbe momenti di massimo attrito con le due forti personalità di Gregorio VII ed Enrico IV, attrito concluso, almeno in parte, con il famoso episodio di Canossa (28 gennaio 1077).

L'oggetto del contendere era chi, fra papa e imperatore, avesse il potere di nominare i vescovi. Questione importante poiché ai vescovi di sua nomina l'imperatore assegnava in feudo territori strategicamente rilevanti per l'impero. Nella *civitas medioevalis* un figlio illegittimo aveva scarse possibilità di succedere al padre naturale, per cui, anche se un vescovo aveva dei figli, questi non avevano titolo alla successione. Per conseguenza, alla morte di ogni vescovo-feudatario, il territorio tornava all'imperatore che poteva nuovamente disporne. La norma sul celibato nasce insomma in ordine a problemi eminentemente politici. Il celibato fu allora il sigillo dell'esercizio del potere feudale.

Ma i sacerdoti cattolici non sono tenuti a fare voto di povertà, castità e obbedienza?

No, quelli sono i monaci. I tre voti solenni, che si possono ricavare dal Vangelo di Matteo, si identificano con i tre requisiti che Gesù chiede per seguirlo: povertà, castità e obbedienza, essere come fanciulli. Un normale prete non è però tenuto a questi tre voti. Ha solo l'obbligo del celibato, il che vuol dire che il suo matrimonio non sarebbe legittimo ed è inconciliabile con la sua condizione. Per quanto concerne la sessualità, la norma cui deve attenersi è quella prescritta per tutti i credenti, riassumibile nella formula scolastica *sexus semper gravis*, i peccati sessuali costituiscono sempre materia di gravità.

Scusi la rozzezza, ma vorrei capire bene: un prete cattolico può avere una relazione amorosa e sessuale con una donna o no?

Anche con gli uomini, volendo. Infatti succede. Certo, in tal modo il prete commette peccato, e peccato grave, ma questo non è causa d'impedimento all'esercizio del suo ministero, da cui può eventualmente essere sospeso per motivi di opportunità o di scandalo. Del resto, com'è noto, il sacramento dell'ordine è l'unico, insieme al battesimo, ad avere carattere permanente: *Tu es sacerdos in aeternum* si canta ancora nel giorno della consacrazione di un prete.

Sì, ma la scoperta di questi rapporti viene comunque vissuta come uno scandalo dall'opinione comune.

Fino al concilio di Trento nessuno li vedeva come scandalo, anzi, i preti *uxorati*, cioè sposati, erano la norma. Tanto è vero che il decreto tridentino che istituiva il celibato fu tra quelli che più stentò ad affermarsi, insieme all'altro che dava carattere sacramentale al matrimonio. La norma del celibato si diffonde solo nel Novecento, quando lo stipendio, e quindi il controllo economico sui preti, passa dai benefici, spesso erogati dalle comunità parrocchiali, direttamente nelle mani delle curie. I preti cattolici di rito orientale, del resto, possono benissimo prendere moglie, anche se un vincolo canonico impedisce loro di diventare vescovi.

Vorrei tornare agli aspetti che riguardano la formazione dei primi nuclei organizzati e chiudere su questo tema il capitolo.

Questi nuclei organizzati, dicevamo, non hanno ancora un'autorità centrale che li amministri e non sono neppure federati fra loro. Il cristianesimo nascente è fatto di tante comunità, dove nessuno esercita una funzione direttiva centrale. Certo, le comunità hanno rapporti fra loro, sentono di essere componenti dell'unica Chiesa di Cristo. A mano a mano che il tempo passa, tra la fine del II secolo e gli inizi del III, alcune sedi – Alessandria, Antiochia, Roma, Cartagine e naturalmente Gerusalemme –, che coincidono, a eccezione di Gerusalemme, con le grandi metropoli, acquistano una sorta di supremazia. Il vescovo di Cartagine, per esempio, è in qualche modo riconosciuto come un primate.

Comunque, nulla di assimilabile all'attuale struttura gerarchico-piramidale della Chiesa cattolica. Roma acquista a poco a poco un ruolo preminente, anche se questo non esclude che Cipriano, grande vescovo di Cartagine, minacci di scomunica Stefano, vescovo romano. Succede pure che il vescovo di Roma faccia altrettanto con il vescovo di Efeso e deve intervenire Ireneo di Lione per mediare. Ireneo esorta il vescovo romano alla prudenza, gli ricorda che se a Roma si venerano Pietro e Paolo, a Efeso giacciono le spoglie dell'apostolo Giovanni e di altri luminari della Chiesa d'Oriente. La situazione, insomma, è dialettica, molto vivace. Il primato del vescovo di Roma, già allora universalmente riconosciuto, non ha in questi secoli rilevanza giuridica.

Dunque abbiamo una serie di comunità, più o meno grandi o autorevoli, ma su posizioni all'incirca paritarie. Quando le comunità cominciano a organizzarsi secondo un principio gerarchico?

Possiamo stabilire una data che coincide con il concilio di Nicea del 325. È lì che prende a delinearsi quella configurazione in patriarcati che caratterizzerà il cristianesimo fra il IV e il V secolo. Tralascio qui di dire di altre suddivisioni interne molto complesse e molto diversificate sia fra Oriente e Occidente sia all'interno delle stesse Chiese orientali.

VIII

QUEL DIO FATTOSI CARNE

Si può cominciare a parlare di religione cristiana a partire più o meno dalla metà del II secolo con una data che, come abbiamo visto, può essere considerata allo stesso tempo simbolica e storicamente portante.

Prima di allora, elementi di «cristianesimo» possono essere rintracciati all'interno del giudaismo o anche fuori, mai però come religione a sé, pienamente identificata. Nel corso del II secolo si verifica una progressiva emarginazione delle correnti di giudeo-cristianesimo a favore di altre correnti neocristiane provenienti direttamente dal mondo «pagano». È con queste ultime che la grande Chiesa elaborerà via via il concetto di ortodossia contrapposto a quello di eresia. Il termine greco *hairesis* (eresia) veniva adoperato per designare le scelte, le tendenze che si allontanavano dalla retta formulazione della dottrina, con conseguenze anche di carattere etico.

Nella Lettera ai Galati Paolo, con l'abituale veemenza, scrive: «Le opere della carne sono ben note: fornicazione, impurità, libertinaggio, idolatria, stregonerie, inimicizie, discordia, gelosia, dissensi, divisioni, fazioni, invidie, ubriachezze, orge e cose del genere ... chi le compie non erediterà il regno di Dio» (5,19-21). Due «peccati», fra quelli così numerosi elencati da Paolo, che interessano in modo particolare quando si parla della formazione del canone, sono l'idolatria e la stregoneria. Sacrificare agli dei pagani è infatti per i cristiani una pratica proibita e «perniciosa». Molti di loro perderanno la vita per non incorrere in un tale abominio.

Ma perché rifiutarsi di compiere un sacrificio comportava pene di tale gravità? L'atteggiamento dei fedeli cristiani suscitava nelle autorità, ma anche nella pubblica opinione, come la chiameremmo oggi, dei terribili sospetti. Come già spiegato, la religiosità del tempo non separava il momento religioso da quello civile; i due aspetti erano concettualmente uniti, formavano anzi quel blocco unico all'interno del quale si dispiegava la *pietas*.

Quando i cristiani rifiutano di venerare l'imperatore, il loro diniego è visto quindi come un gesto empio; l'accusa che si attirano è non solo di essere dei cattivi cittadini, ma di essere addirittura degli «atei». Il loro è un «ateismo» che mette a repentaglio l'armonia fra il cielo e la terra, fra gli dei e gli uomini, quella concordia così necessaria per garantire la salute dell'impero. I cristiani violano cioè una regola base della convivenza anche se, apparentemente, sembrano non fare niente di male. Pagano le tasse, rispettano le autorità, ma il lealismo a un certo punto s'interrompe, esiste una soglia al di là della quale non vanno ed è tale limite a impedire loro di essere *boni cives*; si vede che partecipano della vita terrena, avendo però un'incomprensibile meta che la trascende. Così la loro diventa, come abbiamo visto, una «cittadinanza paradossale» ed è per questo che vengono puniti: la colpa non è in quello che fanno, ma in ciò che sono. Per questa stessa ragione un imperatore che ebbe fama di essere filosofo come Marco Aurelio ordinerà di perseguitarli. Proprio perché imperatore e proprio perché filosofo, egli sente il dovere di difendere la costituzione religiosa del suo impero.

La folla approva queste decisioni, sente che i nuovi venuti si comportano con un'estraneità che appare ostile, che manifestano una pericolosa superstizione, fonte certa di molti mali. La plebe romana, ma non solo la plebe, non agisce insomma in modo diverso da una qualunque pubblica opinione che veda in ogni nuovo arrivato, in ogni intruso, un potenziale pericolo contro il quale è necessario reagire. Esprimerà il suo rifiuto con la crudeltà consentita dai tempi: plaudendo agli inenarrabili tormenti ai quali questi «atei» venivano sottoposti. Uno storico del livello di Tacito arriverà ad accusarli di misantropia, anzi addirittura di «odiare il genere umano», preda come sono di una «vana e folle superstizione».

Il canone si forma in questa atmosfera concitata e ostile, caratterizzata dal complesso rapporto con il giudaismo e con il mondo del politeismo pagano, dalla necessità di attrarre i gentili, dal bisogno di dare a Gesù un'identità precisa, capace di orientare e ispirare una fede così forte da superare le enormi difficoltà che si presentano. Ma per stabilire l'ortodossia e sconfiggere le «eresie» sono necessarie strutture istituzionali, ci vogliono una gerarchia, una guida, testi di riferimento, denaro. Per molti secoli si è tramandata l'immagine di una Chiesa delle origini unita dietro un solido canone e solo in un secondo tempo insidiata da alcune sopravvenute eresie. Walter Bauer, come si è detto, ha rovesciato questo stereotipo, sostenendo che è vero il contrario: molto di ciò che in seguito è stato considerato «eretico», nella Chiesa delle origini era opinione di maggioranza, cioè ortodossia.

Fra le numerose correnti allora esistenti merita un cenno particolare quella detta «gnostica». Il mondo, sostenevano gli gnostici, è la creazione imperfetta di un dio inferiore (il Demiurgo), nella quale gli esseri umani sono imprigionati. Questo dio fallibile vaga, preda della sua follia, nel buio fallimentare che egli stesso ha creato. Il vero Dio (l'Inconoscibile) può essere raggiunto solo a condizione che l'uomo ravvivi la piccola scintilla di luce che conserva dentro di sé. Diventare «gnostico» (*gnostikòs*, chi sa, chi conosce) vuol dire liberarsi degli impacci del corpo, essere consapevoli della negatività di se stessi e dell'universo. Tale visione era, fra l'altro, l'ingegnoso tentativo di spiegare come mai un essere onnipotente e buono potesse consentire tutto il male e l'ingiustizia che ci sono nel mondo. Infatti, chi permette ciò, dicevano gli gnostici, non è il vero Dio, ma un dio malvagio, lo stesso che compare nel mito della Genesi intento a fabbricare il mondo.

L'ipotesi (o fede) gnostica venne considerata eretica dai Padri della Chiesa poiché contrastava frontalmente con la religione che si veniva edificando e comportava, fra le altre, la conseguenza di abolire la necessità d'una struttura ecclesiastica, di una gerarchia, degli uomini delegati al culto. Nei primi secoli tutti gli scritti gnostici sui quali si riuscì a mettere le mani vennero requisiti e distrutti. Solo alla fine del XVIII secolo ne sono stati ritrovati alcuni, redatti in copto (lingua dell'antico Egitto), primo embrione di una biblioteca poi completata dal fortunoso (e fortunato) ritrovamento di Nag Hammadi nel 1945, quando, in una grotta sulla sponda occidentale del Nilo, ottanta chilometri a nordovest di Luxor, venne scoperta una vera messe di testi che si pensavano distrutti per sempre: vangeli, apocalissi, omelie, trattati filosofici. Sono scritti esoterici, destinati alla formazione di coloro che intendevano aderire a questa fede avviandosi sul cammino della conoscenza. Nel 1970, infine, un'ulteriore scoperta ha riportato alla luce quattro altri documenti gnostici, il più sorprendente dei quali è il cosiddetto *Vangelo di Giuda*, già noto nell'antichità e poi scomparso per secoli.

I primi cristiani non parlano mai né di templi né di sacerdoti né di sacrifici. Questo sorprende la sensibilità religiosa dei loro contemporanei e induce chi li circonda a pensare addirittura che il cristianesimo equivalga a una forma di ateismo.

L'accusa di ateismo è una delle più precoci lanciate contro il cristianesimo. Per almeno tre secoli parve che la nuova fede non avesse i comuni caratteri della religiosità che il mondo antico conosceva. I cristiani, per esempio, non hanno un tempio, mentre gli ebrei lo avevano avuto, e nel mondo greco-romano la presenza dei templi era pervasiva. I cristiani delle origini non hanno neppure un sacerdote, nel senso che il vescovo, all'inizio, era prevalentemente un funzionario, un amministratore, anche se ben presto inizia ad assumere un ruolo centrale nella conduzione complessiva della comunità. Nella più antica raccolta a noi pervenuta di disposizioni liturgiche e normative, la *Didachè* (databile con ogni verosimiglianza alla seconda metà del I secolo), il rito sembra essere officiato in maniera corale, senza la presenza di un apposito ministro.

Nella società pagana, del resto, non c'erano solo i templi come luoghi religiosi. La sacralità era diffusissima, investiva vari luoghi e includeva la stessa natura: fonti, boschi, fiumi.

Esattamente. Un terzo aspetto della diversità cristiana è il problema del sacrificio. I giudei sacrificavano, i greci e i romani sacrificavano, i cristiani invece non sacrificano, anzi, elaborano una dura critica contro tale costume religioso, accusato d'irrazionalità. Non esiste un tempio e di conseguenza non esiste nemmeno un luogo dove sacrificare. Il sacrificio viene piuttosto spiritualizzato, nella linea della teologia giovannea, secondo la quale è ormai cessata l'economia del sacrificio templare: «È giunto il momento, ed è questo, in cui i veri adoratori adoreranno il Padre in spirito e verità» (*Gv* 4,23). A imitazione di Cristo, che è la «grande vittima sacrificale», il cristiano offre piuttosto il suo corpo come sacrificio nel martirio. Con le braccia legate dietro la schiena, «come un superbo montone scelto fra numeroso gregge per essere sacrificato», l'anziano vescovo di Smirne, Policarpo (morto nel 155), sale sul rogo cui è stato condannato elevando questa preghiera:

> Signore Dio onnipotente ... tu sia benedetto per avermi giudicato degno in questo giorno e in quest'ora di prendere posto nel novero dei martiri, nel calice del tuo Cristo ... Che io sia fra essi accolto oggi al tuo cospetto in qualità di pingue e gradito sacrificio.

Questo testo ci consente di percepire immediatamente, attraverso il riferimento al calice, la portata eucaristica, sacrificale del martirio.

Sappiamo di cristiani che si avviavano gioiosamente al supplizio. Anche oggi esistono martiri della fede che si autoimmolano, talvolta in maniera ostentata o teatrale. Non poteva trattarsi anche allora di casi, diciamo così, di eroico fanatismo?

No, ritengo queste categorie inadeguate a comprendere il fenomeno. Se cataloghiamo tali manifestazioni come fanatismo o radicalismo rischiamo di non giungere a una corretta comprensione degli eventi. Già Marco Aurelio accusava i cristiani di teatralità per il loro sprezzo nei confronti della morte. Il suo precettore, Frontone, denunciava davanti al senato la stoltezza e l'incredibile audacia dei cristiani che, per timore di precludersi la salvezza eterna, disdegnavano i tormenti presenti e non avevano paura di morire.

Credo che quell'antico retore, a differenza di tanti attuali osservatori e opinionisti, abbia centrato il cuore del problema:

il rapporto fra etica ed escatologia. Detto in altri termini, ciò che fonda l'agire del credente nel mondo, soprattutto davanti alla prospettiva del morire (o dell'essere messo a morte), è l'apertura verso il futuro, la fede in una vita dopo la morte.

Bisogna dire che il mondo antico per molto tempo rifiutò di capire i cristiani.

Agli occhi della società antica il cristianesimo si poneva come un sistema antiprovvidenziale, che «laicizza», se posso dire così, la teologia politica di Roma. Greci e romani pensavano che, negando il culto alle divinità, si corresse il pericolo di veder andare il mondo in rovina, poiché veniva a mancare proprio ciò che lo tiene insieme, cioè la *religio*, termine che con ogni verosimiglianza racchiude anche il concetto di «legare». Non si poteva correre il rischio che, a causa dei cristiani, il mondo sprofondasse nel nulla, si dissolvesse.

Un'ulteriore conseguenza di questa situazione è che a un certo punto la condizione dei cittadini fattisi cristiani diventa rischiosa, poiché la loro religione li porta a non rispettare alcune regole della convivenza della società in cui vivevano.

Direi che l'espressione che ben può riassumere la posizione del cristiano nel mondo è quella di «cittadinanza paradossale», racchiusa anche nel termine greco *paroikia*, da cui, come ho già accennato, deriva il nostro «parrocchia». La *paroikia* era un istituto giuridico applicato agli individui che risiedevano temporaneamente, per i più svariati motivi, in una città, senza esserne tuttavia cittadini: ciò comportava una sostanziale limitazione dei diritti civili.

Trasposta in ambito teologico, la *paroikia* sta a indicare che i cristiani vivono certamente nel mondo, ma in maniera provvisoria. Essi assumono tutte le responsabilità del loro essere nella storia, pagano le tasse e obbediscono alle leggi. Con la loro fede, però, superano le leggi, accettano la realtà del mondo avendo sempre come prospettiva, scriverà Paolo, l'altra città, quella dalle salde fondamenta, il cui architetto non è un uomo ma Dio. Una città che li attende dopo il pellegrinaggio sulla terra, perché essa è la loro vera patria. Proprio la tensione fra le due città, quella terrena e quella celeste, ciascuna con le proprie leggi e il proprio sovrano, caratterizza la vita del cristiano: il suo «sì» alle leggi del mondo è infatti condizionato dal «ma» impostogli dalle leggi divine. Se poi le due legislazioni entrano in conflitto, l'unica scelta del credente è quella di testimoniare, tramite il martirio, la propria fedeltà al suo Signore.

Questo percorso ideale riguarda, però, solo gli individui e non comporta conseguenze sulla struttura di potere, non esistendo ancora una Chiesa. L'immissione del nuovo adepto nella comunità dei credenti comincia con un rito considerato addirittura fondativo, la cerimonia del battesimo.

In apertura di capitolo ho già accennato agli elementi la cui mancanza impediva, almeno alle origini, di definire il cristianesimo un movimento religioso, ossia l'assenza del tempio, dei sacrifici e così via. Il battesimo si costituisce, viceversa, come un autentico rito d'iniziazione, con la sua dottrina dell'arcano (le cose – parole e gesti – che vanno tenute rigorosamente segrete), le sue formule, i suoi «misteri» (le realtà invisibili a cui rimanda il culto). Esso viene scandito in due momenti. Il primo è negativo: vi si professa infatti la rinuncia a Satana. Oggi questi termini sono così inflazionati da aver perso gran parte della loro potente carica. Per il cristiano di allora, invece, il demonio rappresentava davvero il nemico. Prima di essere il suo personale, era stato il nemico di Cristo. Satana era, anzi, l'anticristo. Per molti cristiani, emissari del demonio erano le realtà secolari: l'imperatore, i giudici, i militari, i filosofi e via dicendo. Rinunciare a Satana significava quindi mettersi in rotta di collisione con il secolo e con i suoi valori.

Anche l'obbligo della povertà per il cristiano si fondava sulle promesse battesimali; rinunciando a Satana, si rinunciava anche alle ricchezze, che sono frutto del demonio. Espressa la rinuncia, viene la parte positiva del battesimo. Se, immerso nell'acqua, l'adepto partecipa alla morte di Cristo, attraverso la sua resurrezione egli può allora camminare nella nuova vita sulle orme stesse di Cristo. Ma, dal momento che la meta storica di Cristo è il Calvario, la rinuncia del cristiano al mondo può comportare la medesima spoliazione della vita.

Ascoltandola, sono colpito dal ricordo di tutti coloro che hanno scelto la povertà estrema, i monaci con il rifiuto del mondo e la contemplazione della morte, Francesco con quell'immaginario che permea e condiziona l'intera esistenza di un individuo. Che ne è di tutto questo?

Francesco d'Assisi opera una scelta di povertà radicale, si spoglia sulla piazza del duomo di Assisi a imitazione di Cristo. Sul vasto quadrante della storia, quando rintoccano le ore decisive della crisi e del cambiamento, emergono costantemente nel cristianesimo due tensioni spirituali. La prima: seguire Cristo, la cosiddetta *sequela Christi*. La seconda: il modello della vita apostolica. Seguire Cristo può voler dire, come vedremo, farsi anzitutto martire, e anche povero, casto, eremita, scegliere la solitudine assoluta. Ma si può pure adottare un modello ricalcato sulla vita apostolica, che significa mettere insieme le sostanze, partecipare tutto a tutti.

Spero di non essere frainteso se dico che si tratta di forme di comunismo.

Infatti, è stato anche definito, con felice espressione, «comunismo d'amore».

Direi, prima di tutto, comunismo scelto liberamente e, in quanto tale, nettamente distinto dal comunismo come ideologia dominante. Quel comunismo integrale, fra l'altro, è stato ripreso nel movimento dei kibbutzim *(fattorie collettive) in Israele, ancora prima della fondazione dello Stato nel 1948. Oggi quel movimento sembra appannato, ma resta storicamente la forma più riuscita di comunismo totale su base laica e volontaria.*

Non per nulla il movimento dei *kibbutzim* è stato elaborato nell'ambito del mondo ebraico, lo stesso di Gesù. Prima ancora del kibbutz, ricordo però alcuni scritti della storiografia marxista in cui le cellule socialiste vengono viste come una concreta attuazione della vita apostolica. La figura di Gesù socialista e delle comunità cristiane come prime cellule comuniste è ben presente nella letteratura filosofica e sociologica dell'Ottocento.

Perché Gesù sente il bisogno di farsi battezzare? Nell'ebraismo non era un rito consueto.

Per quanto riusciamo a capire, con il battesimo di Gesù da parte di Giovanni siamo vicini alla prassi battesimale essena, come può essere ricostruita anche dai rotoli del Mar Morto. Quegli scritti documentano l'esistenza di abluzioni richieste dopo ogni contatto impuro. Con molta verosimiglianza, anche il contesto in cui Giovanni inserisce il battesimo di Gesù suggerisce un rito eminentemente penitenziale, di purificazione. D'altronde, la purificazione con acqua è diffusa in tutto il bacino mediterraneo.

Il battesimo come si pratica oggi ha lo stesso significato di quello impartito da Giovanni a Gesù?

Gli elementi che caratterizzano il rito sono senza dubbio simili, a cominciare dall'immersione nell'acqua. Quello che decisamente muta è il significato. Presso gli esseni di Qumran e, secondo la testimonianza di Flavio Giuseppe, anche per il Battista l'immersione serve a mondarsi periodicamente dall'impurità. In Giovanni, per quello che si può ricavare dalla tradizione evangelica, il battesimo apre una prospettiva penitenziale, entro cui potrà essere accolto il regno di Dio. Gesù si fa battezzare da lui, ma la prassi battesimale resterà marginale nella sua predicazione e nella sua attività.

Nel cristianesimo il battesimo mantiene il carattere penitenziale-escatologico giovanneo, che si traduce nell'appello alla conversione, vale a dire all'abbandono della vita precedente, condotta sotto il segno di Satana. Ma ciò che, a mio giudizio, fonda la peculiarità del battesimo cristiano è il suo indissolubile legame con la Pasqua di Cristo. Attraverso l'immersione nell'acqua, il credente partecipa alla sua morte, così da poter poi camminare nella vita del Cristo risorto. A differenza del costume essenico, inoltre, dove l'immersione viene più volte reiterata, il battesimo cristiano ha un carattere di eccezionalità: lo si amministra una volta per tutte in remissione dei peccati.

Non mancano certo le eccezioni, comunità presso le quali il battesimo deve essere reiterato in caso di particolari colpe. Resta però prevalente la tendenza di consentire un solo battesimo, come si legge anche nel *Credo* niceno-costantinopolitano, che per i credenti è vincolante ancora oggi. Non per nulla uno dei problemi più gravi che si presenta alle prime comunità è come riconciliare i fedeli macchiatisi di peccato dopo il battesimo. Per questo la sua somministrazione veniva spesso prorogata al momento della morte. L'opinione prevalente era, infatti, che i peccati commessi dopo il battesimo escludessero dalla salvezza. La soluzione fu nel proclamare che stava per inaugurarsi un tempo in cui meritare il perdono dei peccati commessi dopo il battesimo. La dilazione comunque era limitata a un periodo brevissimo, poiché si riteneva ormai imminente il giudizio finale.

L'idea del sacrificio elaborata dal cristianesimo viene assunta dal precedente modello giudaico. Penso soprattutto alla Pasqua, durante la quale s'immolava una vittima.

La Pasqua ebraica, nella tradizione più antica attestata da Esodo, si celebra infatti immolando una vittima. Il cristianesimo traspone questa vittima in Gesù, tant'è che Paolo giunge a dire che «Cristo, nostra Pasqua, è stato immolato» (*1 Cor* 5,7). Si assume il sacrificio dell'Antico Testamento trasferendolo nella figura di Gesù Cristo, consumandolo in lui.

Mi consente una domanda che esula a stretto rigore dal tema in discussione, ma che mi sembra importante? Alcuni episodi della vita di Gesù trovano nei vari vangeli una diversa collocazione. Un esempio clamoroso è quello di Giovanni, che mette la cacciata dei mercanti dal Tempio all'inizio dell'attività pubblica di Gesù, mentre i tre sinottici la pongono alla fine della sua vita, facendone anzi la possibile causa del suo arresto. Quando episodi così importanti vengono spostati, non cambia anche il significato dell'evento?

Nei vangeli le parole pronunciate e i gesti compiuti da Gesù sono letti come inveramento delle profezie dell'Antico Testamento, nella convinzione che il disegno di salvezza si realizzi proprio nel Cristo. Se esaminiamo le citazioni bibliche di cui sono intessuti i testi, ci rendiamo conto che, per Giovanni, la cacciata va interpretata come la conseguenza di quel divorante zelo per la casa del Signore di cui parla il Salmo 69. Segno di questo zelo è la sfida che Gesù lancia ai giudei: «Distruggete questo Tempio, e in tre giorni lo farò risorgere», prefigurando ovviamente l'identificazione fra il Tempio e se stesso.

Ben diversa la situazione nei tre sinottici che, in bocca a Gesù pongono la contaminazione di due citazioni profetiche, Isaia e Geremia, per cui «la casa di preghiera per tutte le genti» è diventata una «spelonca di briganti». Ora, il termine greco tradotto con «briganti» è *lestes*, che ha, anche in altre fonti, una forte connotazione politica: così, infatti, venivano definiti gli adepti dei movimenti di resistenza armata al potere di Roma. Ricordiamoci, inoltre, che Gesù viene arrestato da un drappello armato che è stato inviato come se dovesse catturare un «brigante», che fra i discepoli di Gesù ce n'è uno (lo stesso Pietro, secondo Giovanni) che possiede una spada e la utilizza per ferire uno degli aggressori, e che, infine, fra due «briganti» Gesù verrà poi crocifisso. Quale che sia l'interpretazione da dare alle concitate sequenze degli ultimi giorni di vita del Signore (e ne sono state date tante, divergenti e opposte), sembra comunque evidente che il gesto della purificazione del Tempio viene letto dai sinottici non tanto in riferimento alla cristologia (Gesù = Tempio), ma in riferimento alla storia, nel tentativo, forse, di stornare il sospetto di un coinvolgimento di Gesù, o del suo movimento, nei moti insurrezionali che percorrevano la Palestina dell'epoca.

Com'è possibile rivestire d'autorità, e anzi d'ascendenza divina, dei testi che hanno origini così incerte, passati per tante mani, più volte corretti e manipolati?

A rigore dovrei dichiarare irricevibile la sua domanda, e per due ragioni. In primo luogo, l'«ascendenza divina», come lei la chiama, dei testi, è irrilevante per lo storico che deve esaminare un'opera letteraria frutto della prima generazione di cristiani. In altre parole: io devo esaminare un testo che, per quanto ritenuto ispirato, resta pur sempre quello di uno scrittore, equivalente a quello di un qualsiasi altro scrittore. In secondo luogo, non credo che le origini della tradizione evangelica siano più incerte di qualsiasi altra tradizione, a cominciare dal poema omerico. Anzi, alcuni risultati della ricerca scientifica sono ormai assodati.

Possiamo delineare tre fasi nella composizione del Nuovo Testamento: una prima è incentrata sulla predicazione paolina, che annuncia come Gesù di Nazareth sia veramente il messia, il figlio di Dio. In questa prima fase, compresa tra la fine degli anni Quaranta e i primissimi anni Sessanta del I secolo, le attestazioni sulla vita di Gesù sono scarse per non dire nulle. Nel frattempo però – e questa è la seconda fase – circolavano tradizioni orali e scritte su ciò che Gesù aveva detto e fatto. Il *Vangelo di Tommaso* ci dà l'idea di come tutta una serie di detti di Gesù sia stata raccolta.

Mi scusi l'interruzione, ma perché cominciarono a esistere simili raccolte? A quale fine?

La ragione di queste memorie, orali o scritte che fossero, sta nell'esigenza dei primi discepoli di avere materiali che servissero anzitutto al culto, poi all'insegnamento, al proselitismo, all'apologetica, per le controversie antigiudaiche o contro i gentili e via dicendo. Si tratta di quelli che la filologia tedesca ha chiamato *Sitz im Leben*, cioè i contesti vitali delle primitive comunità, le quali dovevano trovare una loro collocazione religiosa all'interno del mondo antico.

La terza e ultima fase, che si estende fra gli anni Settanta del I secolo e i primissimi del II, è rappresentata dall'opera di redazione, vale a dire di scelta, raccolta e ordinamento dei vari materiali a disposizione. Come si è già accennato all'inizio del nostro dialogo, si tratta di ciò che conosciamo, in ordine cronologico, come Vangelo di Marco, Matteo, Luca e, per qualche aspetto almeno, Giovanni. Il vangelo è lo stesso di Paolo – Gesù è il messia –, gli evangelisti però lo proclamano narrando la vita del Signore.

Attenzione, infine, a non interpretare come correzioni o, peggio, manipolazioni quelle che in realtà rappresentano le differenti inquadrature teologiche entro cui i diversi libri del Nuovo Testamento presentano Gesù. La tentazione è indubbiamente forte, e si presentò subito seducente anche nel cristianesimo delle origini, quando per esempio Taziano, un siro giunto a Roma alla scuola di Giustino martire (seconda metà del II secolo), pubblicò un'armonia dei quattro vangeli (in greco *diatessaron*, un unico testo tratto da quattro), al fine di rendere indubbiamente meno problematiche le divergenze fra i vari libri. Ma c'è di più. Se prendiamo, per esempio, un'edizione critica degli Atti degli Apostoli, ci accorgiamo subito che quel testo, fin dalle origini, dovette avere due edizioni, per così dire, e piuttosto divergenti fra loro. Si tratta di problemi ben noti agli studiosi, ma che non è facile comunicare a un più vasto pubblico, uso a lasciarsi incantare da favole strabilianti di manoscritti celati, testi epurati, congiure del silenzio, esoterismi.

Fra le varie correnti del cristianesimo antico ha una particolare importanza quella detta «gnostica», anche perché rappresenta il tentativo di spiegare il problema del male, ovvero com'è possibile che Dio, essere onnipotente e buono, permetta la presenza – anzi, non di rado il prevalere – del male che c'è nel mondo.

Lo gnosticismo è effettivamente un fenomeno di grande importanza in particolare fra il II e il III secolo. Fenomeno di difficile comprensione, soprattutto perché fino a sessant'anni fa lo si conosceva quasi solo per le pagine polemiche scritte nei suoi confronti dai Padri della Chiesa. Poi, nel 1945, a Nag Hammadi, in Egitto, è stata scoperta un'intera biblioteca gnostica. Come lei ha anticipato, lo gnosticismo rappresenta, fra le altre cose, il tentativo di rispondere al problema di che cosa sia il male. Questione fondamentale, non solo nel cristianesimo, che ha suscitato nel tempo le risposte più varie. Da dove viene il male e come si può porvi rimedio? Se c'è il male, anch'esso deve essere in qualche modo originato da Dio. Ma perché mai Dio ha originato il male?

In uno dei miti gnostici, Dio origina il male perché una delle componenti del suo empireo, quella più esterna, decade, precipita da quel luogo eccelso e s'infrange, come un cristallo, nella materia bruta. Il problema, per Dio, diventa allora quello di recuperare questi frammenti di luce per ricomporre la sua perfetta unità. La sorte dell'umanità, coinvolta in questo processo di discesa e ascesa, viene divisa in tre parti. Una prima parte seguirà questi frammenti di luce e potrà accedere all'empireo. Una seconda sarà certamente dannata, destinata a perdersi nella materia informe; il destino della terza parte rimane sospeso fra dannazione e salvezza.

Nessuno in realtà ha mai veramente risolto il problema del male. Dopo la Shoah, dopo che decine di migliaia di bambini ebrei erano stati sottoposti a strazianti esperimenti «scientifici» prima di essere messi a morte, il filosofo Hans Jonas nel saggio Il concetto di Dio dopo Auschwitz *ha scritto che ormai si deve rinunciare o all'idea della benevolenza divina o a quella della sua onnipotenza. Se Dio è onnipotente non è completamente buono, e viceversa: le due qualità non possono coesistere nello stesso ente. È una conclusione inoppugnabile.*

Inoppugnabile sì, secondo la logica umana. Sancisce la morte del Dio della teologia con carattere di onnipotenza e bontà infinita. Posso ricordare a mia volta nei *Fratelli Karamazov*, di Dostoevskij, il ripugnante episodio dei nobili russi che facevano il tiro al bersaglio sui bambini, argomento che Ivan utilizza per contestare la fede del fratello Alioscia. Nel pensiero teologico, come nel pensiero filosofico, c'è una corrente cristiana di teologia debole, che non concede a Dio l'onnipotenza, che vede anche in Dio un limite. La risposta odierna, credo, è piuttosto il silenzio di Dio. Ma, per riprendere un interrogativo del grande teologo protestante Dietrich Bonhoeffer, questa «assenza» di Dio non coincide piuttosto con la scomparsa di un dio fabbricato dalla mano dell'uomo, del «dio-tappabuchi» incaricato di supplire alle deficienze umane? Qui, però, il discorso ci porterebbe lontano, troppo lontano.

Dalla diatriba con il cristianesimo ortodosso lo gnosticismo uscì sconfitto, anzi annichilito. Oggi, solo voi specialisti ne discutete ancora. Anche se, a solo titolo di curiosità, vorrei ricordare che anni fa la coppia Fruttero e Lucentini fondò la trama del romanzo A che punto è la notte *proprio sull'idea gnostica. Era un buon intreccio e una buona divulgazione dei fondamenti gnostici.*

Io non considero lo gnosticismo un vero e proprio movimento cristiano. È piuttosto simile a quel fenomeno che si riscontra in natura, chiamato pseudomorfismo, per cui un minerale conserva la sua forma cristallina esterna pur modificando la sua struttura cristallina interna. Se avesse vinto lo gnosticismo, ed è ciò che è quasi accaduto intorno alla metà del II secolo, non ci sarebbe più stato il cristianesimo. Ho la convinzione profonda che la fortuna del cristianesimo sta nel concetto fondamentale che Dio si è fatto carne, è diventato come noi. Se fosse mancato questo elemento, il cristianesimo avrebbe avuto una vita comparabile a quella di tanti altri culti misterici: Mitra, Dioniso, Attis, Iside e Osiride. Sarebbe rimasto a quel livello, con una ricca produzione letteraria e iconografica, ma senza riuscire a sopravvivere alla fine dell'antichità.

Indiscutibilmente l'idea che Dio si è fatto carne, ha preso le sembianze di uno di noi, ha patito le nostre stesse miserie è sconvolgente. Non era mai stato detto in alcuna altra religione.

La carta vincente del cristianesimo è l'incarnazione. Non è un Dio che eternamente nasce, eternamente muore, che fonda le stagioni, che accende la speranza di fare come gli alberi, di perdere le foglie per poi riacquistarle. No, è un Dio che, come dice Giovanni nel suo prologo, è venuto ad abitare presso di noi e si è fatto carne, un uomo nella storia. Ci sono e ci sono stati tanti miti di salvezza nel mondo, ma la forza del Dio dei cristiani è di essere un uomo.

Riassumendo il suo pensiero, direi che le idee rivoluzionarie che hanno assicurato la sopravvivenza del cristianesimo e la sua vittoria sono due: la prima, iniziale, che Dio si è fatto carne; la seconda, finale, che Dio è risorto dalla morte.

Ne aggiungerei una terza: la parusia. Cristo, chissà quando, ritornerà a prenderci: sarà il suo secondo avvento, il ritorno in gloria.

IX

L'ARDUA RICERCA DI UNA DOTTRINA

Di pari passo con la scelta di un canone, comincia la costruzione di una struttura per la nuova religione. Le primissime comunità di fedeli non avevano, infatti, una precisa divisione gerarchica, in pratica agivano, per tutto ciò che riguardava la vita del gruppo, sulla base di decisioni assembleari, con uno spirito fortemente paritario.

Ovviamente i più autorevoli o informati non mancavano di far sentire il peso delle loro opinioni, ma questo, all'inizio, avveniva senza una precisa suddivisione funzionale, come d'altronde era accaduto fin dalla prima comunità di Gerusalemme, retta dalle «tre colonne» di cui abbiamo parlato. Si trattava di un metodo che potremmo definire «democratico» *ante litteram,* il quale, però, con l'andare del tempo e le crescenti complessità organizzative, si era rivelato inadeguato. Ignazio di Antiochia ha lasciato a questo proposito una preziosa testimonianza risalente ai primi anni del II secolo. Durante il suo lungo cammino verso Roma, dove avrebbe subito il martirio, Ignazio scrive a varie comunità raccomandando sempre di restare uniti e di sottomettersi all'*episcopos* che occupa, dice, il posto di Dio. Nelle sue esortazioni compare a volte un tono polemico che fa intuire come, sull'argomento, fosse in corso un notevole e contrastato dibattito.

Ci si è chiesti tante volte se il passaggio a una gerarchia organizzata avvenne di colpo o fu il portato di una lenta riforma imposta in parte dalla volontà di alcuni, in parte dalla forza stessa delle cose. La seconda ipotesi viene giudicata la più probabile. Nessun dubbio, comunque, che alla fine del II secolo la maggioranza delle comunità erano passate al sistema episcopale, avevano cioè eletto una loro guida alla cui consacrazione venivano ad assistere altri *episcopoi* dalle comunità vicine. Questi «capi» erano investiti di numerose funzioni e prerogative: celebrare l'eucaristia, ammettere nuovi fedeli, somministrare il battesimo, assolvere dai peccati. Oltre, naturalmente (o forse principalmente), a badare, con l'aiuto di assistenti, alla gestione della comunità: denaro, sedi, cura dei beni e delle proprietà. Si comincia, insomma, a formare la catena di comando al cui vertice si trova l'*episcopos,* coadiuvato da un certo numero di collaboratori: presbiteri, diaconi, suddiaconi, accoliti, esorcisti, lettori, cantori fino alle più umili cariche di portiere o di becchino. Eusebio di Cesarea, nella sua *Storia ecclesiastica,* dice per esempio che, intorno all'anno 250, la Chiesa di Roma contava «46 preti, 7 diaconi, 7 suddiaconi, 42 accoliti, 52 fra esorcisti, lettori e portieri». Comincia così a emergere anche la figura del «prete», un uomo consacrato, al quale l'*episcopos* delega la celebrazione di una parte della liturgia.

Come sia stato individuato il criterio di legittimità per i notevoli poteri delegati all'*episcopos,* il professor Cacitti in parte ha già detto. In termini molto sintetici si può precisare che la sua autorità discendeva da un'investitura apostolica diretta o indiretta al culmine della quale figurava lo stesso Gesù Cristo. Un'epistola della Chiesa di Roma alla Chiesa di Corinto, datata intorno alla fine del I secolo, chiarisce bene il tema: «Gli apostoli hanno ricevuto per noi la buona novella del Signore Gesù Cristo; Gesù, il Cristo, è stato inviato da Dio. Dunque Cristo viene da Dio, gli apostoli vengono da Cristo e le due cose provengono entrambe dalla volontà divina. Costoro hanno ricevuto delle istruzioni ... e sono partiti per annunciare la buona novella che il regno di Dio sta per arrivare ... hanno poi stabilito la regola che, dopo la loro morte, altri uomini degni gli sarebbero succeduti nella carica».

La prima fase del cristianesimo è caratterizzata, inoltre, dal fenomeno delle visioni. Si può anzi dire che la sua storia ufficiale abbia inizio proprio con la grande visione collettiva della Pentecoste, accompagnata dalle appariscenti manifestazioni cui s'è accennato. C'è poi la drammatica visione di Paolo, accecato sulla via di Damasco; e ci sono le visioni dei santi, dei martiri, delle vergini e dei profeti, che durante le loro estasi raccolgono parole spesso attribuite direttamente a Dio. Nel corso dei secoli questo impressionante fenomeno si è andato attenuando non tanto nella frequenza, quanto nell'importanza delle «rivelazioni», spesso ridotte a modesti suggerimenti di buon senso oppure a confuse e oscure premonizioni. Molti di questi casi, inoltre, hanno suscitato incertezze e dubbi all'interno della Chiesa cattolica stessa, anche se spesso brani di diario o testimonianze dirette attestano delle profonde emozioni provate dai soggetti interessati.

Quale che fosse la natura e il contenuto delle visioni, raramente è stata messa in dubbio la sincerità dello slancio da parte del visionario. Gli studi fatti su questi accadimenti si sono conclusi con la constatazione che, a parte gli episodi di aperta ciarlataneria, i soggetti hanno davvero visto ciò che dicevano di avere visto e davvero provato le relative sensazioni. Un caso tra i più impressionanti resta, per esempio, quello di santa Teresa, che nell'autobiografia così descrive una delle sue celebri estasi:

> Gli vedevo nelle mani un lungo dardo d'oro, che sulla punta di ferro sembrava avere un po' di fuoco. Pareva che me lo configgesse a più riprese nel cuore così profondamente che mi giungeva fino alle viscere, e quando lo estraeva sembrava portarselo via, lasciandomi tutta infiammata da grande amore di Dio. Il dolore della ferita era così vivo che mi faceva emettere dei gemiti, ma era così grande la dolcezza che mi infondeva questo enorme dolore, che non c'era da desiderarne la fine, né l'anima poteva appagarsi che di Dio. Non è un dolore fisico ma spirituale, anche se il corpo non tralascia di parteciparvi un po', anzi molto...

Le estasi di santa Teresa danno un'idea eloquente della potenza che le visioni possono raggiungere, procurando al soggetto fortissime sensazioni anche fisiche, manifestate con gemiti, grida, scomposte posture delle membra. Gian Lorenzo Bernini, del resto, nella sua statua di Teresa (chiesa di Santa Maria della Vittoria, a Roma) ha riprodotto da par suo un tale atteggiamento, mescolando al trasporto celeste espressioni della più intensa partecipazione erotica.

Qual è stato il ruolo delle visioni nella storia di questa religione? A che cosa corrispondono nella spiritualità contemporanea? Sono alcuni dei temi che il professor Cacitti affronta in questo capitolo.

Quando la dottrina che poi diventerà il fulcro della fede cristiana ha cominciato a formarsi, immagino che – come sempre accade per i fenomeni culturali o religiosi – ci siano stati dei centri di irradiazione e delle personalità particolarmente vivaci. Possiamo fare qualche esempio?

Farò il caso di Alessandria d'Egitto, una delle grandi metropoli del cristianesimo nascente, dove si calcola che la componente giudaica equivalesse a un quinto della popolazione. Già nel III secolo a.C., la sua celebre biblioteca era stata arricchita, come abbiamo visto, con una traduzione in greco della *Torah*. L'iniziativa viene tradizionalmente attribuita a settanta sapienti (donde il nome di «Bibbia dei Settanta»), ma di fatto pare rispondesse a due esigenze: completare la sezione giuridica della biblioteca stessa, aggiungendovi la Legge del popolo ebraico, e rendere accessibile la Sacra Scrittura ai giudei alessandrini, molti dei quali non conoscevano più l'ebraico.

Agli inizi dell'era volgare, in città era attivo Filone, detto appunto di Alessandria, uno dei personaggi più straordinari del giudaismo del tempo. Che cosa fa Filone? Affinché il multiforme paesaggio della Bibbia possa divenire comprensibile al pubblico di lingua e cultura greche, utilizza le categorie filosofiche di Platone. Un'operazione geniale, che però gli costerà, più tardi, addirittura l'accusa di tradimento del giudaismo. Se non fosse per i cristiani, di lui ignoreremmo non solo l'opera, ma perfino il nome.

Come mai questa particolare attenzione delle prime generazioni di cristiani per un autore che resta pur sempre un giudeo della diaspora?

Nella prodigiosa produzione letteraria di Filone c'è un'operetta, *La vita contemplativa*, che descrive lo straordinario modo di vita di un gruppo di uomini e donne molto pii che, nella solitudine della campagna intorno a un lago, conducono un'esistenza fatta di preghiera, contemplazione e liturgia. Costoro presentano caratteri che già la storiografia antica ha definito pre- o protomonastici. Tra l'altro Filone, per designare le loro abitazioni, utilizza per la prima volta nella storia della lingua greca il termine *monasterion*, monastero. L'Egitto sarà, di lì a due secoli, la culla di quello che oggi chiamiamo appunto «monachesimo».

Da un punto di vista religioso, sono vite certamente esemplari quelle dei personaggi descritti da Filone. Ma possiamo già definirli cristiani o sono ancora ebrei?

Sono di sicuro giudei, tuttavia con caratteri peculiari, in parte riconducibili all'esperienza degli esseni. Uomini e donne partecipano a una liturgia culminante nella celebrazione della grande vigilia di Pentecoste. Filone la descrive con lo stesso linguaggio entusiastico dei convivii: alla fine del banchetto i commensali formano, in un crescendo orgiastico, un coro danzante, concertato da due capicoro. Uno incarna la figura di Mosè, l'altra quella di sua sorella, la profetessa Miriam, la quale, dopo l'attraversamento del Mar Rosso, imbraccia un cembalo, guidando la danza coribantica delle donne israelite. Questi asceti del I secolo rivivono gli stessi fenomeni entusiastici, caratteristici anche della religione ebraica. Dopo quasi tre secoli, Eusebio di Cesarea scriverà che essi rappresentarono i «primi araldi del vangelo» in Alessandria, un modello (*kanon*) giunto fino ai suoi tempi, cioè in piena età costantiniana.

È lecito dire che ad Alessandria il cristianesimo sta nascendo con caratteri molto particolari?

Alessandria non era mai stata toccata dalla predicazione di Paolo. Del resto, l'apostolo si fa un punto d'onore di andare a predicare il vangelo solo là dove non è ancora giunto il nome di Cristo. Dice egli stesso di non voler «costruire su fondamenta altrui» (*Rm* 15,20). Se ad Alessandria non è andato, se ne deve dedurre che lì le fondamenta le aveva gettate qualcun altro, probabilmente l'evangelista Marco. È del resto significativo che le fonti definiscano Marco *hermeneutes/interpres*, vale a dire interprete. Di chi? Di Pietro, il quale, a Roma, lo avrebbe incaricato di mettere per iscritto la sua predicazione e di portarla poi ad Alessandria.

Si tratta, suppongo, di quello che noi oggi conosciamo come il Vangelo di Marco.

Non è facile rispondere, perché in effetti dovrebbe trattarsi del vangelo detto «di Pietro», che non fa parte dei quattro vangeli entrati nel canone. Fra gli apocrifi, esiste un *Vangelo di Pietro,* ma ritengo non possa essere identificato con il nostro testo.

La questione mi sembra molto complessa. Se lei non mi smentisce riassumerei dicendo che ad Alessandria nasce un cristianesimo con tratti a-paolini, di cui il Vangelo di Pietro, *affidato a Marco, avrebbe dovuto essere il testimone-guida. Quello scritto è arrivato fino a noi?*

Non rispondo direttamente alla sua domanda perché dovrei addentrarmi, qui sì, in una descrizione assai complessa, anzi per certi aspetti un vero *casus belli.* Dirò solo che, a mio avviso, quel testo deve essere identificato con il *Vangelo segreto di Marco,* un frammento del quale ci è noto grazie a Clemente, presbitero della Chiesa di Alessandria. Questo scrittore afferma due cose: che il *Vangelo segreto* era effettivamente presente negli archivi della Chiesa di Alessandria e che una copia del manoscritto era stata trafugata e interpolata, nel II secolo, dallo gnostico Carpocrate.

Ne conosciamo, anche se parzialmente, il contenuto?

Il frammento è molto breve, inserito in una lettera di Clemente giuntaci solo in parte. Il passaggio più importante riguarda la resurrezione di Lazzaro. Nei vangeli canonici il celebre episodio compare soltanto nel capitolo 11 di Giovanni. Dunque, è già clamoroso che quel miracolo, assente nei sinottici (Marco, Luca e Matteo), compaia invece qui, nel *Vangelo segreto* attribuito a Marco, anche se il resuscitato non è Lazzaro.

Come viene descritta la scena?

Gesù, fatta rotolare la pietra tombale, entra nel sepolcro e, stesa la mano, fa alzare il morto. Poi il racconto prosegue così: «E il giovane guardando verso di lui, lo amò e cominciò a implorarlo di poter stare con lui. E usciti dalla tomba, andarono alla casa del giovane, che era ricco». Lo studioso americano Morton Smith, scopritore della lettera, identifica il risorto con il giovane ricco che a Gesù chiede, secondo i tre vangeli sinottici, che cosa dovesse fare per ottenere la salvezza. Infatti, lo scopo dell'intero episodio è stabilire le condizioni per poter accedere al regno. «Dopo sei giorni» continua il testo «Gesù gli disse cosa fare, e alla sera il giovane andò da lui indossando un panno di lino sul [corpo] nudo. Ed egli rimase con lui quella notte perché Gesù gli insegnasse il mistero del regno di Dio.»

Se non fossi cauto, come invece voglio essere, potrei addirittura scandalizzarmi per una scena che sembrerebbe alludere a un rapporto di tipo omosessuale, assente invece nei vangeli canonici.

Il sospetto di un rapporto omofilo fra Gesù e il giovanetto lo aveva già avuto, prima di lei, Carpocrate, che descrive l'incontro di un «[uomo] nudo con [un uomo] nudo». Personalmente ritengo sbagliata tale lettura anche se la capisco in Carpocrate. Per questo gnostico la salvezza eterna poteva essere raggiunta solo dopo aver commesso ogni tipo di peccato. Peraltro, dell'enigmatico ragazzo resta traccia, contrariamente a quanto lei afferma, proprio nel vangelo canonico di Marco. Nella concitata sequenza dell'arresto di Gesù nel podere del Getsemani, Marco annota che, quando i discepoli, atterriti dalla folla armata di spade e bastoni, avevano ormai tutti abbandonato il Maestro, «un giovinetto però lo seguiva, rivestito soltanto di un lenzuolo, e lo fermarono. Ma egli, lasciato il panno di lino, fuggì via nudo» (14,51-52).

Non ha idea di quanto lambiccate siano state le interpretazioni di questi due imbarazzanti versetti che, invece, nel *Vangelo segreto di Marco* acquistano il loro autentico significato: si tratta di un'iniziazione esoterica in cui Gesù introduce al «mistero del regno» quel giovane che ha già conosciuto il passaggio dalla morte alla vita. Se si vuol realmente capire che cosa è stato il primo cristianesimo ad Alessandria, bisogna cercare la vera interpretazione della scena sul crinale dell'escatologia e della liturgia.

Mi incuriosisce il dettaglio rappresentato dalla qualifica di quel giovinetto come «ricco». Perché c'è una tale insistenza su questa sua condizione?

Perché era importante. Clemente, che abbiamo appena ricordato, ha scritto fra le altre un'opera dal titolo *C'è salvezza per il ricco?* Può sembrare una domanda strana, almeno per la nostra sensibilità che non esclude certo i ricchi dalla salvezza eterna a condizione che facciano buon uso, secondo giustizia e carità, delle loro sostanze. Questa dottrina è stata elaborata per la prima volta proprio da Clemente, il quale rompe così con tutta una tradizione che escludeva senza appello il ricco dalla salvezza.

Ma su quali basi si poteva operare una simile esclusione? Gesù non aveva detto di voler portare la salvezza a tutti gli uomini?

Le prime comunità cristiane leggevano i vangeli interpretandoli spesso in modo radicale. Il fondamento per escludere il ricco dalla salvezza veniva individuato proprio nell'episodio del «giovane ricco» che chiede a Gesù cosa debba fare per ottenere la vita eterna. Il Signore gli dice che deve osservare i comandamenti e quando lui risponde di averli già assolti, aggiunge: «Una sola cosa ti manca: va', vendi quello che hai e dallo ai poveri e avrai un tesoro in cielo; poi vieni e seguimi» (*Mc* 10,17-21). Questa la versione di Marco; quasi uguale in Matteo (19,21-22), dove c'è anche un *incipit* che suona: «Se vuoi essere perfetto...» eccetera; Luca (18,18-25) precisa che il giovane deve vendere «tutto» quello che ha. Nella narrazione evangelica il giovane, triste, si allontana «perché era molto ricco», mentre Gesù commenta: «Quanto difficilmente coloro che hanno ricchezze entreranno nel regno di Dio ... È più facile che un cammello passi per la cruna di un ago che un ricco entri nel regno di Dio» (*Mc* 10,22-25).

C'è chi al posto di «cammello» (in greco kamelos*) ritiene di poter leggere «fune» (in greco* kamilos*), per cui il paradosso diventa più accettabile.*

Infatti, in certi manoscritti biblici di secondaria importanza c'è questa variante, anche se alcuni solidi argomenti fanno ritenere preferibile il «cammello» alla «fune».

Come lei faceva notare, Matteo afferma che, volendo essere perfetti, è necessario spogliarsi delle ricchezze.

Per essere discepoli di Gesù, per entrare nella sua *sequela* è richiesta la perfezione: «Poi vieni e seguimi» dice il testo. Infatti Pietro chiede: «Ecco, noi abbiamo lasciato tutto e ti abbiamo seguito; che cosa dunque ne otterremo?». La risposta di Gesù comprende tutti i potenziali discepoli: chiunque avrà lasciato «case o fratelli o sorelle o padre o madre o figli o campi per il mio nome, riceverà cento volte tanto e avrà in eredità la vita eterna» (*Mt* 19,27-29). Luca scrive che chi si comporterà così riceverà «molto di più nel tempo presente e la vita eterna nel tempo che verrà» (*Lc* 18,28-30). In questa prospettiva, la povertà costituisce il gradino intermedio dei tre che introducono al regno. Il primo è la castità, l'ultimo il martirio. Il regno di cui Luca parla si colloca «nel tempo presente», nella storia, dunque precede quello del «tempo che verrà», dove alla fine si otterrà la vita eterna.

Mettiamo da parte la lunga storia ufficiale della Chiesa, sempre accompagnata dalle ricchezze e dal potere temporale. Restiamo al cristianesimo primitivo. I ricchi come accoglievano le restrizioni, i sacrifici che venivano loro richiesti, il sospetto di cui si vedevano circondati?

Una delle obiezioni sollevate, con ogni verosimiglianza, dai ricchi che volevano diventare cristiani era più o meno di questo tipo: perché il possesso dei beni deve diventare un motivo di esclusione? Dio, all'atto della creazione, non ha forse affidato all'uomo il possesso della terra? Del resto l'intera storia d'Israele non dimostra che nelle ricchezze terrene è possibile scorgere una ricompensa divina? In quella diffidenza si poteva perfino arrivare a vedere, attraverso la condanna delle ricchezze, la condanna dell'opera creatrice di Dio. Era proprio ciò che facevano gli gnostici quando tenevano separati un Dio buono, Padre di Gesù, e un Dio malvagio, autore della creazione. La soluzione a questa aporia – come possiamo leggere in una pagina di Cipriano di Cartagine – venne fornita distinguendo fra un «tempo della creazione», in cui anche le ricchezze hanno una valenza positiva, e un «tempo della redenzione», inaugurato da Cristo, in cui tutti i beni della creazione, ricchezze comprese, pur non perdendo la caratteristica di positività, vengono relativizzati e superati nella prospettiva escatologica.

Questo tipo di spiritualità divenne però inadeguato alle esigenze di comunità sempre più numerose e socialmente variegate. In una metropoli come Alessandria, il problema dell'ammissibilità dei ricchi nella Chiesa venne risolto proprio da Clemente, che divise la vita cristiana in due gradi: la perfezione, riservata a pochi, e la bontà, a cui tutti sono invece tenuti. Una soluzione vincente sul piano della storia, anche se, indubbiamente, tradisce la lettera e lo spirito del vangelo.

Alessandria, come lei la descrive, diventa un laboratorio di idee dove si sperimentano soluzioni teologiche innovative, si tenta di rispondere ai nuovi bisogni della comunità, in una situazione che si va rapidamente modificando.

Infatti, da questo generale fermento emergono figure eccezionali. Una delle più straordinarie è quella di Origene, grande esegeta e teologo. Nato in una famiglia cristiana, a diciassette anni rischia il martirio perché vuole raggiungere il padre Leonide, che è stato arrestato. Per impedirgli il gesto, la madre è costretta a nascondergli gli abiti. Ingegno precocissimo, viene incaricato molto giovane di dirigere la scuola della comunità. Origene commenta quasi tutti i libri dell'Antico Testamento e crea un modello interpretativo esemplare. È lui che per primo organizza sistematicamente il pensiero cristiano.

La grandezza di Origene è purtroppo oscurata dal fatto che i non specialisti sanno pochissimo di lui. Personalmente confesso di non averne mai sentito fare il nome al di fuori di un discorso biblico. Qual è il nucleo del suo pensiero?

Origene scrive un'opera straordinaria, *Sui principii*, di cui è sopravvissuto almeno in parte anche l'originale greco. Lo scopo della sua vita diventa quello di inquadrare il pensiero cristiano entro categorie filosofiche comprensibili nella cultura del mondo greco-romano. Per riuscirvi ricorre al metodo, conosciutissimo nell'antichità, dell'allegoresi.

Ecco un'altra parola difficile. Che vuol dire?

Si tratta di un metodo di lettura che ricerca in un testo il significato nascosto sotto l'espressione letterale. Analizzando una pagina alla ricerca del suo strato più segreto, si riesce spesso a svelarne le intenzioni recondite, anzi ciò che di più autentico lo scritto racchiude. Un buon esempio di questo metodo è la già ricordata interpretazione che Origene dà dell'epopea bellica di Giosuè. La lettera del testo dice solo che si tratta di un'impresa di guerra; quelle gesta, però, possono essere, per dir così, spiritualizzate facendo loro acquistare un significato più profondo.

Il medesimo metodo, se non sbaglio, era stato applicato anche dal cristianesimo antico e su vasta scala. Per esempio, quando si era scritto che personaggi ed eventi dell'Antico Testamento erano solo prefigurazioni e simboli di ciò che sarebbe accaduto nel Nuovo. Lo stesso è avvenuto quando si è tentato di sovrapporre alla lettura sensuale del Cantico dei cantici un'interpretazione mistica.

I suoi esempi rimandano a due diversi metodi interpretativi, che poi nella realtà sono spesso intrecciati. Nel primo caso figure ed eventi dell'Antico Testamento vengono compresi nell'esegesi cristiana come prefigurazioni del messaggio cristiano. Pensiamo alla vicenda, notissima, del sacrificio d'Isacco. Chi legge il racconto nella Genesi riesce a comprendere, magari con l'aiuto di un commentario, qual è il senso dell'episodio all'interno della religione d'Israele. L'interpretazione cristiana, ignorando quel contesto, assume la figura di Isacco come *typos*, modello, di Cristo, attribuendogli valenze che non ci sono nella narrazione originaria. Questo procedimento venne formalizzato da Agostino, il quale stabilì che la verità del Nuovo Testamento è nascosta nell'Antico, che però, si badi bene, si realizza completamente solo nel Nuovo.

Per quanto concerne la lettura cristiana del Cantico dei cantici, ci troviamo invece di fronte a un'interpretazione che cerca di svelare il mistero nascosto nel mondo sensibile. L'unico poema erotico dell'Antico Testamento viene così portato a definire una realtà teologica: il mistico rapporto sponsale fra Cristo e la Chiesa.

Torniamo a Origene, che lei descrive come un formidabile intellettuale e studioso. Perché di lui si sa e si parla così poco? Come vennero accolte al tempo le sue teorie?

Ho detto che la sua opera principale, *Sui principii*, è una sistemazione della teologia cristiana, collocata all'interno di categorie platoniche. Origene tocca infatti un problema importante nella cultura greca, molto meno in quella giudaica: le anime. Da dove vengono le anime? Che fine fanno? La dottrina tradizionale sosteneva che le anime risorgeranno insieme all'uomo, ma che, in qualche modo, ne anticipavano il destino. L'anima andava, secondo i casi, all'inferno o in paradiso, dove veniva poi raggiunta dal corpo. Tale dottrina sembrò a Origene molto rozza. Debitore del pensiero platonico, teorizzò che le anime originariamente stanno presso Dio. Alla nascita di ogni essere umano, l'anima scende nel corpo e, ovviamente, ne segue il destino. Ma poiché l'anima è preesistente al corpo in cui è discesa, è impossibile che, alla morte dell'uomo, essa non torni al suo luogo d'origine, cioè presso Dio. Che cosa implica questo? Implica che tutte le anime, anche se attraverso un lunghissimo processo di purificazione, si salvano, che non c'è più l'inferno perché alla fine tutte risalgono al cielo dal quale erano discese. La dottrina di Origene fece scoppiare già allora una crisi molto acuta, che riesploderà nel IV secolo provocando, fra l'altro, la perdita quasi completa della sua opera nella lingua originale.

Quando sento queste ardite e geniali costruzioni che vanno perfino al di là della teologia per diventare pura speculazione metafisica, mi viene da osservare che Gesù, il quale parlava ai contadini, ai pastori, a gente umilissima, spesso analfabeta, non ha mai formulato teorie del genere. Parlava della vigna e dei vignaioli, del pastore e della pecora smarrita, parlava delle cose d'ogni giorno alle coscienze degli uomini. Certo non ha mai elaborato una teologia. Sorge la domanda: chi ha autorizzato questi pensatori, per geniali che fossero, a costruire edifici teologici così complessi, poggiati su appigli così fragili?

Gesù era un ebreo, Origene un cristiano. Gesù è tutto immerso nella religiosità del suo tempo, che prevede sì l'esegesi della *Torah*, ma detta soprattutto il modo in cui si deve vivere nel mondo per essere graditi a Dio. Il problema del cristianesimo è diverso: deve individuare qual è la natura di Cristo, quali i suoi rapporti con il Padre e con lo Spirito, deve, insomma, sottoporre la rivelazione al vaglio della filosofia, per cui ciò che effettivamente conta è la retta definizione del dogma. E deve farlo con categorie teoretiche che fossero comprensibili in quel mondo in cui si voleva annunciare il vangelo. Vede il mutamento di prospettiva? È così che il Gesù della storia cede via via il passo al Cristo della fede.

Distinzione ancora oggi tenacemente negata, per esempio, nell'ultimo libro di papa Benedetto XVI, intitolato Gesù di Nazaret, *che reclama assoluta identità fra Gesù e Cristo.*

La posizione è legittima sul piano della fede. Dal punto di vista storico, invece, essa appare liquidatoria rispetto agli studi avviati su questi problemi dall'Illuminismo in poi. L'identità fra il Gesù della storia e il Cristo della fede è garantita dalla testimonianza apostolica, quindi in una prospettiva solo teologica. Lo storico si pone altre domande: che attendibilità ha questa identificazione dogmatica? Gesù di Nazareth fu davvero il Cristo annunziato nel Nuovo Testamento? Per dirla con le parole del già citato Samuel Reimarus, che avviò, alla fine del Settecento, la ricerca sulla vita di Gesù: lo scopo, le intenzioni, il progetto di Gesù coincidono davvero con l'immagine che di lui ci hanno trasmesso i suoi seguaci? O non si dà piuttosto il caso che, per perseguire altri scopi, altre intenzioni, altri progetti, la tradizione apostolica abbia in qualche modo «fabbricato» il Cristo? Domande difficilissime, forse impossibili, ma che non possono essere destituite di fondamento.

Gli studi di tipo storico sulla vita di Gesù, con i loro indiscutibili risultati, hanno cambiato notevolmente il profilo della sua figura. Con quali conseguenze sulla «fede» dei credenti?

Possiamo dire, intanto, che ci hanno permesso di comprendere meglio il contesto storico in cui Gesù visse e operò, per cui possiamo leggere in maniera molto più attendibile il suo messaggio. Se poi i risultati dell'indagine critica rischiano di mettere in crisi certe sistemazioni dogmatiche, d'istinto risponderei: per fortuna! Ma siccome l'istinto non può essere criterio di valutazione storica, direi che, probabilmente, i risultati della ricerca scientifica possono in qualche modo «purificare» la stessa fede, spogliandola di ogni scoria fideistica.

A mio giudizio, l'adesione responsabile alla fede non può esimere dalla conoscenza: è il vecchio principio dell'*intellego ut credam*, devo capire per poter credere. Reciprocamente, la fede non si esaurisce nella conoscenza perché, sempre secondo un opposto, vecchio principio, *credo ut intellegam*, devo credere per poter capire. Ma quest'ultima comprensione rimane interna all'esperienza di fede, da cui lo storico è esentato.

Lei ha già detto che povera e controversa fine faranno le opere di Origene; e lui, l'uomo Origene, quale fine ha avuto?

Questo giovanissimo maestro reggeva la più importante scuola dottrinaria cristiana di Alessandria, il Didaskaleion, oggi diremmo la facoltà di teologia. Tuttavia, il suo magistero creò contrasti e gelosie nell'ambiente cristiano di Alessandria, ragione per cui egli venne, di fatto, esiliato. Si rifugiò a Cesarea di Palestina, ben accolto dal vescovo locale che lo consacrò prete. Qui proseguì la sua intensa attività di esegeta e teologo, disseminata in una serie numerosissima di opere, commissionategli spesso da generosi mecenati. Arrestato, imprigionato e seviziato durante la persecuzione di Decio (250), morì di lì a poco, nel 253 o 254.

Eusebio di Cesarea, uno dei suoi maggiori biografi, narra un episodio che alla nostra sensibilità può apparire inquietante. Per non lasciarsi coinvolgere dalle tentazioni della carne, Origene si evirò. Non sono così sicuro che la motivazione data da Eusebio corrisponda alla realtà. Abbiamo altri casi di autoevirazione: Melitone di Sardi, per esempio, compì probabilmente lo stesso gesto. Nel cristianesimo antico la pratica, benché non frequente, è però bene attestata anche in figure di primissimo piano.

Non penso tuttavia che Origene abbia fatto un gesto così grave in base a un'interpretazione letterale delle parole di Gesù, il quale esorta a mutilare l'arto che dà scandalo. Se dobbiamo cercare un fondamento biblico, credo di vederlo nel motto tagliente con cui il Signore tronca la subdola questione, sollevata dai sadducei, sul caso ipotetico di una donna che, obbedendo alla legge del levirato, avesse sposato in successione ben sette fratelli dopo la morte di ogni precedente marito. «La donna dunque» chiedono gl'interlocutori, noti per non credere alla resurrezione, «nella resurrezione di chi sarà moglie?» Rispondendo, Gesù proietta la sessualità sull'orizzonte dell'escatologia: «I figli di questo mondo» dice «prendono moglie e prendono marito; ma quelli che sono giudicati degni dell'altro mondo e della resurrezione dai morti non prendono moglie né marito; e nemmeno possono più morire, perché sono uguali agli angeli e, essendo figli della resurrezione, sono figli di Dio» (*Lc* 20,27-36).

La sessualità agisce nella realtà del mondo, il giudizio che ne diamo, però, esprime la verità ultima, quella della vita eterna. Negli esseri umani l'autentico modello di unione fra anima e corpo è la verginità. Lì si rispecchia la futura comunione fra uomini e angeli, evocata nelle parole di Gesù.

Difatti oggi daremmo una spiegazione diversa del gesto radicale di evirarsi, uno dei più gravi (più ancora del suicidio) che un uomo, nel senso di vir, *possa compiere. Lei ha ragione, è impossibile interpretare cose del genere con la sensibilità attuale. Sono però sicuro che il dottor Freud una sua spiegazione l'avrebbe data.*

Lei fa riferimento a una possibile interpretazione psicoanalitica, che lascio volentieri al dottor Sigmund Freud, anzi, ancora meglio, al dottor Carl Gustav Jung, molto attento ai fenomeni e alle dinamiche religiose nella sua analisi del profondo. La verità è che non bisogna mai dimenticare il contesto da cui quei gesti e quelle parole ci sono pervenuti, se non si vuole perdere la possibilità di capirne il senso. Le racconto un episodio illuminante. Nel 1951, Marie-Louise von Franz, una delle migliori allieve di Jung, ha pubblicato un saggio sull'interpretazione dei sogni e delle visioni contenute in un capolavoro della letteratura martirologica, la già citata *Passione di Perpetua e Felicita*. I sogni venivano sottoposti all'analisi della scuola junghiana con risultati indubbiamente interessanti. Mancava però un elemento: la valutazione del genere letterario di quella *Passio*, che nel prologo viene presentata come uno strumento di edificazione ecclesiale di importanza pari, se non superiore, alla rivelazione biblica.

In pagine memorabili pubblicate nel 1975, Eugenio Corsini, docente di letteratura cristiana antica, ha dimostrato che per decifrare davvero sogni e visioni è indispensabile analizzare la comunità cristiana dalla quale il testo proviene. Per usare una metafora tratta proprio dall'esperienza psicoanalitica, sul lettino dell'analista non si deve distendere una donna pur straordinaria come Perpetua, ma un testo letterario che, nel trasmettere quei sogni e quelle visioni, ha di mira, ripeto, l'edificazione della Chiesa.

La mia sensazione a proposito delle «visioni» è che la loro importanza non sia tanto nel contenuto quanto nell'intensità emotiva provata dal soggetto interessato, spesso donne; dal punto di vista dottrinario immagino che queste esperienze abbiano minore importanza.

Anche qui andrei cauto. Quella che lei chiama «intensità emotiva» può certo essere esaminata sotto il profilo psicologico, ma ancora una volta bisogna prima di tutto considerare il contesto storico. Prendiamo, per esempio, il *Martirio di Carpo, Papilo e Agatonice*, ambientato a Pergamo, sulla costa egea dell'Anatolia. Mentre i carnefici, dopo aver inchiodato Carpo a un palo, accendono il rogo che lo brucerà, costui sorride. Gli astanti, stupiti, chiedono cosa mai lo spinga a ridere: «Ho veduto la gloria del Signore» risponde il martire «e mi sono rallegrato e, nel contempo, mi sono sentito lontano da voi e non più partecipe dei vostri mali». Assiste alla scena anche una donna, Agatonice che, narra il *Martirio*, «aveva negli occhi quella gloria del Signore che Carpo diceva di vedere», ragione per cui, «intuito trattarsi di una chiamata al cielo, tosto levò la voce: "Questo cibo mi è stato imbandito dinnanzi! Debbo avere anch'io la mia parte a questa mensa gloriosa!" ... E, spogliatasi delle vesti, si distese esultante sul legno».

Alcuni storici hanno sostenuto che ci troviamo di fronte a una «crisi d'isteria», forse addirittura a uno «stato di alienazione», cioè a una pazza. Anche se questa diagnosi l'avesse fatta uno psichiatra, non è lecito interpretare psicologicamente un evento riportato da un testo martirologico. L'esclamazione della martire riprende la celebre parabola evangelica già ricordata, nella quale gli invitati rifiutano l'invito a un grande banchetto. Ciò di cui in realtà si parla non è una cena terrena, bensì la mensa escatologica del regno. Agatonice, che si distende sulla pira per essere divorata dalle fiamme, richiama il valore dell'eucaristia, prefigurazione del banchetto celeste, cui si arriva tramite il martirio. Certo, questo richiamo viene espresso attraverso un peculiare carattere emozionale, che temo tuttavia sfugga alla nostra capacità di indagine. Ma, in ogni caso, non parlerei proprio di crisi d'isteria o stato di alienazione! Il testo parla a dei cristiani e utilizza il linguaggio cifrato della simbologia biblica.

C'è poi un altro tipo di visioni, che si intensificano con il passare dei secoli. Ne sono protagoniste soprattutto donne, che sembrano divorate da un amore ardentissimo per Gesù. Durante le loro estasi invocano il Signore con accenti nei quali la spiritualità appare spesso confusa agli ardori e alle pulsioni della carne. L'estasi mistica sembra sconfinare nella sensualità.

L'estasi mistica coinvolge tutti i sensi, proprio perché annulla la volontà per dare spazio alla possessione divina. Estasi (*ekstasis* in greco) significa, infatti, «stare fuori di sé», per cui il soggetto cade in deliquio, in un turbamento molto simile a quello dell'orgasmo. Basta guardare la statua di Teresa d'Ávila scolpita dal Bernini, che lei citava prima. Per questo le autorità ecclesiastiche si sono tenute in posizione molto prudente, quando non ostile, nei confronti dei mistici: Teresa d'Avila è stata in ogni modo contrastata, Giovanni della Croce addirittura incarcerato, tanto per fare due sublimi esempi del misticismo spagnolo del tardo Cinquecento. C'è poi un aspetto della mistica, meno conosciuto, che assume un carattere corale, ed è quello della danza. Nell'atrio del convento carmelitano di cui Teresa fu superiora, ad Avila, campeggiava un ritratto di Filone di Alessandria con accanto un cembalo, lo strumento che in tutto il Mediterraneo ha sempre accompagnato le danze coribantiche, a cominciare da quella delle donne ebree dopo l'attraversamento del Mar Rosso che abbiamo citato.

Ancora nella seconda metà del XIX secolo, il canonico veneziano Augusto M. Molina, ricordando il suo ingresso giovanile nell'ordine dei carmelitani scalzi, racconta come fosse rimasto affascinato «da tutti quei movimenti e contorsioni del corpo che accompagnano la salmodia divina presso i monaci» i quali, «quando udivano il suono della campanella che li chiamava alle lodi divine, dicevano: "Andiamo a ballare"». Fin dalle origini del cristianesimo, canto e danza rappresentano l'iniziazione di un itinerario mistico che ha per meta la coreusi angelica: in paradiso, infatti, come emerge anche da numerosissime rappresentazioni iconografiche tra Medioevo ed Età moderna, beati e angeli insieme intrecciano una danza in cerchio intorno all'Altissimo, espressione dell'armonia celeste.

La tendenza visionaria che stiamo inseguendo prosegue nel corso del tempo; è possibile estenderla fino ai nostri giorni, portarla alle visioni della nostra era: Fatima, Lourdes, Medjugorje?

C'è indubbiamente una storia ulteriore, basta pensare alle profezie di Gioacchino da Fiore. I movimenti carismatici e profetici tendono a dare alle parole ascoltate durante una visione il senso di una rivelazione, il che ha costituito un importante problema dottrinale sollevando la domanda se la rivelazione dovesse o no considerarsi conclusa dopo il periodo iniziale della nuova religione. Come si può capire, si tratta di un tema di non poco peso nell'esperienza della fede.

Capisco trattarsi di una questione non facile se la si osserva dall'interno della fede. La mia impressione di cronista, però, è che nelle più recenti esperienze visionarie il contenuto propriamente di fede sia scarso. I segreti di Fatima, per fare uno degli esempi più noti, si sono rivelati ben poca cosa. Il messaggio di altre apparizioni è ancora più banale, evanescente.

Si tratta di visioni che non solo non aggiungono nulla, ma che di per sé non hanno nulla di religioso. Una delle veggenti di Medjugorje ha affermato che la Madonna, nel profluvio torrentizio delle apparizioni, le ha rivelato che non bisogna né fumare né bere, facendo così scadere la rivelazione più o meno al livello della Pubblicità Progresso. Emerge un vissuto di notevole conformismo visivo molto influenzato dai media. Sono fenomeni che vanno indagati, come per fortuna accade, a livello di antropologia, di psicologia collettiva. Non metto in discussione la buona fede dei visionari, il contenuto delle apparizioni però non ha assolutamente nulla di religioso.

X

«TU ES PETRUS...»

Nel preambolo di questo libro ho scritto che Gesù non ha mai detto di voler fondare una nuova religione che avrebbe dovuto chiamarsi cristianesimo. L'affermazione resta impegnativa anche se, da almeno un secolo a questa parte, è condivisa dalla larga maggioranza degli studiosi. Qualche parola di spiegazione comunque s'impone in apertura di un capitolo dedicato al perfezionamento del messaggio cristiano, soprattutto alla sua diffusione anche al di fuori delle cerchie ebraiche originali.

Uno dei passi evangelici che danno legittimità all'intenzione di Gesù di fondare una religione per l'intero genere umano è quello, assai citato, di Marco 16,15-16. A parlare è Gesù risorto il quale si esprime così: «Disse loro "Andate in tutto il mondo e predicate il vangelo a ogni creatura. Chi crederà e sarà battezzato sarà salvo, ma chi non crederà sarà condannato"». L'intenzione sembra chiara e fa da corredo all'altra frase in Matteo 16,18 dal significato altrettanto esplicito: «E io ti dico: tu sei Pietro e su questa pietra edificherò la mia Chiesa».

Le cose, però, non stanno esattamente come sembrano e vale la pena di esaminarle più da vicino anche perché, a parte ogni questione di fede, ci si addentra in una ricerca assai appassionante come sono spesso quelle di natura filologica.

Il Vangelo di Marco, sulla base degli studi più recenti, viene unanimemente considerato il più antico. Possono essere confluiti in quel testo anche diversi materiali preesistenti, ma non c'è dubbio (per gli esperti) che sia Luca sia Matteo attingano da Marco. Come si chiude il Vangelo di Marco? Si chiude con una scena bellissima, movimentata, rotta sul finale dal fulgore di una luce celeste. Ecco il testo, che segue immediatamente quello citato più sopra (*Mc* 16, 17-20):

«E questi saranno i segni che accompagneranno quelli che credono: nel mio nome scacceranno i demoni, parleranno lingue nuove, prenderanno in mano i serpenti e se berranno qualche veleno, non recherà loro danno; imporranno le mani ai malati e questi guariranno.» Il signore Gesù, dopo aver parlato con loro, fu assunto in cielo e sedette alla destra di Dio. Allora essi partirono e predicarono dappertutto, mentre il Signore operava insieme con loro e confermava la parola con i prodigi che l'accompagnavano.

Prescindo da ogni considerazione sulla straordinarietà di tali consegne, Gesù dà ai discepoli poteri di taumaturghi, guaritori, esorcisti e quasi maghi, mettendoli in grado perfino di bere il veleno senza subirne danno. Il problema è che nella versione originale le parole appena citate non chiudevano il Vangelo di Marco. Si tratta, infatti, di versetti aggiunti in un secondo tempo, quasi certamente nei primi decenni del II secolo, essendo andato perduto il vero finale. Come si concluderebbe il Vangelo di Marco senza questa appendice? Si chiuderebbe con la scena delle due donne che vanno al sepolcro di Gesù e, con sgomento, lo trovano vuoto. Ecco il testo (*Mc* 16,5-8):

Entrando nel sepolcro, videro un giovane, seduto sulla destra, vestito d'una veste bianca, ed ebbero paura. Ma egli disse loro: «Non abbiate paura! Voi cercate Gesù Nazareno, il crocifisso. È risorto, non è qui. Ecco il luogo dove l'avevano deposto. Ora andate, dite ai suoi discepoli e a Pietro che egli vi precede in Galilea. Là lo vedrete, come vi ha detto». Ed esse, uscite, fuggirono via dal sepolcro, perché erano piene di timore e di spavento. E non dissero niente a nessuno perché avevano paura.

Come vedremo in questo capitolo, la chiusa monca del testo poneva rilevanti problemi teologici e d'interpretazione. Le due donne, andate al sepolcro per compiere un atto di pietà, trovano, invece del cadavere, un angelo o forse Gesù stesso seduto sul bordo della tomba. Ne rimangono atterrite. L'apparizione dice loro di comunicare il messaggio, ma esse, in evidente stato di shock, fuggono terrorizzate e non dicono niente a nessuno. Come era già accaduto nell'orto di Getsemani, quando a fuggire erano stati i discepoli, anche qui c'è, dopo l'annuncio, una fuga precipitosa. La chiusa di Marco omette del tutto (e questo è il punto per quanto riguarda il tema di cui ci occupiamo) l'invito del Signore di andare e predicare a tutte le genti; omette altresì l'investitura taumaturgica ed esorcistica. E addirittura rende inverosimile che il prodigio della resurrezione sia stato comunicato a qualcuno. Una conclusione che ben presto venne giudicata, come in effetti era, inaccettabile, anche perché contraddiceva troppo apertamente le numerose apparizioni di Gesù risorto narrate negli altri vangeli. Da qui l'aggiunta posticcia di un nuovo finale.

E per quanto riguarda l'altra celebre frase: «Tu sei Pietro...»? Anche in questo caso l'interpretazione degli studiosi differisce profondamente da quella suggerita dalla vulgata corrente nonché dal giudizio comune. In che senso e con quali conseguenze è ciò che il professor Cacitti spiega in questo capitolo.

Stiamo cercando di ricostruire la formazione di un canone e il sorgere della Chiesa come istituzione. Un'ampia corrente di studiosi sostiene che Gesù non ha mai detto di voler fondare una nuova religione, cioè il cristianesimo. Come si spiega allora la famosa frase così spesso ripetuta: «Tu sei Pietro e su questa pietra edificherò la mia Chiesa»?

Condivido la tesi che Gesù non avesse alcuna intenzione di fondare una Chiesa, tanto meno una religione diversa dal giudaismo da lui professato. Infatti, l'emergere di una dimensione ecclesiale comincia a vedersi solo nelle lettere di Paolo, che però, attenzione, si riferiscono in sostanza al modo in cui il credente è congiunto a Cristo. La dottrina ecclesiale di Paolo è mistica, la Chiesa è il corpo mistico di Cristo. Il problema è il passaggio da questa dimensione mistica a una dimensione che potremmo definire «istituzionale». *Ekklesia* vuol dire semplicemente «assemblea» di coloro che sono stati convocati, ma quei «convocati» condividono soprattutto il momento fondamentale dell'attesa. Anche in Luca del resto, che è il più vicino, teologicamente, a Paolo, la Chiesa nasce come comunità della vigilia, un'assemblea che aspetta l'arrivo imminente dell'ultimo giorno, il giudizio finale.

Ripeto allora la domanda: come spiegare la famosa frase: «Tu es Petrus...» *con ciò che segue?*

Si tratta del famoso «comma matteano» che ha una funzione precisa: segnalare la preminenza di Pietro sulle altre componenti delle comunità cristiane primitive. Aggiungo, però, due osservazioni: la prima è che Gesù afferma di voler edificare su Pietro la *sua* Chiesa, che dunque, come si legge nella Prima lettera ai Corinzi, non è né di Paolo né di Apollo né di Cefa (oggi diremmo: non è né del papa né di Lutero né di Calvino, eccetera), ma è di Gesù Cristo: «Cristo è stato forse diviso?» argomenta l'apostolo. «Forse Paolo è stato crocifisso per voi, o è nel nome di Paolo che siete stati battezzati?» (1,12-13). La seconda osservazione riguarda il concetto stesso di Chiesa che queste parole del Signore delineano. «Chiesa» riprende il termine semitico (tradotto in greco, come si è detto, con *ekklesia*) che significa, nell'Antico Testamento, «assemblea». Tanto in Isaia (4,3) quanto nei circoli giudaici esseni, indicava coloro che alla fine di tutto, nel giorno del giudizio, potranno scampare all'ira di Dio. Gesù riprende la terminologia per designare una comunità messianica, che sarà ammessa nel regno.

Senza voler ulteriormente approfondire, mi pare comunque evidente che la Chiesa edificata su Pietro è una realtà escatologica, non istituzionale. Istituzionale lo diverrà in seguito, nel momento in cui il primato di Pietro si riterrà esteso al suo successore in Roma; ma questa è un'altra storia.

Ciò che afferma è una sua autorevole opinione personale o si tratta di una tesi condivisa anche da altri studiosi?

La connotazione escatologica della Chiesa emerge a tutto tondo nella sezione liturgica della *Didachè*, l'antico testo paleocristiano cui abbiamo già fatto riferimento. Nella preghiera eucaristica, infatti, essa viene identificata come il compimento del regno messianico dove verranno radunati tutti i dispersi. La linea interpretativa giunge dai profeti (Isaia, Geremia, Ezechiele) sino a Matteo. Questi afferma che, nella parusia, il Figlio dell'uomo «manderà gli angeli e riunirà i suoi eletti dai quattro venti, dall'estremità della terra fino all'estremità del cielo». A conclusione della supplica per la Chiesa, nella *Didachè* troviamo l'espressione aramaica *maranatha*, che corrisponde all'apocalittico «Vieni, o Signore». Giova allora ricordare che Luca, negli Atti, fissa la nascita della Chiesa proprio «negli ultimi giorni», autorevolmente confermando la vocazione escatologica, non istituzionale, di quell'assemblea.

Le rivolgo una domanda esplicita: vede o non vede legittimità nella cosiddetta successione petrina in Roma? In parole povere, sul fatto che il papa sarebbe il successore di Pietro?

La successione apostolica – vale a dire la dottrina per cui il deposito della fede si trasmette da Cristo agli apostoli e da questi ai vescovi – è, appunto, una dottrina elaborata nel II secolo. In quanto tale, concerne le dinamiche interne a una confessione religiosa. Lo storico può solo notare che anche Antiochia rivendica la stessa successione petrina e che, fino al V secolo, i grandi centri della produzione teologica sono in prevalenza orientali: Antiochia, Alessandria, Edessa, la Cappadocia, Costantinopoli, Gerusalemme.

In Occidente, la figura più significativa, Agostino, è vescovo di Ippona, in Africa del Nord. A Milano, Ambrogio ha statura ben più alta di quella del coevo vescovo di Roma, il che dipende certo dalle sue grandi qualità, ma anche dal prestigio di Milano, capitale dell'Impero occidentale. Del resto, bisogna pure ricordare che quel Gesù che dichiara di voler edificare la sua Chiesa su Pietro, qualche versetto dopo lo apostrofa con l'epiteto di Satana, e che l'apostolo, durante le concitate fasi dell'arresto al Getsemani, tradisce per ben tre volte il Signore, salvo poi piangere di pentimento.

Da ciò che dice capisco quanto difficile debba essere l'analisi delle Scritture fatta prescindendo dalla fede, cioè con i soli criteri della filologia come si fa per un qualunque testo antico. Mi faccio però una domanda che le sottopongo: com'è possibile fondare una ricerca di tipo storico su testi così lontani?

Ci aiuta la grande stagione di ricerca scientifica che va sotto il nome della «storia delle forme», nota soprattutto attraverso l'opera di Rudolf Bultmann. La storia delle forme è il tentativo di scomporre in unità semplici l'insieme della struttura evangelica. Così facendo, si riesce spesso a vedere in che modo i materiali con i quali i vangeli sono stati costruiti riflettano le esigenze delle prime comunità. Queste comunità cominciano a vivere in ambiente giudaico e quindi hanno rapporti col giudaismo, ma vivono anche in un contesto greco-romano, cosa di cui pure devono tener conto. Inoltre, celebrano un culto, devono trasmettere un insegnamento e intanto assicurarsi la sopravvivenza e stabilire un ordine al loro interno: sono queste le necessità più urgenti. Le parole e le azioni di Gesù vengono utilizzate per rispondere a tali bisogni, che dunque costituiscono il «contesto vitale» entro cui i vangeli vanno letti e interpretati.

Un'altra frase sulla quale si basa l'opinione che sia stato Gesù a volere la fondazione di una religione è quella, anch'essa famosa, che egli rivolge ai discepoli: «Andate e predicate a tutte le genti». Parole che sono in contrasto con quelle ripetute in più occasioni: «Sono venuto a predicare solo alle pecore smarrite della casa d'Israele». Di fronte a un'evidente contraddizione si è obiettato che queste ultime esprimevano la prima fase della sua missione, missione che, in una fase successiva, Gesù avrebbe esteso a tutto il mondo, fondando appunto una religione.

Come già accennato, il vangelo più antico è quello di Marco, dal quale attingono tanto Matteo quanto Luca. Esaminandolo, ci si rende conto che i versetti finali, dove appunto si parla della missione universale degli apostoli (16,9-20), sono un'aggiunta posteriore. Il testo originariamente si chiudeva in maniera sconcertante, nel momento in cui le donne, scoperta la tomba vuota di Gesù, si spaventano e fuggono. «E non dissero niente a nessuno» terminava la narrazione, «avevano paura infatti.» Che il testo sia mutilo lo provano sia la singolarità della congiunzione «infatti» a chiusura della frase, sia l'assurdità delle donne che fuggono terrorizzate: sono le uniche testimoni della tomba vuota, e fuggendo impediscono che la resurrezione possa essere annunciata. Per integrare la parte di testo che era andata perduta, si confezionò, per così dire, un secondo finale prendendo a modello gli altri due vangeli. Paradossalmente Marco, che era il vangelo più antico fra i sinottici, è così diventato, nel finale, il più recente.

Su quale base voi storici potete motivare una ricostruzione del genere?

Per ciascuno di quei dodici versetti è possibile ritrovare il corrispettivo in Matteo, Luca, Giovanni, e anche nell'epistolario paolino. Si è messo insieme un piccolo rattoppo di stoffa biblica per coprire il buco nel testo di Marco.

L'integrazione è databile a dopo il 70? Il 70 è l'anno tragico in cui i romani distruggono Gerusalemme, spogliano il secondo Tempio asportandone gli arredi sacri compresa la Menorah, il candelabro a sette bracci. È l'anno della dispersione del popolo ebraico.

È possibile, anzi è plausibile, che la spinta a farsi missionari e andare a predicare per il mondo sia stata originata proprio dalla guerra giudaica, quando anche i cristiani di Palestina (lo scrive Eusebio di Cesarea) abbandonano Gerusalemme e riparano a Pella, nell'attuale Giordania, segnando così il primo strappo con il giudaismo. Del resto, in quegli anni si era già esaurita la predicazione di Paolo, in sostanza rivolta ai non ebrei. Personalmente, ritengo che Gesù non intendesse affidare una missione universale agli apostoli, da cui si congeda, in un celebre discorso, esortandoli a non andare fra i pagani e a non entrare nelle città dei samaritani, ma a rivolgersi piuttosto «alle pecore perdute della casa d'Israele» (*Mt* 10,6). Una missione breve, fra l'altro, nella quale si doveva predicare l'imminenza del regno (cioè della fine di tutto), centrata sulla taumaturgia e sull'esorcismo, che avrebbe potuto suscitare forti incomprensioni: «Quando vi perseguiteranno in una città, fuggite in un'altra; in verità vi dico: non avrete finito di percorrere le città di Israele, prima che venga il Figlio dell'uomo» (*Mt* 10,23).

Ricollegandomi a quanto lei prima ha detto sulle donne che trovano vuota la tomba di Gesù, non crede che bisognerebbe capire meglio che senso abbia questa «resurrezione»? In genere la si intende come il vero tornare alla vita di un cadavere, un uomo torturato e ucciso sulla croce che torna fisicamente a respirare e a vivere.

Nessuno dei quattro vangeli canonici descrive la resurrezione, la quale è dedotta solo dall'assenza del corpo nel sepolcro. Narra Luca che alle donne che sono entrate, perplesse, nella tomba, trovandola vuota, appaiono due uomini in vesti sfolgoranti, che così le apostrofano: «Perché cercate fra i morti colui che è vivo? Non è qui, è resuscitato» (24,5-6). Credo che abbia ragione chi intende la resurrezione come la fede che Gesù non è fra i morti, ma si trova fra i viventi. Per esprimere questa verità si parla di resurrezione. È evidente che, per la nostra sensibilità, un morto che risorge – nel senso fisico dell'espressione – crea parecchie difficoltà. Non ne crea, invece, la fiducia che non bisogna cercare Gesù nel regno dei morti, poiché egli è nel regno dei vivi, è vivente.

A favore di una effettiva «resurrezione», nel senso letterale del termine, ci sono però determinati episodi. Gesù viene visto in più luoghi, da più persone, in località diverse: in Giudea, in Galilea. Agisce, parla, si fa mettere il dito di un incredulo Tommaso nella piaga del costato, compie cioè una serie di atti che, se dobbiamo stare ai testi, ne certificano una concreta esistenza in vita, fino al momento culminante dell'ascensione al cielo in corpo e anima.

Esaminando gli elementi che segnano la resurrezione, credo che bisognerebbe partire dal racconto di Luca sui due discepoli di Emmaus (24,13 sgg.). Mentre costoro stanno parlando di ciò che è accaduto a Gerusalemme vengono affiancati da Gesù, che chiede ragguagli su quanto stanno dicendo. I due, che non lo riconoscono, si stupiscono esclamando: «Tu solo sei così forestiero in Gerusalemme da non sapere ciò che vi è accaduto in questi giorni?»; dopo di che gli raccontano gli eventi della Pasqua appena trascorsa. Gesù, allora, li rimprovera per non aver prestato fede alla parola dei profeti, che preannunziava la passione di Cristo, e «cominciando da Mosè e da tutti i profeti, spiegò loro in tutte le Scritture ciò che si riferiva a lui». Essendo l'imbrunire, i due discepoli invitano lo sconosciuto a fermarsi con loro. A tavola, Gesù prende il pane, lo benedice e lo spezza offrendolo ai due commensali, che finalmente in quel gesto lo riconoscono. Nello stesso istante, però, Gesù «sparì dalla loro vista».

La visione mi sembra molto utile per comprendere gli eventi dopo la resurrezione, i quali attestano semplicemente che il Signore è presente nelle sue comunità. Nel caso che abbiamo appena esaminato, il riconoscimento avviene in forza di due elementi. In primo luogo, c'è l'interpretazione delle Scritture: «non ci ardeva forse il cuore nel petto» commentano attoniti i due discepoli «quando ci spiegava le Scritture?». In secondo luogo, il gesto dello spezzare il pane. Nella proclamazione della Parola e nella celebrazione della liturgia, Cristo si rende effettivamente riconoscibile, tanto da farsi vedere e toccare, da mangiare un pesce arrostito davanti ai discepoli spaventati che pensavano di vedere un fantasma. Ma la realtà di questa presenza, ancora una volta, scaturisce dall'intelligenza delle Scritture, si colloca cioè in una dimensione di fede.

Ciò che lei afferma contraddice il canone, la fede, il dogma accertato e proclamato da parte della religione cristiana e in particolare cattolica. Ovviamente, però, capisco che uno storico parli sulla base delle sue evidenze e ignori il resto.

Le racconto un aneddoto. Quando ero studente all'università Cattolica, avevamo un manuale introduttivo alla teologia nel quale si affrontava anche il problema della resurrezione. Ricordo, anche se in modo vaghissimo, che vi si parlava di un secchio pieno di lumache, ma non so assolutamente più che cosa c'entrasse con la resurrezione di Gesù. Rammento però con nettezza l'impostazione positivista del ragionamento in base al quale si poteva suffragare la resurrezione con elementi razionali. Era una vecchissima impostazione apologetica, che si sperava francamente scomparsa dall'orizzonte della ricerca. Temo, invece, che in tempi come gli attuali potremmo avere la sorpresa di ritrovarcela da qualche parte. Lo storico indaga questi elementi con i propri parametri. Ciò non esclude che ci siano altre rispettabili prospettive, certamente non scientifiche.

*Lei ha accennato all'anno 135 (seconda caduta di Gerusalemme) come momento in cui l'*Ecclesia *comincia a diventare, da assemblea di fedeli, istituzione. Attraverso quali passaggi avvenne questa trasformazione?*

Nel Nuovo Testamento si trovano indicazioni preziose sul modo in cui era organizzata la vita nelle prime comunità. A Gerusalemme, più volte citata, c'erano per esempio le «tre colonne» e un'assemblea di anziani; già questo ci consente di farci un'idea di come funzionava il gruppo. Molto diversa, invece, la struttura delle comunità fondate da Paolo. L'apostolo è fra i primi a dar vita a Chiese lungo la costa occidentale dell'Anatolia e poi in Grecia. La sua organizzazione è più duttile, in sostanza si regge su una triade composta dagli apostoli, dai profeti e dai dottori, anche se a ciascun credente è affidato un compito, a seconda dei doni (i «carismi») che ha ricevuto dallo Spirito. Basta leggere la Prima lettera ai Corinzi per rendersi conto della vivacità di quelle comunità, spesso travagliate da forti tensioni ed esposte a molti rischi.

Un'organizzazione di questo tipo permetteva una migliore suddivisione dei compiti, minori attriti, dava vita a un organismo più efficiente?

Al contrario, in queste comunità si dovettero creare subito parecchi problemi. Per esempio, uno dei carismi meno controllabili era la glossolalia, ovvero il dono di comunicare con gli angeli, di parlarne la lingua e, come abbiamo già ricordato, di ottenerne delle rivelazioni. Ma la lingua degli angeli è incomprensibile agli estranei, quindi è necessario un interprete. Paolo polemizza contro l'eccessiva diffusione di questo carisma; non lo ripudia certo, però vuole disciplinarlo. Dedicherà buona parte della vita a regolamentare all'interno delle sue comunità i carismi, cioè i doni dello Spirito che sono tali, per l'apostolo, soltanto nella misura in cui concorrono solidali all'edificazione della Chiesa.

Gli attriti sicuramente ci furono, anche perché non era facile stabilire compiti e responsabilità all'interno delle comunità. Mi lasci tuttavia osservare come la sua domanda presupponga una struttura ecclesiale più simile a quella odierna che a quella neotestamentaria, che è senza dubbio più fluida e articolata.

Finora abbiamo parlato prevalentemente di Paolo e, per i testi, dei tre vangeli sinottici che, ricordo, sono Marco, Luca, Matteo. Esistevano anche delle comunità di obbedienza giovannea?

Prima di tutto ricordo che a Giovanni vengono attribuiti cinque scritti: un vangelo, tre lettere e l'Apocalisse. Per ciò che sappiamo, le comunità giovannee erano formate da anziani (presbiteri) i quali avevano ricevuto, oltre a quella generalmente condivisa, una rivelazione particolare (esoterica), fondamento della prestigiosa tradizione teologica che, dall'Asia, giunge fino in Occidente. Si tratta di un cristianesimo arcaico. La celebrazione della Pasqua, per esempio, veniva effettuata nel quattordicesimo giorno del mese di *Nisan*, in concomitanza, dunque, con la vigilia della celebrazione ebraica e in opposizione alla prassi romana della Pasqua domenicale. Non è solo una questione di calendario, è un modo radicalmente diverso d'intendere la festività. In Occidente, sulla scorta di Paolo, i cristiani intendevano la Pasqua come il passaggio di Cristo dalla morte alla vita. Per i cristiani d'Asia, chiamati «quartodecimani» (appunto da quel giorno del mese), la Pasqua non è un «passaggio» nel senso indicato dal termine ebraico *Pesach*. È invece *paschein*, passione e sofferenza, quella della vittima sacrificale di Esodo.

Non si tratta, quindi, di indicazioni solo dottrinali, anzi tali diversità produssero importanti conseguenze sul modo d'intendere la presenza cristiana, i rapporti con la società, la cultura, le istituzioni del tempo. Non a caso, questa nuova forma di annuncio evangelico soppianta velocemente anche la precedente predicazione di Paolo, tanto che nel prologo dell'Apocalisse, la prima delle sette lettere viene indirizzata all'angelo della Chiesa di Efeso, dove Paolo aveva cominciato a predicare, ma dove di lui non restava più traccia.

Dunque, il cristianesimo comincia nei primi decenni del II secolo il suo lungo cammino. Assumerà via via i suoi connotati, selezionerà i suoi testi di riferimento, fisserà i suoi dogmi. Alcuni di questi elementi sono però subito visibili. Per esempio, il culto dei morti. La visita delle catacombe, a Roma, è molto impressionante non solo per la commovente intensità dei luoghi, ma proprio per il segno evidente della forza di tale culto.

Alcuni studiosi di preistoria sostengono che uno dei primi segni della civiltà umana è rintracciabile proprio nella cura dei morti. L'uomo diventa cioè soggetto di cultura e di civiltà nel momento in cui si cura anche della sorte dei defunti. Fra le prime prestazioni del cristianesimo troviamo appunto, e qui rubo la parola ad Agostino, la «*cura pro mortuis gerenda*», la necessità di avere cura dei morti. La più antica iconografia cristiana è quella delle catacombe, i cimiteri in cui venivano tumulati i fratelli defunti. Il repertorio, soprattutto romano, è assai ricco. Più ancora che di un culto dei morti, parlerei proprio dell'inserimento dei morti nella prospettiva escatologica della fede cristiana.

Prospettiva escatologica: torna ancora una volta il leit-motiv delle cose ultime, che lei richiama continuamente. Si tratta però di un tema che, in seguito, è stato quasi abbandonato dalla religiosità, dalla ritualità cristiane. O sbaglio?

Questo fondamentale argomento era riassunto inizialmente nel motto «Risorgerete», uno dei temi iconografici più diffusi nelle catacombe che, non le sembri troppo strano, tira in ballo il libro di Giona, uno dei più brevi dell'Antico Testamento.

Nel libro si narra la vicenda di questo profeta che Dio vuole inviare a Ninive, dove Giona, però, non ha alcuna voglia di andare. Fugge allora su una nave che viene investita da una tempesta e subito capisce che la causa di tanto sconquasso è proprio lui. Chiede allora ai compagni di buttarlo in mare per salvare l'imbarcazione. In acqua viene divorato da un grosso pesce, nel cui ventre resta per tre giorni e tre notti, al termine dei quali l'animale lo rigetta sulla riva ed egli può finalmente riposare sotto una pianta di *qiqajon*, su cui torneremo fra breve. Gesù stesso, nella sua predicazione, utilizza Giona come l'unico «segno» di anticipazione della sua passione che è disposto a concedere a una «generazione perversa e adultera». L'intera esegesi cristiana primitiva adotta poi questa tipologia. Ebbene, sa qual è il motivo di questo ciclo più spesso raffigurato nelle pitture delle catacombe e sui sarcofagi? Il riposo.

Che strano. Sembrerebbe il passaggio meno drammatico, quindi meno significativo, a confronto con le tante peripezie del povero Giona. Perché proprio il riposo?

La ragione, ancora una volta, è teologica. Mi segua: il profeta ingoiato dal mostro e poi restituito alla terra può far pensare alla passione di Gesù. Tre giorni nel ventre della balena (come comunemente si dice), tre giorni nel sepolcro. Allora, perché il riposo? Presso le comunità giovannee di cui stavamo parlando il riposo è strettamente legato al sabato biblico, il famoso settimo giorno in cui Yahvè si riposa dalla fatica della creazione. Il giorno di riposo, secondo l'Apocalisse, dà significato al giudizio finale. Come Dio si concede il riposo nel settimo giorno, così, alla fine, vi dovrà essere un riposo anche per chi ha superato le tribolazioni e la fatica di vivere cristianamente. Ma agli occhi di Dio, dice il Salmo, mille anni sono come un giorno, per cui anche il sabato del riposo diventa un intero millennio, quello del regno storico di Cristo.

Riassumendo: se Yahvè ha creato il mondo in sei giorni, e il settimo si è riposato, dal momento che un giorno di Dio vale mille anni, il mondo durerà seimila anni. L'ultimo millennio, quello del regno di Cristo, sarà il luogo del riposo per chi lo ha meritato. Ecco perché l'iconografia funebre paleocristiana insiste tanto su Giona/Cristo dormiente: il parallelo suggerisce la speranza per ogni credente – ma anzitutto per il martire – di ottenere in premio la cittadinanza del regno, il millennio del riposo.

È una bellissima storia con un'interpretazione molto ingegnosa e che durò a lungo. Lo dimostra, fra l'altro, il fatto che Michelangelo, nell'affrescare il soffitto della Sistina, ha dato a Giona, al mostro, all'albero sotto il quale trova riposo, uno spazio più grande degli altri, e ha posto la figura di Giona proprio sopra l'altare.

La raffigurazione che Michelangelo dà di Giona potrebbe significare quanto questa lettura della sua storia sia rimasta centrale non solo agli inizi del cristianesimo ma anche dopo. È vero che il mistero pasquale è nella morte e nella resurrezione, ma è altrettanto vero che fra la morte e la resurrezione c'è il tempo del silenzio, in cui Cristo scende agli inferi per liberare le anime che vi sono racchiuse. Quelle dei patriarchi, dei profeti, dei giusti, ma anche tutte le altre. Come vede, è una prospettiva di salvezza molto diversa da quella di Paolo, che concentra tutto sulla resurrezione. Se ci si concentra sulla resurrezione, tale prospettiva riguarda solo chi crede in quell'evento. E che ne sarà allora delle generazioni venute prima? E di quelli nati altrove? Questa prospettiva di redenzione è più ampia di quella paolina e credo che Michelangelo abbia saputo rappresentarla.

Ma allora torna quell'annuncio a tutti gli esseri umani, e non solo agli ebrei, che il resto della predicazione di Gesù farebbe invece escludere. Come d'altra parte lei stesso ha confermato.

La sua obiezione non coglie il nocciolo del problema. Quello che si apre su un orizzonte universale non è il messaggio *di Gesù*, ma il messaggio *sul Cristo*. La predicazione di Gesù si rivolge alla «casa d'Israele». La predicazione apostolica, viceversa, spalanca porte e finestre di quella casa, per raggiungere il mondo intero. In un importante testo paleocristiano che abbiamo già citato, *Il Pastore di Erma*, Gesù scende agli inferi accompagnato dagli apostoli, segno evidente, mi pare, che l'apostolicità della Chiesa, vale a dire la sua presenza nel tempo, abbraccia per intero la storia, anche quella che c'è stata prima di Cristo.

Il profano, cioè io, ha l'impressione che, allontanandosi dal giudaismo iniziale, la nuova religione abbia reso meno stringenti molte regole di comportamento. Il comandamento che nella versione cristiana suona «Non nominare il nome di Dio invano», nell'originale versione giudaica è più restrittivo: proibisce non di nominare Dio invano, ma semplicemente di nominarlo. Lo stesso si può dire delle prescrizioni alimentari, rigidissime nell'ebraismo, più blande e oggi quasi dimenticate nel cristianesimo. Idem per ciò che riguarda il culto delle immagini, vietato nell'ebraismo, adottato, fino all'abuso, nel cristianesimo.

Uno dei capolavori dello scrittore contemporaneo Chaim Potok, Il dono di Asher Lev, *narra di un ebreo osservante che, a dispetto della sua cultura di origine, diventa un pittore di fama internazionale e soffre nel profondo questa contraddizione. Nella storia d'Israele, una delle proteste più clamorose contro Ponzio Pilato si ebbe quando l'improvvido procuratore tentò di introdurre nel Tempio i medaglioni con le immagini dell'imperatore. La ribellione fu tale da costringerlo a rinunciare. Nel cristianesimo, invece, il culto delle immagini è arrivato fino all'idolatria delle statuine di gesso colorato.*

Verissimo che nel culto giudaico c'è questa forte propensione all'intransigenza, con regole precise anche sul divieto di riprodurre immagini. Però, come spesso succede, la norma ha numerose eccezioni. Negli anni Trenta del Novecento gli scavi archeologici portarono alla luce, a Doura Europos, sul confine orientale dell'impero, un fortilizio militare, risalente al III secolo. Tra le rovine fu rinvenuta anche la sinagoga, che doveva evidentemente servire ai soldati giudei della guarnigione: era tutta affrescata e, fra le coloratissime immagini, s'impone lo splendido ciclo della visione delle ossa inaridite del profeta Ezechiele. È evidente che i soldati di osservanza giudaica, a dispetto di ogni proibizione, sentirono il bisogno di far eseguire queste raffigurazioni.

Ritrarre delle figure è però cosa diversa dal culto delle immagini, che in alcune manifestazioni del cattolicesimo sembra raggiungere una vera idolatria, accompagnata da scene di fanatismo, flagellazioni a sangue, isterismi.

Naturalmente. Le immagini, tanto nel tardo giudaismo, quanto nel primitivo cristianesimo, non sono oggetto di culto, sono piuttosto una sorta di *Biblia pauperum*. Gran parte degli adepti della nuova fede erano, come la maggioranza della popolazione, analfabeti. Sentivano però la necessità di apprendere una catechesi per essere iniziati alla nuova religione. Ciò era compito dei maestri, i rabbini presso i giudei, i vescovi nelle comunità cristiane. In quel contesto l'immagine rappresentava un aiuto straordinario per capire e interiorizzare i principi della fede.

Tornando a Giona e alle sue disavventure, lei ha ricordato poche pagine più indietro come, dopo essere fortunosamente arrivato a terra rigettato dal mostro marino, il profeta trovi riposo. Dove lo trova questo riposo?

All'ombra di un pergolato. Il termine ebraico che lo indica è *qiqajon*. L'antichità cristiana aveva sempre interpretato e raffigurato la pianta della pergola come una zucca, una cucurbita. Infatti, nell'iconografia di Giona sotto il pergolato compaiono sempre dei frutti che somigliano a zucche. A un certo punto, però, Gerolamo, grande conoscitore di lingue, traducendo il libro di Giona, ritenne più corretto interpretare il termine semitico non con «zucca», ma con «edera». Un vescovo d'Africa, durante un'omelia, adottò questa nuova traduzione. Il popolo dei fedeli lo interruppe subito e lo fece scendere dal pulpito, dicendogli in sostanza che era opportuno ritornare al vecchio significato. Può essere sorprendente per noi che un intero popolo si adombri con il suo vescovo che ha osato sostituire l'edera alla zucca.

Infatti è sorprendente. E come andò a finire?

Finì che il vescovo tornò in fretta sui suoi passi perché evidentemente teneva alla cattedra. L'episodio serve a far capire quale valenza avesse l'iconografia. La zucca veniva infatti utilizzata per la rappresentazione del tempo escatologico, e in particolare del regno millenario. Farla diventare un'edera significava modificare anche il contenuto teologico. Al di là delle contaminazioni con il culto pagano di Bacco, l'edera non aveva, infatti, alcuna accezione escatologica. Tutte quelle immagini, insomma, non erano solo decorative. L'arte paleocristiana prende a prestito dal repertorio classico temi e figure, ma introducendoli in un nuovo contesto fa cambiare loro di segno. Giona dormiente sotto il pergolato richiama indubbiamente Endimione, il mitico pastore amato da Selene, la Luna, che lo fece dormire di un sonno eterno per preservarlo dalla vecchiaia; il significato, però, è del tutto diverso perché il contesto è diventato cristiano. Anche così si costruisce una religione.

XI

NEL SEGNO DI COSTANTINO

In questo capitolo, dedicato a Costantino, si tocca il cuore della storia che stiamo cercando di raccontare. Con quell'imperatore, politico notevole, dotato di grande capacità di sintesi e di considerevole intuito, la nuova fede, che si dice ispirata all'insegnamento di Gesù, assume connotati destinati a non cambiare più.

Il cristianesimo, fino a quel momento perseguitato o quanto meno malamente tollerato, diventa quasi di colpo *religio licita*, ossia un culto ammesso nei territori soggetti a Roma. Anche se la decisione è presa ufficialmente dalla coppia di «Augusti» Costantino e Licinio (vedremo subito che cosa ciò voglia dire), in realtà è lui, Costantino, il protagonista della vicenda. Del suo collega Licinio, infatti, si sbarazzerà dopo dieci anni così come, in pratica, se n'è sbarazzata la storia. Con la sua decisione Costantino si dimostrò imperatore capace di vedere lontano, soprattutto in grado d'intuire che quella nuova fede, così tenacemente praticata, che si stava diffondendo in ogni classe sociale, poteva essere utilizzata come uno strumento di governo, rimpiazzando i vecchi culti ormai inefficaci ai fini pubblici.

L'epoca gloriosa della repubblica, di Augusto e dei primi imperatori, quando il culto degli dei tradizionali suscitava nello stesso tempo la pietà dei fedeli e l'orgoglio dei *boni cives*, era ormai tramontata. Quel geniale meccanismo era stato per secoli uno dei punti di forza della città, una religione nello stesso tempo sacra e civile, capace di legare strettamente il cielo alla terra. L'intuizione di Costantino fu che il nuovo culto, i cui fedeli si dicevano seguaci di un profeta ebreo morto tre secoli prima su un patibolo romano in terra d'Israele, poteva diventare un efficace sostituto delle divinità tradizionali nei cui confronti solo il popolo minuto nutriva ormai una residua fiducia.

Per quali ragioni e con quali conseguenze l'imperatore adottò quella decisione è ciò che viene narrato nelle prossime pagine. Vorrei, però, prima di dare inizio a questa parte del colloquio, premettere un paio di elementi che mi paiono utili. Il primo è la citazione di un brano dal fondamentale saggio dello storico inglese Edward Gibbon *Declino e caduta dell'Impero romano*. Più precisamente, si tratta della pagina in cui Gibbon fa della decisione di Costantino una delle cause di quella rovinosa caduta. Il secondo elemento è un breve riassunto della situazione politica dell'impero negli anni in cui Costantino arrivò al trono. Scrive dunque Gibbon (capitolo XV):

> Poiché il grande fine della religione è la felicità di una vita *futura* non ci sorprende né ci scandalizza apprendere che l'introduzione, o quanto meno l'abuso, del cristianesimo ebbe una certa influenza sulla decadenza e sulla caduta dell'Impero romano. Il clero predicava con successo la pazienza e la pusillanimità. Venivano scoraggiate le virtù attive della società, e gli ultimi resti di spirito militare finirono sepolti nel chiostro. Una parte consistente delle ricchezze pubbliche e private fu consacrata alle esigenze della carità e della devozione, e la paga dei soldati fu sperperata per inutili moltitudini di entrambi i sessi che potevano vantare soltanto i meriti dell'astinenza e della carità. Fede, zelo, curiosità e passioni più terrene quali la malvagità e l'ambizione accesero la fiamma del dissenso teologico: la Chiesa e perfino lo Stato furono sconvolti dalle fazioni religiose, i cui conflitti erano a volte sanguinosi e sempre implacabili; l'attenzione degli imperatori andò dagli accampamenti ai sinodi; il mondo romano fu oppresso da una nuova specie di tirannia, e le sette perseguitate diventarono i nemici segreti del paese...

Poco più sotto, nello stesso capitolo, lo studioso aggiunge un'osservazione che in certo modo addolcisce questo durissimo giudizio:

> L'influenza pura e genuina del cristianesimo si può ritrovare negli effetti benefici seppure imperfetti esercitati sui barbari proseliti del Nord. Se la decadenza dell'Impero romano fu affrettata dalla conversione di Costantino, la sua religione vittoriosa attenuò la violenza della caduta e addolcì l'indole crudele dei conquistatori.

Vengo al secondo punto. Per cercare di capire la linea politica di Costantino, compreso il suo atteggiamento verso il cristianesimo, bisogna avere almeno sommariamente presente la situazione dell'Impero romano all'inizio del IV secolo. Si può cominciare dall'imperatore Diocleziano (284-305). La più importante delle sue riforme, o quanto meno quella che più interessa la vicenda di cui ci stiamo occupando, fu la suddivisione del potere imperiale.

La necessità di cambiare il sistema di successione al trono era stata resa evidente dai cinquanta terribili anni di anarchia militare intercorsi tra la morte di Alessandro (235), ultimo dei Severi, e l'ascesa al trono dello stesso Diocleziano. In questo periodo si erano velocemente alternati una serie di imperatori, mentre andavano aggravandosi i problemi ai confini, e la situazione interna appariva in continuo peggioramento: stagnazione economica, cris- agricola, terremoti, pestilenze. Un mezzo secolo spaventoso.

Diocleziano, grande imperatore, aveva operato una restaurazione autoritaria, a partire dall'organizzazione del supremo meccanismo di comando, per il quale aveva escogitato una tetrarchia, termine di origine greca che significa «governo dei quattro». Il vertice dell'impero sarebbe stato formato da due imperatori che avrebbero preso il nome di «Augusti» e da due reggenti che sarebbero stati chiamati «Cesari». Egli stesso associò al trono, come secondo Augusto, Massimiano, un valente ufficiale. I due Augusti avevano competenze territoriali distinte, Massimiano l'Occidente, Diocleziano l'Oriente. Ognuno dei due era responsabile della difesa delle frontiere e della vigilanza contro gli attentati, che oggi diremmo, «alla costituzione». Qualche anno più tardi, nel 293, di fronte a una situazione ancora confusa, il meccanismo venne perfezionato estendendo il comando ai due «Cesari»: Galerio per l'Oriente (come Diocleziano); Costanzo Cloro per l'Occidente (come Massimiano). L'impero, già diviso in due, risultò in pratica ripartito in quattro parti.

Miracolosamente, la tetrarchia sembrò funzionare e per la prima volta dopo decenni l'impero parve avere riacquistato una sua stabilità. Restava però da verificarne la solidità nel momento più delicato: la successione. E al momento della successione il sistema andò in pezzi. Nel maggio 305 Diocleziano e Massimiano abdicarono cosicché i rispettivi «Cesari» passarono al ruolo di «Augusti». Entrambi designarono i propri successori: Galerio scelse Massimino; Costanzo Cloro, Flavio Valerio Severo. L'anno seguente (306) Costanzo Cloro morì; a rigore avrebbe dovuto succedergli il suo «Cesare», ossia Severo. Invece, l'esercito nominò «Augusto» Costantino, suo figlio illegittimo. Passò qualche mese e i pretoriani proclamarono imperatore Massenzio, figlio di Massimiano, abolendo di fatto l'organizzazione della tetrarchia e ripristinando il principio dinastico. In realtà, la situazione successoria fu assai più complessa e a un certo punto vi furono tutti insieme al potere (o quanto meno lo reclamarono) ben quattro «Augusti», diversamente alleati gli uni contro gli altri.

La situazione spinse a uno scontro decisivo Costantino e Massenzio, che si affrontarono nei pressi del ponte Milvio, alle porte di Roma, il 28 ottobre 312. I pronostici della vigilia favorivano Massenzio, le cui truppe erano meglio equipaggiate e che godeva, fra l'altro, dell'appoggio dell'aristocrazia senatoria. Come poi andarono le cose molti sanno e comunque ne parleremo fra poco con il professor Cacitti. Alla fine di questi scontri rimasero in gioco due «Augusti»: Costantino, che aveva sconfitto Massenzio, per l'Occidente e Licinio per l'Oriente.

È ora necessario fare un passo indietro per ricordare che, tra le riforme promosse da Diocleziano, c'era stata anche una restaurazione religiosa, che lo aveva costretto ad affrontare il problema del cristianesimo. L'imperatore aveva seguito in questo la linea dei suoi predecessori, cioè una dura repressione. Fu proprio Diocleziano a dare inizio, il 23 febbraio 303, a quella che viene giustamente considerata una delle più violente persecuzioni anticristiane.

Fino alla metà del III secolo, gli atti ostili nei confronti dei cristiani possono considerarsi assimilabili più o meno ai pogrom contro gli ebrei dell'età moderna. Si trattava cioè di esplosioni locali di odio accompagnate da sopraffazioni e violenze. Con Decio, imperatore dal 249 al 251, le persecuzioni vengono invece promulgate direttamente dal potere centrale.

Infatti, quando il fenomeno cristiano assume dimensioni tali da preoccupare il governo, i provvedimenti vengono emanati per editto, obbligando così tutti i funzionari dell'impero ad applicarli. Con Diocleziano l'esecuzione di queste leggi divenne particolarmente rigorosa.

Esistono testimonianze sul sistematico accanimento con cui le norme imperiali vennero messe in atto sia in Oriente sia in Occidente. Con una finzione giuridica di notevole ipocrisia, si evitava in genere di perseguitare direttamente i fedeli del nuovo culto; per esempio, si indicevano cerimonie pubbliche di lealismo politico che comprendevano un sacrificio all'imperatore. I cristiani rigorosi, che non potevano adempiervi, venivano accusati di tradimento. Era, ancora una volta, l'applicazione della logica romana, che mescolava alla sacralità religiosa aspetti patriottici e civili: non veneri gli dei, dunque sei un nemico dell'impero e dell'imperatore. I supplizi erano orribili. Uno dei più praticati era recidere il tendine della gamba destra e abbacinare l'occhio sinistro sfiorandolo con una lama portata al calor bianco. Moltissimi persero la vita, oltre che la vista, fra strazi orrendi, ed Eusebio di Cesarea in una sua famosa opera, *I martiri di Palestina,* elenca un atroce catalogo delle sevizie applicate. Il diritto penale romano infatti, a differenza di quello greco, poteva toccare punte di particolare sadismo. Basti pensare al supplizio della croce.

È in questo complesso quadro politico, militare ed economico che bisogna inquadrare la decisione di Costantino a proposito del cristianesimo.

Nella vicenda che precede l'arrivo di Costantino sul trono, uno dei momenti cruciali è la celebre battaglia di ponte Milvio contro Massenzio. A dispetto delle previsioni per lui infauste, Costantino vince avendo ricevuto, secondo la leggenda, un decisivo aiuto divino. Una scritta apparsa in cielo o un sogno premonitore lo invitano a mettere il suo esercito sotto la protezione della croce con la garanzia che «Hoc signo victor eris», *sotto questa insegna risulterai vincitore.*

Le cose non andarono esattamente così. Del sogno o visione di Costantino esistono due versioni. Io privilegerei quella di prima mano che ci dà Lattanzio, precettore del primogenito di Costantino. Egli racconta che, di notte, comparve in cielo una lettera «X» inclinata di 90 gradi, con l'apice piegato su se stesso. Un segno molto simile a una «T» sormontata da una piccola «O». Sotto correva la scritta «*Hoc signo victor eris*». Costantino fa subito apporre sugli scudi dei soldati il *signum*, affronta Massenzio, si assicura la vittoria. Per lui quello è un simbolo cristiano. La verità è che quel segno non ha nulla di cristiano. Ne dobbiamo dedurre con ogni evidenza che, fra i suoi consiglieri, qualcuno lo ha orientato in quella direzione.

Lei ha descritto esattamente il simbolo che figura sulla copertina del nostro libro. Costantino era un uomo politico, dunque abituato a pensare concretamente. Però era anche un uomo del suo tempo, quindi prigioniero della superstizione. Quale aspetto prevalse?

Nella religione romana, il divino comunica sempre attraverso portenti e miracoli. I romani erano molto attenti a ogni segno che si presentasse loro dinnanzi: vedevano un presagio in molti fenomeni e oggetti naturali, dalle pietre al volo degli uccelli, avevano giorni fausti e giorni infausti, consideravano i fulmini segni dell'ira celeste e via dicendo. Quindi non c'è da stupirsi se anche per Costantino la divinità comunica con l'abituale «alfabeto» del sacro. A questo punto, però, la divinità è cristiana, o almeno così viene interpretata. Ma Costantino era soprattutto un politico, preoccupato per il destino dell'impero. Figlio ed erede dell'Augusto Costanzo Cloro, aveva visto fallire da una posizione di primo piano il progetto di restaurazione religiosa di Diocleziano. La mia ipotesi è che egli abbia fatto un ragionamento elementare: poiché la religione è indispensabile per continuare a mantenere l'impero, proviamo a vedere se questa nuova divinità cristiana funziona meglio di quelle vecchie.

Dunque non si sarebbe trattato di una conversione nel senso religioso comunemente attribuito a questa parola, frutto cioè di una riflessione mistica, di un sentimento d'amore o di vicinanza a un nuovo e più convincente Iddio. Si potrebbe dire che Costantino anticipi il comportamento di Enrico IV di Francia, ugonotto, che passò ai cattolicesimo con le celebri parole: «Parigi [cioè il potere] val bene una messa».

Gli atti compiuti da Costantino dopo la conquista del trono e l'eliminazione del collega e rivale rendono inverosimile l'ipotesi d'una conversione nel senso tradizionale del termine. L'imperatore non cambia in nulla la prospettiva politica attraverso la quale il potere ha sempre recepito e concepito la religione. È atterrito dall'idea che la divinità neghi il favore elargito fino a quel momento all'Impero romano. Quindi dispone affinché i chierici cattolici siano sollevati da qualsiasi impegno così che possano adempiere al loro culto. È appunto il provvedimento acutamente rilevato dallo stesso Gibbon, da lei citato in apertura di capitolo.

Se si segue la corrispondenza fra Costantino e le autorità romane in Africa, emerge con chiarezza non un nuovo atteggiamento verso la religione, ma il mantenimento dei consueti principi religiosi, applicati però a un'altra divinità. Nel gennaio 313, quando Costantino è ormai signore di tutto l'Occidente, deve fare i conti con Licinio, suo omologo per l'Oriente. Nessuno dei due dispone di una forza tale che assicuri l'eliminazione del rivale. Quindi, come sempre accade in questi casi, essi sottoscrivono un trattato, in attesa d'avere mezzi sufficienti per lo scontro definitivo. Nel corso delle discussioni preliminari si affrontano i problemi legati alla sicurezza dello Stato; fra questi, il principale argomento è il cristianesimo. Il cosiddetto «editto di Milano» nasce così.

È il famoso editto di Milano, conosciuto anche come «editto della tolleranza», con il quale la nuova fede cristiana viene dichiarata religio licita.

Esattamente. L'editto dice che, nel valutare i problemi della sicurezza dello Stato, si è deciso di dare anche ai cristiani libertà di culto. Non c'è nessun riconoscimento di religione ufficiale. I due imperatori si augurano che la *summa divinitas* possa concedere, com'è stato in passato, il suo favore all'impero, all'armata, alla casa imperiale, ai loro successori. Il Dio dei cristiani non viene mai nominato né Costantino mai lo nominerà. Si ripete esattamente ciò che aveva decretato Augusto al momento della riforma religiosa del 17 a.C. Non è cambiato niente, o meglio, a cambiare sarà il cristianesimo, che nel giro di sessanta-settant'anni diventerà sostanzialmente una religione di Stato.

Se capisco bene, la grandezza di Costantino fu, in quella come in altre occasioni, la lungimiranza. Egli intuisce che, in un'epoca di crisi, il cristianesimo può assolvere il ruolo che ha avuto la religione classica. Tanto è vero che lui stesso si farà battezzare, anche se solo in punto di morte.

Per quanto mi riguarda ritengo che Costantino non si sia mai convertito al cristianesimo, e pure il battesimo sul letto di morte mi sembra un dettaglio non particolarmente significativo. La dottrina penitenziale, come abbiamo detto, portava a credere che i peccati commessi dopo il battesimo non venissero perdonati. Moltissimi fedeli rimandavano fino all'estremo la somministrazione del sacramento, per garantirsi la salvezza. Quello che, viceversa, appare decisivo è che Costantino sia riuscito, nel corso di pochissimo tempo, a far assumere al cristianesimo lo stesso ruolo civile in precedenza assolto dalla *religio*. Se posso esprimermi in maniera sinteticamente provocatoria, direi che non è stato Costantino a convertirsi al cristianesimo, quanto il cristianesimo a convertirsi a Costantino.

Costantino era di sicuro un uomo politico abile quanto moralmente discutibile. Arrivò addirittura a commettere atroci delitti in famiglia, fece uccidere la sua prima moglie...

A quanto si può ricavare dalle fonti, l'imperatore fece uccidere la moglie e il primogenito Crispo perché sospettati d'incesto, anche se le ragioni più profonde dovettero essere di carattere politico. Nonostante questo, la Chiesa bizantina onora Costantino come un santo; anche in Occidente sorgono chiese a lui dedicate non soltanto nelle regioni meridionali italiane, che sono rimaste a lungo nell'orbita costantinopolitana. Nel XVI secolo, per esempio, in Sudtirolo un feudatario locale, ricco e potente ma desideroso di nobilitare il suo casato, non solo acquistò, pagandoli profumatamente, titoli principeschi a Roma, ma fece erigere anche una chiesa a Costantino, che evidentemente considerava il santo eponimo del suo potere. La figura più affascinante della famiglia, quanto meno dal punto di vista romanzesco, resta comunque quella di Elena, sua madre.

Una figura ampiamente leggendaria, dalla vita molto avventurosa, instancabile ricercatrice di reliquie. Elena proveniva da un'umile famiglia; a dire di Ambrogio, in gioventù era stata una stabularia, *aveva cioè più o meno gestito una locanda dotata di stalla per animali. Lì aveva conosciuto l'ufficiale romano Costanzo Cloro, futuro «Augusto», padre di Costantino, che l'aveva sposata nonostante la sua condizione sociale nettamente inferiore: un matrimonio che potremmo definire «morganatico». La vicenda di cui fu protagonista disegna comunque, al di là delle aggiunte leggendarie, una donna di forte temperamento e di notevole perspicacia.*

Le leggende sul conto di Elena nascono già nel IV secolo. Si raccontava che l'imperatrice fosse andata a Gerusalemme a cercare sul Golgota la croce di Cristo, trovandone ovviamente tre. Qual era quella di Cristo? Come in altri casi simili, è la capacità di risanare che fa la differenza. Tre infermi vengono fatti stendere sui tre legni, soltanto uno guarisce. Quella è, dunque, la vera croce di Gesù. La reliquia più preziosa del rinvenimento non è però la croce, ma i due chiodi in essa confitti. Elena li fa estrarre e dispone che vengano forgiati l'uno nell'elmo del figlio, l'altro nel morso del suo cavallo.

La simbologia è evidente. Il chiodo finito nel morso del cavallo sta a indicare che il delirio di onnipotenza dell'autocrate deve trovare un freno nell'imitazione di Cristo. L'altro, incorporato nell'elmo, sacralizza il potere militare, che deve essere esercitato in nome della croce. Secondo un'altra versione, questo stesso chiodo viene incastonato non nell'elmo, ma nel diadema dell'imperatore, a significare che il potere imperiale è esercitato in nome di Cristo. Nasce così la leggenda della cosiddetta «corona ferrea», conservata ancora oggi nel duomo di Monza, testimonianza della sopravvivenza, fino al Medioevo, di questa ideologia teocratica.

Il disegno autocratico è evidente, ma fa comunque impressione lo sfruttamento a fini di potere di leggende derivate dalla passione di

Gesù. Comincia a delinearsi un rapporto stretto fra potere ecclesiastico e potere civile che darà origine a infiniti lutti e crudeltà nel corso dei secoli.

Nella tradizione orientale Costantino è santo proprio perché iniziatore di un rapporto, diremmo oggi, fra Chiesa e Stato, fondamento della Chiesa bizantina. Al Kunsthistorischen Museum di Vienna si conserva un medaglione che lo ritrae con tutti i suoi simboli, mentre una mano che scende dal cielo, la mano di Dio, gli pone sul capo la corona, segno di un'investitura diretta da parte di Dio. Nella religione romana l'imperatore aveva un ruolo religioso, era *pontifex maximus*, e anche l'azione di Costantino si disse ispirata da Dio.

In quegli anni si elabora, nella fucina teologica di Eusebio di Cesarea, una dottrina che, in modo molto semplificato, possiamo riassumere così: Dio Padre nomina come luogotenente il Figlio, cioè il Logos, per governare le cose visibili della creazione. A sua volta, il Logos sceglie quale suo luogotenente l'imperatore romano che, a immagine (*eikon*) del Logos, deve dunque agire in modo tale che il suo principato consegua la somiglianza (*mimesis*) con il regno celeste. Faccia attenzione: i due termini utilizzati, *eikon* e *mimesis*, sono gli stessi che nella Bibbia (Genesi) vengono usati per definire il rapporto fra Dio e l'uomo, creato appunto a Sua «immagine e somiglianza». È questa autentica teologia politica che, sacralizzando il potere, fa assumere al cristianesimo una rilevanza secolare senza precedenti né confronti.

Se penso al messaggio di Gesù, a essere sincero, mi paiono elucubrazioni quasi blasfeme.

Non per chi le elaborò né per Costantino. Tanto è vero che il principe fece costruire, per raccogliere le sue spoglie mortali, un grandioso edificio. La pianta era circolare, lungo le pareti si sarebbero dovuti collocare dodici cenotafi, cioè tombe vuote, mentre al centro sarebbe stato posto il suo sarcofago. È evidente che il mausoleo intendeva esprimere anche architettonicamente la sostanziale identificazione fra l'imperatore e Cristo, suggellata dalla testimonianza dei dodici apostoli.

A parte un'evidente megalomania, del resto comune a molti uomini di potere, c'era anche un significato simbolico e politico in quel grandioso edificio funerario. Toccherà comunque a quest'uomo, che davvero sembra voler sfidare il cielo e la terra, la convocazione del primo vero concilio della nuova Chiesa cristiana.

Il punto è che proprio in quanto immagine vivente del Cristo, un non battezzato come Costantino poté convocare il concilio di Nicea e di fatto presiederlo. Esprimerà questa consapevolezza in una famosa lettera ai vescovi d'Oriente, dove si dichiara vescovo universale per i rapporti della Chiesa con il mondo. Su questa base, la politica imperiale divenne il nuovo modo di annunciare a tutti il vangelo.

Ma perché sente il bisogno di convocare addirittura un concilio? Quali ragioni politiche o religiose lo spinsero a un'impresa così impegnativa e anche rischiosa? Ogni assemblea di quel tipo può provocare divisioni, suscitare conflitti. Il risultato non è affatto garantito, a meno di non disporre di un controllo totale sulle persone che vi partecipano.

Ma il concilio di Nicea venne convocato (nel 325) proprio per rimediare al pericolo di una spaccatura. Il cristianesimo, crescendo, tendeva, come ogni altro movimento, a frazionarsi. Il primo problema religioso che l'imperatore aveva dovuto affrontare era stato il conflitto fra cattolici e donatisti in Africa. Per risolverlo Costantino aveva convocato, il 1° agosto 314, un concilio ad Arles. Temeva, con lungimiranza, che quella frattura potesse avere ripercussioni politiche gravi.

Più celebre, comunque, è il concilio celebrato appunto a Nicea, anche perché la successiva tradizione cristiana l'ha ritenuto il primo vero concilio ecumenico. Nel 324 Costantino, che avendo sconfitto Licinio è divenuto principe unico di tutto l'impero, scopre con preoccupazione una spaccatura all'interno delle Chiese orientali. Ad Alessandria d'Egitto, che rimaneva una delle metropoli cristiane di maggior prestigio, il vescovo Alessandro era entrato in conflitto con un suo presbitero di nome Ario che era, oggi diremmo, parroco di una importante chiesa al porto.

Il nome Ario richiama ovviamente la famosa eresia detta appunto «arianesimo». L'ortodossia nascente, la formazione del canone di cui abbiamo discusso nelle pagine precedenti producono per riflesso, come sempre accade, delle correnti di pensiero non in linea con quella maggioritaria. Su quale punto l'arianesimo si discostò dalla linea ortodossa?

La questione fu quella trinitaria. La trinità è composta dal Padre, dal Figlio e dallo Spirito, anche se, devo aggiungere, nei primi anni del IV secolo il dibattito sullo Spirito era tenuto un po' in sottordine. Il vero problema furono i rapporti fra il Padre e il Figlio. La tradizione ecclesiale affermava che il Padre aveva generato il Figlio. Sorse allora la domanda: se il Figlio è generato, gli manca uno dei predicati fondamentali di Dio, l'eternità? Per risolvere la questione si sarebbe dovuto ammettere quello che per il pensiero greco era un paradosso, cioè un Dio che eternamente genera, e un Figlio anch'egli generato *ab aeterno*. In tal caso, però, il Figlio non poteva considerarsi un dio a pieno titolo, piuttosto una divinità di secondo grado, subordinata al Padre. Già nel pensiero cristiano precedente, divergenti e oscillanti erano state le definizioni cristologiche, anche a causa di un linguaggio non ancora teoreticamente affinato. In sostanza, si sosteneva che il Logos esistesse sì da tutta l'eternità all'interno della divinità, ma fosse stato promanato dal Padre soltanto in vista della creazione: solo in quel momento il Figlio aveva dunque assunto una personalità distinta dal Padre, a cui solo però poteva essere attribuita l'assenza di inizio, l'eternità appunto. Il Figlio si costituiva invece, nel linguaggio teoretico del tempo, come «potenza» o «modalità» del Padre stesso, che restava quindi l'unico «monarca». Senza complicare ulteriormente questioni già tanto intricate, vorrei segnalare i tre elementi fondamentali che possono aiutare a capire la «crisi ariana»: 1) il peso della tradizione teologica giudaica, tenacemente intransigente nel rivendicare l'assoluta unicità di Dio, entro il quale non potevano essere operate distinzioni di persona; 2) l'influenza del pensiero platonico, tesa ad affermare l'unicità del principio divino; 3) i dissidi e i conflitti tra le grandi Chiese del tempo, avversarie sia per ragioni teologiche sia per ragioni di politica ecclesiastica.

Il vescovo Alessandro esilia Ario in Oriente, provocando una micidiale contrapposizione fra le Chiese. Comincia quella che è stata chiamata la «controversia delle lettere», cioè una fitta corrispondenza fra comunità ecclesiali, ricca di sottilissime riflessioni teologiche, dove ogni Chiesa motiva la sua posizione e confuta quella dell'avversario. A quel punto Alessandro capisce che la vittoria può essere conseguita non con le armi della dialettica, ma puntando sul *consensus Ecclesiae*, cioè richiamandosi al patrimonio di fede delle varie Chiese. Comincia così a lavorare per convocare un concilio. Per reazione, anche gli ariani e i loro sostenitori indicono una serie di adunanze e concili per difendere e sostenere la propria posizione. Costantino, già allarmato per il sostanziale fallimento del suo precedente tentativo di composizione del conflitto donatista, incarica uno dei suoi più autorevoli consiglieri, Ossio di Cordova, di mediare fra le due posizioni.

Ormai però è troppo tardi, per cui, rotti gl'indugi, l'imperatore convoca un concilio generale delle Chiese orientali, la cui sede, in un primo tempo individuata nella capitale stessa, Nicomedia, viene poi prudentemente spostata nella non lontana Nicea.

Volendo applicare a un concilio i criteri di un congresso di partito, sappiamo che alla fine Costantino riuscì a ottenere la maggioranza. Con quali strumenti o stratagemmi o procedure?

L'obiettivo dell'imperatore era ricondurre le varie fazioni a unità, poiché l'unità religiosa costituiva la premessa della sua politica. Il colpo di genio fu di gettare sul tavolo, dietro suggerimento dei vescovi suoi consiglieri, la carta vincente: Gesù Cristo venne definito *homoousios*, vale a dire della stessa sostanza, «consustanziale», al Padre, come ancora si recita nel *Credo*. Con l'aggettivo *homoousios* Costantino riuscì a ottenere quasi un plebiscito. Tranne Ario e due o tre vescovi, l'intero concilio, piuttosto affollato, approvò la sua proposta. Sappiamo però da Eusebio di Cesarea che, all'inizio, la maggioranza era più o meno dichiaratamente filoariana, per cui è legittimo chiedersi come abbia fatto l'imperatore a guadagnare quella quasi unanimità.

È proprio ciò che mi stavo chiedendo. Come ha fatto?

Grazie all'ambiguità di quell'*homoousios*. Consustanziale può infatti voler dire che il Figlio *è* della stessa sostanza del Padre, e questa era la posizione del vescovo Alessandro. Ma può anche significare che *ha* la stessa sostanza del Padre, cioè che partecipa sì di quella sostanza, ma in modo non esaustivo: semplificando molto, si potrebbe dire che il Figlio è una parte del Padre, ma non ne costituisce la totalità, e quindi si pone a un livello inferiore, è una sorta di Dio subordinato, di secondo grado. Come spesso accade di fronte a dissidi gravi, si cerca la soluzione con una terminologia ambigua, che tutti possono accettare perché ognuno la intende a modo suo. Indubbiamente, però, il risultato finale venne agevolato anche dall'ossequio verso l'imperatore.

Sto sempre pensando non alla teologia ma alla politica, in particolare alla prova di certi governi di coalizione. L'esperienza ci dice che soluzioni come queste si rivelano quasi sempre effimere. Prima o poi i nodi reali vengono al pettine e l'unanimità va in pezzi.

Non durò molto nemmeno allora. Pochi anni dopo si ebbe un rovesciamento di posizioni. Costantino esilia i vescovi che erano stati con lui a Nicea e ricolloca nelle loro sedi i vescovi filoariani che prima aveva esiliato. Il successore di Alessandro, Atanasio, che era stato la vera mente del concilio, venne esiliato per sei volte, sia da Costantino sia dai suoi successori. Tutto il IV secolo è attraversato da questa frattura, che si ricomporrà in qualche modo solo alcuni decenni dopo. Ciò conferma che Costantino non era molto interessato al profilo squisitamente religioso della controversia. In una lettera indirizzata ad Alessandro e ad Ario scrive che, in effetti, il tema della contesa si presenta come una «quisquilia», affrontabile e risolvibile con il semplice buon senso.

Forse intendeva «quisquilia» rispetto al vero problema religioso-politico che lo preoccupava, cioè l'unità e, con l'unità, una gestione meno difficile degli affari imperiali.

Infatti, in quella lettera dice anche che il suo intento era stato quello di perseguire l'unità religiosa con due strumenti:

l'occhio dell'intelligenza e il potere delle armi. Il suo intervento, comunque, non bastò a sanare la situazione, anche se si deve riconoscere che, rispetto alla brutale violenza con cui era intervenuto in Africa contro i donatisti, la sua azione nei confronti delle due fazioni in contrasto fu molto più moderata. Il mondo stava cambiando in fretta, e alla repressione armata si sostituivano le pressioni, le minacce, la corruzione.

Attuando questi innesti egli compì un'operazione intellettualmente ardua, saldando insieme due universi culturali molto dissimili.

Infatti, l'episodio fa capire bene quant'è stato difficile far rientrare il racconto biblico negli schemi concettuali della filosofia classica. Arnaldo Momigliano, molti anni fa, introducendo la raccolta di saggi *Il conflitto fra cristianesimo e paganesimo nel IV secolo*, ha usato una felice metafora scrivendo che si trattava d'inserire Adamo ed Eva in un mondo popolato da Deucalione e Pirra. Ovvero di rendere compatibili due mondi che fino a quel momento non avevano mai veramente comunicato.

La tendenza a interpretare le Scritture con gli strumenti del pensiero filosofico greco, che comincia ad affiorare a Nicea, esploderà poi nei concili successivi fino a tutto il V secolo. Nei testi che vi si producono la narrazione biblica passa in secondo piano, anzi col tempo scompare addirittura dall'orizzonte dogmatico. Già nel IV secolo, le controversie teologiche prendono spunto dal testo sacro, ma si avviluppano in intricate questioni terminologiche: il famoso vocabolo *homoousios*, tanto per fare un esempio, non appartiene affatto al linguaggio biblico. La Bibbia è un grande racconto storico, che si presta male a essere trattato in quel modo. Faccio un esempio con il celebre versetto che dice: «Io sono colui che sono» (*Es* 3,14). Su questa rivelazione ricevuta da Mosè si è costruita una prodigiosa architettura logico-concettuale influenzata dai dibattiti filosofici che si rifacevano a posizioni precedenti, dai presocratici ad Aristotele. Il testo biblico, invece, intende semplicemente affermare che Yahvè è colui che sarà presente sempre al fianco d'Israele, del suo popolo.

Mentre lei parlava della progressiva scomparsa della Bibbia, mi veniva in mente che uno dei punti sui quali sarà difficile avvicinare davvero ebraismo e cattolicesimo sta nel fatto che l'ortodossia ebraica rimprovera al cristianesimo di aver usato il libro sacro del popolo d'Israele, appunto la Bibbia, per dare una più robusta base teologica al Nuovo Testamento. La potremmo chiamare un'«appropriazione indebita».

È verissimo. Già nel capitolo 11 della Lettera ai Romani, Paolo, interrogandosi sulla natura del nuovo che sta nascendo nell'alveo dell'ebraismo, usa la metafora dell'innesto che si opera sul tronco di una pianta: il cristianesimo è come l'oleastro che viene innestato sull'antica e feconda pianta dell'ulivo: «Se è santa la radice, lo saranno anche i rami. Se però alcuni rami sono stati tagliati e tu, essendo oleastro, sei stato innestato al loro posto, diventando così partecipe della radice e della linfa dell'olivo, non menar tanto vanto contro i rami! Se ti vuoi proprio vantare, sappi che non sei tu che porti la radice, ma è la radice che porta te» (*Rm* 11,17-18).

Se si fosse meditato di più su questo capitolo paolino, che stabilisce il rapporto di dipendenza del cristianesimo dal giudaismo, forse certe tragedie avvenute fra cristiani ed ebrei non ci sarebbero state o forse i contrasti avrebbero potuto avere modalità e conseguenze meno nefaste. Prevalse invece, nella riflessione teologica e nella prassi ecclesiale, l'idea che la Chiesa avesse definitivamente sostituito la Sinagoga, per cui il cristianesimo si è autodefinito il *verus Israel*, togliendo così ogni autonomia alla religione da cui, per dirla con l'apostolo, suggeva la linfa.

Questo mi sembra un punto cruciale anche alla luce dell'insistita tentazione, manifestatasi sotto il pontificato di Ratzinger, di tornare ai tempi precedenti il concilio Vaticano II, intendo dire a un atteggiamento di negazione del rapporto di dipendenza del cristianesimo dall'ebraismo.

La tipologia di base, già ricordata, è che tutte le figure e gli eventi dell'Antico Testamento sono stati visti come anticipazione del Nuovo. Ciò che resta del loro originario e autonomo valore si riduce a quanto viene utilizzato nell'elaborazione teologica cristiana. Prendendo a prestito il termine da lei usato, potremmo appunto definire questo procedimento un'appropriazione indebita. Nell'opinione comune – compresa quella, per fortuna solo iniziale, di molti miei studenti! – prevale l'idea che l'Antico Testamento altro non sia che l'ombra del Nuovo. Un'altra e forse più subdola forma di ripudio della Bibbia ebraica è la cosiddetta *kenosis*, cioè lo svuotamento della potenzialità salvifica di quel testo. Già nel II secolo si sostiene che l'intera economia divina dispiegata nella Legge e nei profeti è stata svuotata di senso dall'avvento della Nuova Alleanza. Temo che, pur se discretamente nascoste, idee simili siano presenti anche nella teologia cristiana di oggi.

Torniamo a Costantino. Non so quanto sia appropriata la domanda che sto per farle. L'impressione che ricevo dal suo racconto è che Costantino, convocando il concilio di Nicea e indirizzandolo politicamente, in pratica si collochi in una posizione che in termini attuali potremmo definire pontificale, da papa.

La domanda è impropria per difetto. Costantino si fa più che papa, si fa luogotenente, vicario di Cristo. Eusebio di Cesarea, poco prima che l'imperatore muoia, scrive una vita di Costantino dove fra l'altro racconta la cerimonia con la quale si concluse il concilio di Nicea. L'imperatore aprì la sala del trono invitando tutti i vescovi a mensa. La sala doveva essere ricca di mosaici, di ori, abbagliante di luci, di un lusso sfacciato. E pensare che fra i padri conciliari alcuni portavano ancora impressi nella carne i segni della persecuzione di Diocleziano. In pochissimi anni erano passati dalle torture alla reggia. Uno di loro, Pafnuzio, quasi cieco perché gli avevano abbacinato un occhio, intravedendo confusamente quello sfarzo pensò di trovarsi già nel regno di Cristo sulla terra.

A parte gli ori e lo splendore delle luci, con quali altri elementi l'imperatore costruì questa illusione celeste?

Aveva disposto i vescovi lungo le quattro pareti della sala del trono, con al centro i triclini delle personalità più autorevoli. Cominciò quindi a servire personalmente gli ospiti a tavola. Nell'immaginario apocalittico, il premio promesso a chi aveva sofferto tribolazioni e subìto il martirio era spesso simboleggiato dal convito celeste, in cui Cristo stesso avrebbe dispensato cibo ai suoi ospiti. Del resto, è lo stesso Eusebio a suggerire che il gesto configura un'anticipazione del banchetto celeste, proprio perché l'imperatore era convinto di essere il vicario imperiale di Cristo.

Dunque, Costantino esce vincitore dal concilio di Nicea. È riuscito, almeno temporaneamente, a comporre il dissidio e a sanare una frattura pericolosa per la gestione politica dell'impero. Quale fu il suo atteggiamento successivo?

Oscillante, anche se cercò di mantenere una lcerta rotta. Per spiegarmi meglio devo richiamarmi al pensiero di Ario, il cui rigido monoteismo favoriva il disegno politico di Costantino, legittimando meglio l'autocrazia imperiale. Come c'è un solo Dio, così ci deve essere un unico imperatore, incaricato, per mediazione del Logos (il Figlio), di reggere le sorti del mondo. L'imperatore convoca i concili, dà direttive teologiche alle Chiese, nomina e depone i vescovi, esercita un potere che discende direttamente da Dio.

È una tematica che viene da lontano e che arriverà lontanissimo. Di monoteismo come «problema politico» si è parlato perfino quando Hitler prese il potere. Erik Peterson, scrittore e teologo tedesco, ne discusse con Carl Schmitt, giurista e filosofo politico, sostenitore ideologico del regime nazista, nel tentativo di togliere ogni legittimazione teologica all'ideologia dittatoriale. Del resto, allora i pochi vescovi che in Occidente erano rimasti ancorati all'ortodossia stabilita a Nicea avvertirono il pericolo di questa teocrazia imperiale. Penso soprattutto ad Ambrogio di Milano.

Ancora a proposito della consustanzialità stabilita a Nicea, una delle obiezioni mosse è che con quella trovata, geniale sul piano di governo, si incrinò il monoteismo ebraico, introducendo la complessa figura, razionalmente inspiegabile, che si chiama «trinità».

Uno dei fondamenti dell'ebraismo è l'unicità di Dio, la sua trascendenza, la sua asessualità. Come per l'islam, del resto: Dio è uno. Infatti, la teoria di Ario del Dio unico può essere letta, come si accennava sopra, anche come una reazione dei giudeo-cristiani all'innovazione della dottrina trinitaria. Devo anche aggiungere che nell'Antico Testamento non mancano figure che i cristiani hanno interpretato come anticipazioni profetiche del Figlio o dello Spirito. Questi testi entrarono di prepotenza nel dibattito teologico, acuendo i conflitti interecclesiali. Con il cristianesimo si avverte la necessità di una definizione più rigorosa, per cui Dio, il Padre, è inteso come generatore di un Figlio, il che è inaccettabile per il pensiero giudaico. Si racconta di un rabbino che, di fronte alla professione di fede di un cristiano, disse: «Scusi, ma il nostro Dio genera libri, non figli». La crisi provocata da Ario può essere letta in questo senso; la struttura trinitaria è sicuramente una delle cause che fanno nascere una religione diversa da quella ebraica.

XII

LA VOCAZIONE AL MARTIRIO

Il termine «martirio» viene dal greco *martyr*, che vuol dire testimone. Dunque, il martire è colui che dà testimonianza. Nei primi anni del cristianesimo si usava la parola per designare gli apostoli che avevano partecipato alla vita di Gesù e si dicevano convinti della sua resurrezione. In seguito il significato del termine venne esteso a chiunque avesse dato testimonianza della sua fede spingendosi al punto di sacrificare la vita. Il martirio attraverso lo spargimento del proprio sangue (*effusio sanguinis*) venne considerato il battesimo più autentico, purificatore di ogni peccato, capace di assicurare la santità. Anzi, il martire fu ritenuto, all'inizio, il santo per eccellenza, solo in un secondo tempo si definì «santo» anche chi poteva non essere stato un martire.

Come si mostra in questo capitolo, fra i fedeli che aspettavano con ansia, con impazienza, l'arrivo della fine di tutti i tempi, cioè il giorno del giudizio universale, il martirio era addirittura ricercato perché in grado di affrettare l'avvento del regno. Per questo era vissuto come il punto più alto che un vero fedele potesse desiderare per sé. La stessa morte, quasi sempre feroce, dilaniati dalle belve, bruciati o crocifissi, inflitta dall'autorità romana per le ragioni di politica religiosa che abbiamo visto nei capitoli precedenti, era ritenuta un mezzo per raggiungere più rapidamente il regno dei cieli precedendo chiunque altro avrebbe poi goduto dell'eterna giustizia divina.

Questa sconfinata fiducia fa capire perché i martiri si avviassero al supplizio con pacata serenità, non di rado addirittura cantando per esprimere la loro gioia in vista dell'imminente ricongiungimento col Padre. Come vedremo, ci fu chi scrisse che quella gioia era così ostentata da sembrare eccessiva, quasi teatrale.

Visto con ottica contemporanea, lo zelo dei martiri cristiani, che non si lasciava intimorire da nessun tormento, consente di tracciare un significativo confronto con ciò che accade oggi nel mondo islamico, in cui pure affiora un'ostentata ricerca del martirio, e la vita oltre la morte è giudicata la sola vera vita, ricolma di tutte le gioie (comprese quelle sessuali) che spesso l'esistenza vissuta fino a quel momento ha negato. In forza di tale convinzione, ragazzi ventenni si imbottiscono di esplosivo e vanno felici a seminare la morte fra i loro coetanei di fede diversa. Eusebio di Cesarea, più volte citato, parlando dei martiri della Tebaide, scrive nella sua *Storia ecclesiastica*:

> Fu allora che noi osservammo una meravigliosa brama e un vero potere divino e zelo in coloro che avevano posto la loro fede nel Cristo di Dio. Appena emessa la sentenza contro il primo, alcuni da una parte e altri da un'altra si precipitarono in tribunale davanti al giudice per confessarsi cristiani, non facendo attenzione quando erano posti davanti ai terrori e alle varie forme di tortura, ma senza paura e parlando con franchezza della religione del Dio dell'universo, e ricevendo la sentenza finale di morte con gioia, ilarità e contentezza, così che essi cantavano e innalzavano inni e ringraziamenti al Dio dell'universo, anche se giunti ormai all'ultimo respiro.

Le persecuzioni contro i cristiani, dunque la creazione di martiri, hanno attraversato varie fasi. Dal punto di vista storico le si fa iniziare con l'imperatore Nerone che, approfittando della pessima fama che questi fedeli avevano presso il popolo, addossò loro la colpa di aver appiccato il disastroso incendio di Roma del 64. Dopo alterne vicende, l'apice per estensione e per crudeltà si raggiunse però con l'imperatore Diocleziano, preoccupato dalla diffusione che la nuova religione aveva raggiunto e dal pericolo rappresentato dalla sua dottrina. Al contrario di tutte le altre divinità che a Roma per secoli erano state venerate, questo «Cresto» o «Cristo», oscuro profeta ebreo giustiziato quasi tre secoli prima in una lontana provincia, sembrava aver inculcato nei suoi seguaci una fede micidiale per la tenuta dello Stato. I suoi zelanti discepoli predicavano l'astensione dalle pubbliche cariche, il rifiuto del servizio militare, l'assoluta specialità del loro dio che vanificava ogni confronto con una qualunque altra divinità del generoso pantheon romano. E, soprattutto, impediva che questi fedeli facessero sacrifici a favore dell'imperatore, una disobbedienza che metteva a repentaglio la stessa sopravvivenza di Roma.

Diocleziano viene considerato un buon imperatore e non era un fanatico. Perché allora scelse nei confronti dei cristiani un atteggiamento severo fino alla crudeltà? Sicuramente ci furono alcuni episodi che lo sconvolsero. Per esempio, quando due magistrati rifiutarono di sacrificare agli dei come ringraziamento per la vittoria sui persiani: essendo diventati cristiani, potevano venerare solo il loro dio. Inoltre, alcuni consiglieri premettero fortemente perché l'imperatore togliesse di mezzo quei fanatici che, con la loro fede esclusiva, stavano minando la disciplina dell'esercito. A loro giudizio era arrivato il momento di attuare una «soluzione finale», tanto più che lo stesso oracolo di Apollo aveva manifestato la sua netta approvazione al progetto.

Il 23 febbraio 303, a Nicomedia, una folla in tumulto frammista a soldati in armi, alla cui testa si era messo lo stesso prefetto del pretorio, irruppe nel tempio cristiano, lo saccheggiò, distrusse i testi sacri, dette alle fiamme gli arredi. Il giorno dopo venne emanato un editto imperiale che ordinava la distruzione delle chiese cristiane, proibiva le riunioni degli adepti di quella setta sacrilega, escludeva dagli uffici pubblici i suoi fedeli. Un cristiano sorpreso a strappare l'editto venne subito arrestato e bruciato vivo sul posto.

Noi, che abbiamo conosciuto gli orrori del Novecento, riconosciamo in queste manifestazioni di furore, nelle leggi emanate *ad hoc* per eliminare gli avversari, i segni della ferocia esercitata al riparo di quelle che si pretendono come «buone ragioni». Possiamo considerare i pogrom contro i cristiani e le successive persecuzioni per editto imperiale una sorta di epitome di tutti i massacri che si sono succeduti nel corso dei secoli, sempre fatti nel nome di un qualche dio contro chiunque venisse considerato un «infedele» o un «eretico». È la stessa colpa di cui si macchieranno i cristiani non appena avranno forze sufficienti per fare altrettanto: il massacro degli albigesi nella Linguadoca del XIII secolo, la condanna al rogo del teologo boemo Jan Hus nel 1415, la strage degli ugonotti a Parigi nella notte di San Bartolomeo (24 agosto 1572), la condanna al rogo di Giordano Bruno, che in pratica aprì a Roma l'anno santo del 1600.

Particolarmente significativa la frase attribuita ad Arnaldo Amalric (1160-1225), arcivescovo, inquisitore e legato pontificio, che guidò l'assedio del 1209 contro la città di Béziers, nella cui popolazione i buoni cristiani si mescolavano agli eretici catari. A un comandante che gli chiedeva come avrebbe fatto a distinguere gli uni dagli altri, Amalric rispose con le celebri parole rimaste da allora stigma di ogni fanatismo esercitato nel nome di una qualche fede: «Uccideteli tutti, Dio riconoscerà i suoi».

Vari autori antichi, come abbiamo già accennato, ci informano che per parecchio tempo il cristianesimo venne considerato una superstizione pericolosa, un culto addirittura esecrando. Come si arrivò a superare un pregiudizio così negativo?

Le fonti principali cui lei si riferisce sono Plinio, Tacito e Svetonio. Per quanto da angolature diverse, i tre autori concordano nel definire il cristianesimo una *superstitio*, e la connotano con una sinistra aggettivazione. In genere si traduce *superstitio* con «superstizione», ma il termine italiano di uso corrente non esprime bene il significato che esso aveva nel mondo antico. Per tentare di capirlo, dobbiamo rifarci alla tradizione di Roma. Ogni volta che Tito Livio si accinge a narrare i momenti di più grave pericolo corsi dall'Urbe, nota come sistematicamente apparissero in città forme di *superstitio*. Si abbandonava, cioè, il culto degli dei civici, si organizzavano nuove forme di culto, spesso di recente importazione, caratterizzate da fenomeni profetici, magici, visionari, che venivano repressi dalle autorità. La *superstitio* configura, quindi, un universo di valori religiosi che si oppone al culto degli dei della patria.

Del resto, proprio questa era stata l'accusa con cui, ad Atene, era stato mandato a morte Socrate, imputato di onorare, su istigazione del proprio demone, dei estranei a quelli cittadini.

Il termine *superstitio*, andando da Livio all'oratoria di Cicerone e poi all'epoca imperiale, indica in sostanza ciò che si oppone alla *bona mens romana*, a un equilibrato rapporto fra l'uomo e la divinità.

Dunque, in pratica, questa accusa significa semplicemente che i cristiani sono estranei alla bona mens, *ai riti dello Stato, e per questo sono giudicati pericolosi.*

Si ricordi che, a giudizio di Plinio il Giovane, il *nomen* di cristiani è di per sé passibile di pena capitale. Quando si condannava un imputato a essere sbranato dalle fiere, era consuetudine farlo prima sfilare nel circo impugnando un'asta sormontata da una tavoletta su cui era scritto il reato commesso. Uno dei martiri di Lione recava un'insegna con questa semplice indicazione: «Attalo, il cristiano».

La superstitio *è un'accusa che attiene in primo luogo alla sfera religiosa, ma che prende subito un connotato politico e merita dunque pene severe. È l'accusa di* superstitio *che crea i martiri. I tormenti patiti da questi fedeli sono diventati nella tradizione cristiana uno stimolo alla fede. Si è detto:* «Semen est sanguis christianorum», *il sangue dei cristiani è semenza di nuovi cristiani.*

Il martirio è la risposta cristiana alla violenza di Stato. Nasce come testimonianza di alcuni fedeli che rifiutano di venire a patti con il potere politico e religioso dei «pagani». Pur di non abbandonare la fede, sono disposti a perdere la vita. Il martirio, esaminato storicamente, ha una funzione precisa: serve a elaborare una teologia basata sull'imitazione di Cristo. Come Cristo è stato perseguitato, così lo sarà il suo seguace. Ma c'è di più. Il martire è consapevole che con il suo sacrificio affretta la fine dei tempi; il martirio fa cadere il diaframma che separa la storia degli uomini dal regno di Dio. Entrando immediatamente nel regno di Dio, egli in qualche modo ne accelera l'avvento anche per gli altri. Se si leggono le testimonianze «pagane» sul cristianesimo, si vede quanto colpisse i romani questa attesa della fine, l'aperto disprezzo del mondo presente.

Fatta ogni dovuta distinzione, l'atteggiamento ricorda un po' quello degli attuali «martiri» dell'islam che si fanno saltare in aria certi di guadagnare in quel modo il loro paradiso ricco di tutte le gioie, comprese quelle sessuali, alle quali hanno dovuto rinunciare in vita.

Abbiamo una straordinaria testimonianza di Marco Aurelio, l'imperatore cosiddetto «filosofo», che risponde in parte alla domanda. Nei suoi *Ricordi*, quando considera il problema della separazione dell'anima dal corpo al momento della morte, scrive che è nobile avere un atteggiamento fiero nei confronti di questo passaggio fatale, purché esso non assomigli a quello esibito dai cristiani, perché il vero distacco dev'essere privo di teatralità. Se ne deduce che Marco Aurelio considerava teatrale il modo con cui spesso i cristiani affrontavano la morte. Se si leggono gli *Atti dei martiri*, la teatralità, fra le righe, trapela: i candidati al martirio erano consapevoli di trovarsi di fronte a una platea, su un palcoscenico dove stavano recitando, come dice Paolo, «le ultime battute», quelle che preannunziano la fine del mondo.

E sul possibile confronto fra martirio cristiano e martirio islamico, qual è la sua opinione? Pensa che sia legittimo tentarlo? Ci sono punti significativi di somiglianza?

Secondo l'opinione corrente il martirio cristiano presenta un carattere, per così dire, non violento, mentre quello islamico si manifesta come una prassi di terrorismo suicida. Scrive Marco Rizzi, docente di Letteratura cristiana antica e buon conoscitore del martirologio, che la distinzione «fra una violenza attiva, praticata in vista dell'instaurazione del regno di Dio, e una violenza passiva, subita nell'attesa di quello stesso regno, è meno decisiva di quello che potrebbe sembrare», poiché «il momento cruciale è quello in cui Dio ristabilirà la giustizia sulle cose di questo mondo». Cristiani e islamici sono accomunati nel martirio da una valutazione sull'ingiustizia demoniaca del mondo, che sarà riequilibrata nell'ultimo giorno.

Nel cristianesimo l'atteggiamento più diffuso è certo quello inerme, la *patientia* intesa come capacità di sopportare il presente in vista dei beni futuri. Nelle parole dei martiri, però, riecheggia spesso la minaccia di una condanna che sarà comminata nel giorno del giudizio.

La sua è un'ipotesi, sia pure ricavata dai testi, o ci sono eventi specifici che possono essere citati? In parole povere, questi concetti possono essere illustrati con qualche esempio?

Nella *Passione di Perpetua e Felicita*, cui ho già fatto riferimento, si narrano due episodi particolarmente significativi. Il giorno prima degli spettacoli in cui i condannati erano esposti alle fiere, veniva organizzata quella che si chiamava la «cena libera»: gladiatori e condannati a morte potevano consumare un pasto comune che sovente si trasformava in un'autentica orgia. La folla si assiepava intorno per godere di questi eccessi e di queste oscenità. Anche ai martiri cartaginesi venne imbandita tale cena, ma loro, invece di abbandonarsi all'orgia, trasformano il banchetto in un'agape cristiana, una vera e propria liturgia. A un certo punto, «con corale coraggio si rivolsero alla folla, minacciando il giudizio di Dio». Uno di loro, Saturo, rivolgendosi agli astanti esclama: «Non vi basta domani? Com'è possibile che guardiate tanto volentieri ciò che odiate? Oggi amici, domani nemici. Ma imprimetevi bene le nostre facce, affinché possiate riconoscerci in quel giorno». «*In die illo*», termine tecnico per indicare il giorno del giudizio.

L'indomani, introdotti nell'anfiteatro, Saturo, insieme ai compagni Revocato e Saturnino, «presero a minacciare la folla. Poi, giunti che furono al cospetto di Ilariano [il proconsole d'Africa che presiedeva allo spettacolo] con gesti della mano e cenni del capo gli fecero capire: "Tu [mandi al supplizio] noi, ma Dio [manderà al supplizio] te"».

Per quanto trasferito nelle mani di Dio e rinviato all'ultimo giorno, il giudizio di condanna è ineludibile e violento, sanziona l'ingiustizia del mondo.

Dico la verità: sono tentato di vedere in questi atteggiamenti una specie di compensazione psicologica in vista della morte imminente, un modo per scacciare il terrificante pensiero del supplizio.

L'ipotesi è riduttiva. Si tratta, invece, di una dimensione propriamente teologica. Garantisce al martire che, in ricompensa del proprio sacrificio, otterrà anzitutto la rovina dei suoi persecutori. La «logica sacrificale» del martirio accomuna, comunque, l'antico testimone con il contemporaneo islamico. Fra gli effetti personali sequestrati dall'FBI nella residenza di Mohammed Atta, uno dei responsabili dell'attentato alle torri gemelle di New York, c'è una lettera che, scritta evidentemente alla vigilia, sorprende per la sua consonanza con la spiritualità martiriale dei primi cristiani. Vi si legge:

> Purifica il tuo cuore e liberalo da ogni cosa terrena. Il tempo ... dello spreco è finito. Il tempo del giudizio è arrivato. Dobbiamo quindi usare queste poche ore per chiedere perdono a Dio ... Dopo comincerai a vivere una vita felice, il paradiso infinito. Ricorda sempre che ... desidereresti la morte prima d'incontrarla, se solo riconoscessi la ricompensa che esiste dopo la morte ... Ricorda ... che se Dio ti sostiene, nessuno potrà sconfiggerti ... Continua a pregare: «Ti prego, con la luce della Tua fede che ha illuminato il mondo intero illuminando ogni oscurità su questa terra, di guidarmi finché non mi approverai. E quando lo farai, questa sarà la mia ultima meta ...». Non c'è altro Dio che Dio e io sono un peccatore: siamo di Dio e a Dio torniamo.

Il desiderio della morte per poter ottenere la ricompensa divina, tema già presente in Paolo, costituisce la cifra costante di tutto il martirologio cristiano antico e, come si vede, anche di quello islamico.

Tocco un argomento solo in parte legato al precedente. Lei ha dedicato un recente saggio al movimento detto dei «circoncellioni», un nome, ammetterà, piuttosto buffo. Perché crede che dovrebbe interessarci sapere chi erano i seguaci di una setta in pratica sconosciuta?

In una delle fasi più acute del conflitto che in Africa, nei primi anni del IV secolo, contrappone i cattolici ai donatisti, la corte imperiale decide d'inviare l'esercito per imporre ai donatisti di tornare alla comunione con i cattolici. Nasce un movimento di resistenza armata che, reclutato da alcuni vescovi donatisti, si oppone all'esercito romano. Il movimento viene denigrato da parte cattolica con svariati nomi dalle pesanti allusioni oscene. Queste donne e uomini «santi», come loro stessi si definivano, erano già stati protagonisti di una sollevazione delle classi inferiori, schiavi, coloni, braccianti, che aveva terrorizzato i più facoltosi possidenti dell'Africa romana. Essi infatti esigevano la cancellazione dei debiti e la liberazione degli schiavi. Anzi, per essere più precisi, chiedevano che i padroni sostituissero gli schiavi. Si raccontava che, bloccati i carri dei più ricchi, ne staccassero il tiro, obbligando gli occupanti a sostituirsi agli animali, mentre gli schiavi, saliti a cassetta, tenevano allegramente le redini.

Sbaglio, o siamo in presenza di una vera e propria jacquerie, pur se anticipata all'Africa del IV secolo? Movimento religioso o politico?

La storiografia marxista ha molto insistito sull'aspetto politico, con buone ragioni. Personalmente, mi paiono più rilevanti le motivazioni religiose. Ritengo che la pretesa di cancellare i debiti e di liberare gli schiavi debba essere interpretata come un tentativo di celebrare il giubileo biblico, ovvero l'ultimo anno delle sette settimane d'anni, nel quale, secondo l'Antico Testamento, i campi dovevano essere lasciati incolti, venivano rimessi in libertà gli schiavi, condonati i debiti, riscattate le terre dai proprietari originali. Per altri gruppi giudeo-cristiani, a cui pare i circoncellioni si riferissero, questa fine del mondo era intesa come la celebrazione dell'estremo giubileo, in cui si sarebbe verificato il definitivo rovesciamento dell'ordine esistente: di qui, anche il rovesciamento del rapporto schiavo-padrone.

Come andò a finire questo movimento?

Militarmente fu una catastrofe; si ebbero stragi di circoncellioni e numerosi suicidi. Una certa storiografia ha parlato addirittura di «epidemia di suicidi», non del tutto a ragione secondo me.

Il suicidio, infatti, veniva praticato come una forma di martirio. Per ritornare alla sua domanda su un possibile confronto fra martirio cristiano e martirio islamico, ci possiamo chiedere se i suicidi del martirio islamico non ci aiutino a capire meglio il carattere religioso della violenza dei circoncellioni. In entrambi i casi abbiamo una reazione di fronte a qualcosa avvertito come un'aggressione militare, che ingiuria i fondamenti della propria religione e impone un sistema degenerato di vita. Gli odierni suicidi islamici, definiti, specie in Occidente, «terrorismo», coinvolgono gli autori e, loro malgrado, le vittime dell'attentato, proprio come, nell'Africa paleocristiana, il furore dei circoncellioni si abbatteva indiscriminatamente contro i possidenti, le autorità politiche e il clero cattolico.

Il confronto è suggestivo, ma perché lei rigetta l'idea che si sia trattato di un'epidemia di suicidi come tante volte si è verificato nella storia?

In una *passio* della metà del IV secolo si narra del martirio di due donatisti, probabilmente circoncellioni, messi a morte dalle autorità cattoliche. Uno dei due racconta una visione, la cui scena si svolge nello stesso luogo in cui avrà luogo l'esecuzione. Gli si muovono contro i *ministri nequitiae*, gli agenti del male. Poi si fa avanti addirittura l'imperatore romano, a cui il martire, alla fine di una furibonda lotta, strappa un occhio. Col diadema della vittoria, l'atleta ascende al cielo, da cui prorompe una voce che grida: «Guai a te, o mondo, perché sei già in rovina!».

La visione potrebbe aver costituito un modello per il feroce comportamento degli stessi circoncellioni, che accecavano con un misto di calce e aceto i loro avversari cattolici. Uno dei modi più frequenti di suicidarsi era gettarsi in un burrone, seguendo l'esempio di un loro grande martire, Marculo, precipitato, o fatto precipitare, da un dirupo. Quello che pare interessante è che il volo verso l'abisso viene descritto nella *passio* come un'ascensione al cielo. Ecco perché ritengo che non si tratti di un'epidemia di suicidi, bensì di una forma particolare di martirio, ossia un'autoimmolazione.

Il suo racconto mostra quante diverse concezioni del cristianesimo si siano sviluppate alle origini lungo le rive così feconde del Mediterraneo. Oggi si conosce per lo più la confessione cattolica, quella ortodossa, oltre a varie confessioni protestanti. Dove sono andati a finire tutti i cristianesimi vinti?

Parlerei di eclisse. L'eclisse di sole in apparenza fa scomparire quell'astro, sappiamo però che non è così. Un'eclisse astrale dura poco, le eclissi storiche, invece, possono durare molto, salvo il riaffacciarsi del fenomeno o del movimento anche dopo parecchi decenni, se non addirittura secoli. Ci sono molte forme di cristianesimo in apparenza scomparse solo perché vinte. I più interessanti nell'itinerario che stiamo seguendo sono i movimenti profetici che attraversano l'Asia anteriore e un po' tutto il mondo greco-romano nel II secolo. Sappiamo di vescovi che conducono migliaia di fedeli nel deserto per aspettare la discesa della Gerusalemme celeste. Ma abbiamo anche episodi più inquietanti, cioè embrionalmente eversivi. Un movimento che dovette certamente avere grande consistenza fu il montanismo.

Ecco un altro nome piuttosto curioso. Durante la Rivoluzione francese si chiamava Montagna il gruppo di deputati estremisti che sedevano nella parte alta dell'emiciclo.

Nel nostro caso, il nome deriva dal fondatore, Montano. Si tratta di un movimento di particolare interesse, che si autodefiniva la «Nuova Profezia» e si sviluppa in Asia alla metà del II secolo riproponendo elementi arcaici del cristianesimo. Anche i suoi seguaci aspettavano la discesa della Gerusalemme celeste. Sia Montano sia le due donne che gli sono associate, Prisca e Massimilla, erano profeti. La loro predicazione doveva risultare piuttosto incisiva, se le Chiese dovettero organizzare una serie di concili e di altre azioni per contrastarli. La repressione funzionò. Infatti, la prodigiosa produzione letteraria di questi profeti è scomparsa quasi per intero. Comunque, alcune forme di attesa apocalittica le ritroviamo in Europa perfino in età moderna: tutti cristianesimi che paiono sparire dall'orizzonte e che poi, invece, riaffiorano in contesti e situazioni diverse.

L'idea di un profano come me è che la Chiesa trionfante, la Chiesa politica, retta dalla catena dei papi, una monarchia celibataria non ereditaria, è sempre stata accompagnata, all'interno stesso dell'istituzione, da movimenti minoritari che si richiamavano all'obbedienza evangelica, alla povertà primitiva, alla purità dello spirito. Questi movimenti non sono mai riusciti a prevalere. La fusione fra Chiesa e potere ha sempre prevalso.

Dal punto di vista storico vediamo effettivamente una serie ininterrotta di sconfitte. Tuttavia, il Medioevo è attraversato da un continuo pullulare di cosiddette «eresie»: dai dolciniani ai fraticelli, fino ai primi momenti dello stesso movimento francescano. Insomma, fra Medioevo ed età moderna c'è un continuo riaffiorare di istanze riconducibili a modelli paleocristiani. Il primo modello è, come abbiamo più volte ricordato, la *sequela Christi* ovvero l'esigenza di seguire Cristo lungo la via che porta al Calvario; il che implica anche l'accettazione del possibile martirio. Poi c'è il modello della vita apostolica, quello seguito da comunità che si danno una qualche organizzazione a imitazione degli apostoli, ne condividono il comunismo d'amore, come lo ha definito il grande teologo tedesco del Novecento Ernst Troeltsch.

La repressione contro gli eretici e i disobbedienti da parte della gerarchia è stata sempre molto dura, spesso cruenta. Quando il cristianesimo, o meglio, la Chiesa, assume il potere, è ovvio che la sanzione diventi anche temporale, compresa la pena capitale.

Come abbiamo già accennato, la prima esplicita teorizzazione della dottrina per cui spetta «allo Stato» dare applicazione alla normativa ecclesiastica si legge in Ambrogio. Di lì a poco, Agostino tenterà di dare fondamento biblico a questa pretesa; ma la questione essenziale resta un episcopato fattosi cinghia di trasmissione del potere politico in una società in cui il cristianesimo è diventato una religione civile. Da questo momento in poi, quello che sarà definito il «ricorso al braccio secolare» è pratica corrente, anche se, a cominciare proprio da Agostino, ci saranno ripetuti appelli alla moderazione e alla clemenza rivolti alle autorità civili.

Infatti ogni volta che la Santa Inquisizione comminerà una condanna, si limiterà sempre alla pronuncia della sentenza, delegando al braccio secolare il compito di portare il reo al patibolo.

È una scappatoia che non solleva da alcuna responsabilità. Chi emette una condanna per eresia sa benissimo quali saranno le conseguenze per il condannato. Non c'erano solo la tortura e la morte, c'erano la detenzione, le pressioni psicologiche, l'ignominia pubblica, le confische, cioè la perdita di ogni bene, l'esilio, la morte civile, enormi sofferenze che non sempre comportavano spargimento di sangue.

Ogni forma di martirio, da chiunque inflitta, ha gli stessi aspetti ripugnanti. Nella storia c'è stato chi ha subito il martirio in nome della fede cristiana, ma c'è stato anche chi lo ha subito a opera della Chiesa cristiana.

In nome di Cristo sono state patite e inflitte molte ingiustizie, crudeltà e violenze. Ma stiamo toccando un argomento complesso e vasto. Le persecuzioni dei cristiani contro gli «altri» sono proseguite fino alle soglie dell'età contemporanea.

Prima di Costantino, quando non si poteva certo parlare di persecuzioni da parte della Chiesa, si era posto un diverso problema. Cosa accadeva quando i futuri martiri, arrestati perché cristiani, si ritrovavano in carcere insieme a quelli che consideravano eretici? Non erano forse martiri anch'essi? Allora si rispondeva che non è la morte a rendere santi, ma la fede per la quale si muore. La differenziazione consentì di distinguere fra «veri» e «falsi» martiri.

Dopo Costantino, si pose il problema dell'intervento dello Stato su richiesta della Chiesa: le vicende della crisi donatista in Africa sono illuminanti. Nemmeno i «cattolici», almeno fino al 411, negavano che i donatisti fossero a tutti gli effetti «cristiani». Eppure, invocano l'intervento delle autorità civili contro di loro. I donatisti puniti dalla magistratura romana si fregiavano anch'essi del titolo di «martiri» e «confessori» (cioè testimoni della loro fede), anche se i loro avversari continuavano a insistere che il martirio non lo fa la pena, ma la motivazione. E, ovviamente, agli occhi dei cattolici la motivazione donatista era priva di fondamento.

Sembra una situazione imbarazzante, anzi penosa, forse addirittura pericolosa, sia per la Chiesa sia per lo Stato che si erano appena alleati.

La soluzione fu escogitata da Agostino, sulla falsariga di quanto abbiamo detto prima: «*Martyrium non facit poena, sed causa*», non è la pena a far guadagnare il titolo di martire, ma la (retta) fede. Insomma, quelli che venivano colpiti non erano veri cristiani, ma eretici: quindi «delinquenti», non santi. Questo modello durerà ben oltre la fine dell'Impero romano d'Occidente. Il legame organico fra Stato e Chiesa verrà messo in crisi solo nell'età moderna.

È anche interessante notare quale trasformazione comporti l'alleanza della Chiesa con lo Stato. Fino a Costantino, i cristiani invocavano libertà di coscienza, dopo Costantino passeranno a invocare la repressione nei confronti di eretici e seguaci di altre religioni. Viene proibito il culto pagano, si sopprimono i templi trasformandoli in chiese, si distruggono le sinagoghe ebraiche. Siamo negli anni del vescovo Ambrogio e dell'imperatore Teodosio, il IV secolo sta per chiudersi. Dall'editto di Costantino sono passate appena due generazioni e la situazione si è completamente capovolta: da perseguitati, i cristiani sono diventati persecutori.

XIII

LE DONNE, I SANTI

Nella cerchia di Gesù c'erano molte donne. Lo seguivano nei suoi spostamenti di predicatore e guaritore itinerante, gli erano devote, si adoperavano per ospitarlo al suo arrivo in un villaggio. Sappiamo di gesti che denotano una grandiosa umiltà da parte di alcune di loro. Così, per esempio, la peccatrice che bagna con le sue lacrime i piedi di Gesù affaticati dal cammino (su quali pessime strade possiamo immaginare), li asciuga con i capelli e poi li cosparge di olio profumato in un gesto che esprime una venerazione non priva di sensualità. Queste donne appartenevano a tutte le categorie sociali, né mancavano fra loro quelle delle classi più agiate, come dimostra il fatto che disponessero di case abbastanza grandi per ospitare Gesù e alcuni dei suoi seguaci.

Poi, sempre per restare al primissimo cristianesimo, anzi a quella fede che ancora non si distingue pienamente dal giudaismo, c'erano le mogli e le compagne degli uomini di fede, degli apostoli, degli *episcopoi,* degli addetti ai riti e al culto. Nella religione delle origini si preferiva che costoro fossero regolarmente sposati: la presenza di una famiglia, il dovere dell'educazione dei figli, la vita ordinata imposta dal vincolo coniugale, compresa la continenza sessuale, parevano garanzie anche per una buona gestione degli affari ecclesiastici.

Come si dirà in questo capitolo, non sarà sempre così: l'importanza delle donne nel movimento andrà progressivamente scemando per ragioni che attengono sia alla scarsa considerazione di cui godranno nel Medioevo sia alla specificità della loro fisiologia, con particolare riferimento al ciclo mestruale. Una serie complessa di accadimenti, di convenienze storiche e di interessi renderà preferibile che i preti rimangano celibi, possibilmente casti, soprattutto senza discendenza legittima. Per le donne, come vedremo, assumerà particolare importanza la verginità. Questa concezione porterà anche a considerare con molta severità i cedimenti della carne, soprattutto nei secoli in cui sembrerà importante ribadire l'ideale della castità da difendere anche al prezzo della vita. Fino a che punto si sia spinta questa diffidenza, o disprezzo, verso la sessualità lo vedremo in un prossimo capitolo.

È proprio in questo quadro che prende sempre maggior rilievo la figura di Maria, madre di Gesù, «Vergine madre figlia del tuo figlio» come canterà Dante, che si immaginò fosse stata concepita, unica fra tutti gli esseri umani, senza l'ombra del peccato originale (dogma dell'Immacolata concezione). Per secoli la sua figura troneggerà maestosa sui portali delle cattedrali o nei dipinti, col bambino Gesù fra le braccia. I santuari e le basiliche dove si conservano le più preziose fra queste immagini diventeranno presto meta di pellegrinaggi imponenti poiché Maria, madre di Dio, viene eletta a madre di tutta l'umanità. Lentamente si forma anche la credenza che, alla morte, il suo corpo sia stato assunto in cielo insieme all'anima, i miracoli da lei operati diventano numerosissimi, le Litanie lauretane, dette anche *Litanie della beata Vergine Maria,* magnificano ogni parte del suo corpo oltre alle sue inimitabili doti.

La tradizione cristiana annovera almeno due sacri contenitori: il calice dell'eucaristia e la Vergine Maria. Nelle litanie a lei dedicate la Madonna è descritta come *vas spirituale, vas honorabile, vas insigne devotionis,* ovvero vaso spirituale, vaso degno d'onore, vaso straordinario di devozione. Infatti, nel grembo, nell'utero (vaso) di Maria, la divinità s'è fatta carne. Con una curiosa reticenza, dove pudore e imbarazzo si mescolano, nella traduzione italiana il termine *vas,* vaso, ripetuto in questi tre versetti è scomparso, prudentemente sostituito da tre qualifiche diverse: tempio dello Spirito santo, tabernacolo dell'eterna gloria, dimora consacrata a Dio.

Maria, nell'opinione popolare favorita dalla Chiesa, è collocata al vertice delle divinità anche se con una posizione alquanto imprecisata. Sicuramente è santa, anzi, è la prima delle sante. Molti commentatori la identificano con la Donna dell'Apocalisse, rivestita di sole e incoronata di stelle, e così infatti è spesso rappresentata. Il suo corpo viene a trovarsi al centro della teologia cattolica poiché, quale che sia il modo in cui è avvenuto il concepimento di Gesù, quel corpo fatto di carne è anche diventato un corpo eucaristico e, per metafora, il corpo stesso dell'intera Chiesa.

Qualche secolo più tardi si affermerà un'altra immagine di Maria, opposta e complementare rispetto alla giovane madre che offre, maestosa e umile, il suo figlio bambino alla venerazione dei fedeli. È la madre straziata che ha visto quello stesso figlio torturato e ucciso sul patibolo dei criminali. Nel XVI secolo diventano sempre più frequenti le «Pietà» (insigne e discussa quella di Michelangelo), mentre continua la dolorosa melodia dello *Stabat mater*. La Vergine non è più la giovinetta (*almah*, in ebraico) che ha appena dato alla luce un bambino, ma una donna matura, affranta ai piedi della croce o afflitta mentre sorregge il corpo del figlio morto.

Un'altra funzione di Maria si è intanto affermata, quella di mediatrice fra Dio e gli uomini. Molto più di ogni altro santo, e con maggiore potenza, Maria è in grado di intercedere presso Dio (che è nello stesso tempo suo figlio e suo padre) perché ogni uomo sia salvato. È a lei, Madre di misericordia, che bisogna rivolgere le proprie preghiere perché, a sua volta, le presenti all'Onnipotente. Nel XII secolo san Bernardo utilizzerà l'immagine dell'acquedotto per descrivere in qual modo l'amore divino ruscelli verso ogni uomo che elevi a Maria la sua preghiera.

Maria, dunque, prima fra i santi. E sarà proprio il culto dei santi a diventare con il tempo un'altra caratteristica del cristianesimo, che nettamente lo distingue dall'originario giudaismo. Fin dall'antichità cristiana si afferma il culto di particolari defunti che si erano resi illustri in vita come testimoni della fede. Ci sono fra loro i martiri che hanno dato la vita per la fede, le vergini che si sono ugualmente sacrificate, i confessori, gli eremiti, i monaci, i riformatori, i fondatori di nuovi ordini religiosi, i vescovi e poi, col passare del tempo e con quasi automatica frequenza, i papi. Queste figure formano il nuovo pantheon della cristianità e in genere vengono celebrate sul calendario nella ricorrenza della loro «vera nascita», cioè il giorno in cui, morta l'effimera scorza terrena, la loro anima è ascesa al cielo.

Il processo di canonizzazione viene avocato a Roma e messo sotto l'autorità del papa, confermandone così il potere. L'iter è severo, in parte ricalcato sui procedimenti dell'Inquisizione: mima l'andamento di un processo con prove a favore e prove contrarie sostenute da un *advocatus diaboli*, come viene chiamato. Talvolta nella proclamazione di santità s'intrecciano motivi spirituali e ragioni politiche; così, per esempio, nel caso di san Luigi, re di Francia. Oltre alle virtù del candidato, hanno spesso peso determinante sulla «sentenza» la potenza e i mezzi dei sostenitori della causa, gli eventuali strumenti di pressione o di scambio che possono offrire. Ciò è avvenuto con frequenza, per esempio, nel caso in cui fosse un ordine religioso a promuovere la causa.

Alla proclamazione di un santo conseguono alcuni fenomeni di natura squisitamente terrena. Anzitutto il culto, ma spesso il traffico, delle reliquie. Si trasformano in oggetti venerabili ossa, frammenti di abiti, capelli, unghie, persino fiale contenenti il sudore del defunto. Le catacombe romane, cimiteri sotterranei dove venivano inumati i primi cristiani, ne sono state per secoli fonte generosa. Il secondo aspetto è che una serie di località abitate o visitate dal santo divengono meta di pellegrinaggio. L'afflusso di pellegrini porta alla costruzione di cappelle, in qualche caso di basiliche, di ospedali, di alloggi e, via via, di un mercato che comprende la vendita di ricordi e, a Roma, anche di indulgenze. Gli abusi e la corruzione derivati da questi commerci sono stati all'origine della più drammatica rottura in seno alla cristianità, promossa nel 1517 da Martin Lutero.

Sappiamo che nella cerchia di Gesù erano presenti molte donne che svolgevano funzioni anche importanti. Quanto sono significative tali presenze? Più in generale, qual è stato nel primo cristianesimo il ruolo delle donne?

Nel Nuovo Testamento si nota, in effetti, che le donne ricoprono ruoli di grande interesse. Credo, anzi, che sia proprio questa una delle più importanti novità nell'insegnamento di Gesù. Non mi pare che ci sia alcuna altra opera letteraria di quel periodo in cui si conceda alle donne uno spazio di uguale rilievo. È vero che intorno a quegli anni si riscontrano anche nel giudaismo notevoli aperture al femminile. Si pensi, per esempio, al ruolo che hanno le donne nella comunità ascetica di Alessandria d'Egitto, oppure fra gli esseni. Nel movimento di Gesù, però, la donna non è valutata solo per la sua condizione di vergine, ma proprio in quanto donna. L'apice di una tale valutazione lo troviamo nel Vangelo di Giovanni quando il Risorto appare per primo a una donna, cioè a Maria di Magdala, incaricata di un compito tradizionalmente riservato agli apostoli, l'annuncio della resurrezione.

Mi pare, però, che già con Paolo, quindi pochi anni dopo la predicazione di Gesù, il ruolo e la stessa dignità femminile tendano a ridimensionarsi.

Infatti, questa straordinaria valutazione delle donne ebbe breve durata. Negli anni immediatamente successivi alla predicazione di Gesù, si procedette all'interno delle comunità cristiane a una progressiva limitazione del loro ruolo. Addirittura in Paolo, come lei ricordava, vediamo che i carismi peculiari della donna, per esempio la profezia e la glossolalia, vengono sottoposti a rigorosa disciplina e in qualche caso contestati. A mano a mano che ci si allontana dall'epoca che chiamerei protoapostolica, la donna deve, per così dire, rientrare nei ranghi a lei assegnati dalla cultura del tempo.

A parte alcune affermazioni esplicite che troviamo nelle lettere di Paolo e in altri documenti, quali ulteriori segnali o eventi fanno pensare o rendono addirittura evidente questo ridimensionamento?

Un esempio ci viene dal lessico, in particolare dai vangeli quando descrivono gli stati emotivi delle donne. Confrontando questo linguaggio con le traduzioni latine che sono di un secolo e mezzo, due secoli posteriori, ci si rende conto che il latino traduce sempre in senso peggiorativo termini e verbi riferiti alle donne. Prendiamo, per esempio, la reazione delle donne di fronte alla tomba vuota di Gesù. Il testo greco dei vangeli descrive sì la loro sorpresa, ma anche la loro capacità di reagire. Nelle traduzioni latine, invece, resta in pratica solo lo spavento, cioè un atteggiamento che lo stereotipo del tempo considerava tipicamente femminile.

A parte questa osservazione linguistica, peraltro importante poiché la lingua è sempre una spia fedele degli stati d'animo, disponiamo di altri esempi?

Un altro esempio lo troviamo nella *Didascalia degli Apostoli*, un documento in lingua siriaca del III secolo. Esso è stato letto come il canto di vittoria di un vescovo che ha disciplinato rigidamente i carismi delle donne, soprattutto le vergini e le vedove, subordinandoli a quelli del clero. Se però proviamo a leggere il testo, per dir così, in controluce, si vede quanto fossero importanti i ruoli delle donne in quella comunità. Vorrei ricordare ancora una volta la lettera di Plinio a Traiano, quando scrive di aver sottoposto a tortura due schiave che svolgevano il ruolo di *ministrae*. Non conosciamo l'esatto valore di quel termine, ma è comunque indubbio che le donne partecipavano alla conduzione della *ekklesia*.

A giudicare dal risultato finale che connota oggi questa religione, la progressiva emarginazione si è con il tempo intensificata.

Possiamo addirittura dire che diventa un carattere peculiare e costante, tranne nobilissime e rare eccezioni. La percezione patristica della donna risponde ai criteri ordinari e abitudinari della società classica nonché della società giudaica: la donna è, in sostanza, un essere inferiore. Già nell'epistolario paolino si leggono prese di posizione che rendono subordinato il ruolo delle donne nelle comunità. È anche vero, però, che potremmo interpretare quelle esortazioni come un tentativo di mettere ordine nei carismi femminili, che non vengono negati in quanto tali, ma solo dimensionati in modo adeguato a un'ordinata edificazione della Chiesa.

Siamo comunque di fronte a notevoli manifestazioni di diffidenza, destinate in ogni caso a diventare sempre più evidenti. L'atteggiamento patristico, per esempio, è così fortemente contrario alla fem-

minilità da diventare, in alcuni casi, vera misoginia. Quali possono esserne le motivazioni?

La più ovvia, alla quale ho accennato, è una certa condiscendenza nei confronti dei costumi tradizionali. A ciò bisogna però aggiungere l'influenza di una particolare lettura della Genesi. Il racconto della creazione in Genesi ha due versioni. La prima è, diremmo oggi, egualitaria: Dio plasma dal fango un'entità che è insieme maschile e femminile e vi insuffla lo spirito. Donna e uomo godono, dunque, di pari dignità. Il secondo racconto, invece, che è poi diventato il più celebre, narra che a Adamo dormiente viene tolta una costola con la quale viene plasmata Eva. Questa creazione differita, che Dio opera servendosi di Adamo, ha un notevole peso sul pensiero patristico. La donna è più lontana dal modello divino; è naturalmente, direi anatomicamente, subordinata all'uomo, cui deve la vita.

Ma un'altra motivazione è nella diversa valutazione delle responsabilità di Adamo ed Eva nel peccato originale. Paolo fa un'ampia riflessione sull'evento, soprattutto nei primi otto capitoli della Lettera ai Romani, dove articola l'antitesi fra peccato e redenzione sulla bipolarità fra Adamo e Cristo. Nonostante questo, però, prevale l'interpretazione che vede in Eva la principale responsabile. Si arriva al punto di incolpare Eva – e con lei la donna e il femminile – di essere l'autentica *ianua diaboli*, la porta attraverso la quale il male ha fatto irruzione nel mondo.

C'è stato qualcuno che allora abbia obiettato a interpretazioni che appaiono così ingiuste alla sensibilità contemporanea, così viziate dal pregiudizio, dalla paura della donna?

Le voci dissenzienti non sono mancate. In una sua pagina, Ambrogio di Milano si rivolge agli uomini sostenendo la superiorità di Eva su Adamo. Se lei è caduta di fronte a uno spirito potente, Satana, che era stato creato come angelo, l'uomo è, viceversa, caduto addirittura di fronte a una donna. Si potrebbe poi citare l'atteggiamento degli gnostici, che ritenevano la creazione opera di un Dio malvagio, opposto e nemico del Dio della redenzione. Data la premessa, se ne deduceva che chi si ribellava a quel Dio e ne trasgrediva gli ordini acquisiva una connotazione positiva. Pertanto Eva, che disobbedisce al comandamento, acquista una fisionomia eroica. Ma si trattava di posizioni marginali rispetto all'atteggiamento dominante, che possiamo serenamente definire di occhiuta misoginia.

Al di là delle giustificazioni filologiche, dei richiami alle Scritture, alle tradizioni, alla teologia, rimane il fatto che all'origine di questa diffidenza nei confronti della donna sembra di scorgere delle motivazioni sessuali. Possiamo dire che la disistima rientri nel quadro più generale di una visione negativa della sessualità?

Quando ho parlato di un atteggiamento patristico appiattito sui costumi della società antica, sia greco-romana sia giudaica, alludevo proprio a questo: in quelle culture la donna ha certamente una posizione subordinata rispetto all'uomo, anche se si potrebbero fare alcune distinzioni che qui ometto. È interessante vedere come tale inferiorità si manifesti in ambito cristiano. Nel *Vangelo copto di Tommaso*, la donna ha un ruolo così importante da provocare addirittura la reazione di Pietro, che chiede a Gesù di allontanare le femmine, Salome in particolare. Gesù però si oppone con parole famose: la salvezza arriverà quando sarà ripristinata l'uguaglianza fra maschile e femminile, attraverso la «virilizzazione» della donna. Il tema del diventare maschio, del resto, lo troviamo anche nella già citata *Passione di Perpetua e Felicita*: Perpetua in sogno, prima di affrontare Satana, l'avversario, si trasforma appunto in maschio. Il mutamento dice che la donna può eguagliare l'uomo, al quale la cultura del tempo assegna un ruolo di eccellenza.

L'itinerario di perfezione non finisce qui. Uomo e donna, resi uguali nella dignità, ricompongono l'unità originaria di quando Dio li aveva plasmati insieme maschio e femmina. Del resto, in un'arcaica formula battesimale ripresa da Paolo, si afferma che, per chi è stato battezzato in Cristo, cade non soltanto la distinzione fra giudeo e greco, schiavo e libero, ma anche fra maschile e femminile (*Gal* 3,28). Una valenza quasi eversiva che l'apostolo altrove lascia cadere.

Dalla misoginia patristica delle origini sono poi emersi quel disprezzo, quella diffidenza nei confronti della sessualità che in tempi più recenti, penso all'Ottocento, diventerà una delle caratteristiche di fondo della religiosità cattolica.

La svalutazione della donna è certamente anche una svalutazione della sessualità. In quelle culture la donna è vista come l'elemento più debole, ma anche più lascivo, della coppia umana. Il suo ruolo è ben definito dalla metafora del vaso, il contenitore, l'utero. Il prevalere della donna significa il prevalere degli elementi della corporeità e del sesso. Nel cristianesimo delle origini continenza e verginità sono qualità richieste a tutti, compresi gli uomini, come ripete anche Paolo. Progressivamente, però, al dovere della continenza sono chiamate soprattutto le donne. Fra il III e il IV secolo fiorisce un genere letterario, la trattatistica sulle vergini, in cui si espone quali debbano essere il loro ruolo, i loro compiti, i loro doveri.

Si è avanzata l'ipotesi che, restando vergine, la donna potesse sottrarsi all'asfissiante tutela dei maschi della famiglia, godere di una libertà che la società di allora non le concedeva. Ambrogio di Milano, esortando una giovane alla verginità, le assicura che, in quello stato, *quasi regina dominaris*, avrà potere come se fosse una regina. La mia opinione è che, in realtà, il cristianesimo non ha portato rilevanti novità neppure nell'emancipazione della donna. Ancora una volta, però, questa è un'altra storia.

Forse bisognerebbe raccontarla adesso, almeno in parte, questa storia. Mi pare vicina agli argomenti di cui stiamo discutendo.

In termini generali, si tratta di valutare quale influenza abbia avuto il cristianesimo nella trasformazione della società. In particolare, se e come lo «spirito» cristiano sia servito a cambiare l'ordinamento giuridico o il costume sociale. Ci si può chiedere: quando il cristianesimo diventa religione di Stato, l'annuncio del vangelo aiuta a cambiare le leggi che riguardano la posizione della donna, la sessualità, la famiglia? O le norme che regolavano il rapporto con le altre religioni o la legittimazione della schiavitù? Favorisce, più a fondo, il mutamento della mentalità corrente?

Faccio un solo esempio. Una certa storiografia giuridica di stampo apologetico attribuiva alla legislazione di Costantino le norme contro il divorzio. A giudizio di costoro ciò era un chiaro segno che un precetto di Gesù era stato trasformato in legge. In realtà, l'abrogazione del divorzio dipende da cause molto diverse. Si trattava di un istituto diventato inapplicabile in una società che, fin dall'epoca di Diocleziano, aveva via via perduto ogni carattere di mobilità. La *capitatio*, vale a dire l'obbligo ereditario di mantenere i propri incarichi, spingeva a una sostanziale rigidità nella residenza e nei rapporti. I rimescolamenti sociali che favoriscono il divorzio erano fortemente ostacolati o impediti. Si può fare un paragone con la nostra attualità. Anche da noi il divorzio, unito a una profonda revisione del diritto di famiglia, è diventato legge solo dopo che l'Italia si è trasformata da paese agricolo, fortemente stanziale, in una società industriale caratterizzata da mobilità, reversibilità, temporaneità.

Torno a Paolo facendo un altro esempio. Quando lo schiavo Onesimo si rifugia presso di lui, l'apostolo non esita a rimandarlo al suo padrone Filemone, limitandosi a raccomandargli un atteggiamento di mitezza e clemenza. Questo di Paolo non è certo un atteggiamento nuovo, gli stoici avevano già teorizzato esattamente le stesse cose.

Le donne che riuscivano in qualche modo ad affrancarsi, sempre nei limiti in cui questo era consentito, rischiavano di diventare protagoniste di una religiosità che, dati i presupposti, poteva essere vista come eresia.

L'eresia è una categoria teologica, non storica. Le eretiche, per uno storico, sono le sostenitrici di posizioni difformi da quelle imposte dalla gerarchia. Già nel I secolo emergono figure femminili di primo piano: penso per esempio a Elena, compagna di Simon Mago, e a tutta una serie di figure che riescono a raggiungere un ruolo protagonista. Prendiamo un'opera complessa, di difficile datazione, più volte rimaneggiata, come gli *Atti di Paolo e di Tecla*, una specie di romanzo popolare *ante litteram*. Il testo, che ebbe grandissima fortuna, racconta l'epopea di Tecla, nobile giovinetta che, affascinata dall'insegnamento dell'apostolo Paolo, sfida la famiglia, rompe il fidanzamento, affronta una serie di peripezie per raggiungere il suo ideale ascetico, a costo di ripudiare la società, la cultura, la religione del suo tempo. Potrei ricordare il ruolo che, verso la metà del II secolo, svolgono, nel movimento chiamato Nuova Profezia, Prisca e Massimilla, le seguaci del profeta Montano, cui vengono attributi oracoli apocalittici. Come abbiamo già detto, queste profetesse ci fanno intravedere un cristianesimo nel quale si aspetta l'imminente discesa della Gerusalemme celeste. Una delle due ha addirittura la visione di Cristo vestito da donna, segno straordinario di quanto fosse importante la femminilità nel movimento. E potrei infine citare l'eroica serie di donne che affrontarono indomite il martirio: Agatonice, cui abbiamo già fatto riferimento; Blandina, sospesa a un palo in modo tale che nel suo corpo straziato i fratelli nella fede scorgevano la sindone di Cristo; Perpetua, che al momento dell'arresto non è ancora battezzata, anche se è proprio lei la portavoce di un gruppo di cui fanno parte molti uomini e perfino un diacono.

Quale peso hanno i casi che lei cita? Si tratta di eccezioni che restano, se mi passa il povero gioco di parole, eccezionali?

Lei ha giocato bene con i termini: sono eccezioni eccezionali. Però i testi che le raccontano diventavano, per esempio in Africa, normativi quanto quelli del Nuovo Testamento. Nelle assemblee liturgiche si attribuiva loro la stessa autorevolezza, lo stesso rango, dei vangeli o delle lettere di Paolo. La memoria di Perpetua è celebrata ancora alla fine del IV secolo; ne parla Agostino che anzi è un po' preoccupato e vorrebbe ridurne l'importanza perché, nel frattempo, l'atmosfera nei confronti delle donne è cambiata.

Più o meno negli stessi anni nasce la novellistica cristiana. È come se alla scarsità delle fonti dirette, di cui ci si cominciava a rendere conto, si volesse supplire colmando i vuoti con la fantasia. Quali caratteristiche ha questo genere letterario?

Al primo *corpus* di testi canonici si affianca con il tempo una fioritura letteraria fuori del comune, le cui tracce residue continuano perfino nella produzione artistica fra Umanesimo e Rinascimento. È la scarsità di elementi biografici, narrativi, agiografici della tradizione che fa nascere il bisogno di saperne di più. Per esempio, com'era Gesù da piccolo? Che vita ha fatto durante gli anni di cui ignoriamo tutto? In uno di questi testi, *Infanzia di Gesù* (uscito nel 1984 nella raccolta *Apocrifi del Nuovo Testamento*, curata da Luigi Moraldi), Gesù viene descritto come un bambino vendicativo, pronto a punire con i suoi poteri sovrumani le offese dei compagni di gioco. Tali invenzioni assecondano il gusto del fiabesco utilizzando il repertorio di altre opere di matrice profana. È la nascita di un genere letterario particolare, l'agiografia, dove le donne tornano spesso a essere protagoniste.

Descrivendo questo tipo di espressione letteraria, lei ha accennato a Umanesimo e Rinascimento. Il genere agiografico, però, continua in pratica ancora ai nostri giorni.

Continua, direi, in forme sempre più degradate, perché si ha sovente l'impressione che dall'agiografia si sia passati all'oleografia, che rappresenta la banalizzazione della santità.

Si riferisce alle esperienze contemporanee o al passato?

A entrambe. Quando vedo le immaginette di tanti servi di Dio, beati, santi di più o meno recente canonizzazione, sono sorpreso dall'insistenza sui loro poteri come guaritori. Quale modello di santità si vuole proporre con questi esempi? È come se ci fossero due livelli di comunicazione; uno di devozione popolare per i fedeli meno preparati culturalmente. Quelli che, parafrasando Paolo, chiedono miracoli (*1 Cor* 1,22). L'altro livello, più scopertamente politico, tende a definire l'azione pastorale della Chiesa nel mondo. Interpreto in questo modo, per esempio, l'aver fatto santi i chierici franchisti uccisi durante la guerra civile spagnola, oppure l'aver santificato Pio IX da una parte e Giovanni XXIII dall'altra. La santità si fa sempre rivelatrice della linea teologica preferita in un dato momento. Un segno molto evidente, per esempio, è la santificazione di Escrivá de Balaguer, il fondatore dell'Opus Dei.

In senso etimologico «agiografia» indica la disciplina che studia la vita dei santi. Ma chi erano i santi nel cristianesimo delle origini?

Nel Nuovo Testamento, soprattutto in Paolo e nell'Apocalisse, il santo è il credente, il salvato. In epoca patristica è eminentemente il martire, colui che, a imitazione di Cristo e a edificazione della Chiesa, rinuncia a tutto, spogliandosi anche della vita. Nel linguaggio successivo, soprattutto a partire dal IV secolo, il significato della parola cambia, altro segnale, fra i tanti, della progressiva trasformazione del cristianesimo in religione civile. Il santo viene visto come la trasposizione celeste della figura del *patronus* terrestre, il quale nella società antica manteneva e proteggeva i *clientes*, che affollavano ogni giorno la soglia della sua casa, in cambio dei servigi che questi gli rendevano.

Mi lasci citare una bellissima lettera di Seneca a Lucilio (III, 22) dove il filosofo dice: «È facile sottrarsi alle pubbliche faccende se disprezzi le ricompense che promettono. E allora, nessuno più al mio fianco, la mia lettiga senza accompagnatori, l'atrio della mia casa vuoto? Gli uomini si allontanano a malincuore da queste miserie».

Esattamente. Se i *clientes* beneficiavano della *potentia* terrena del loro *patronus*, i nuovi clienti godevano di una *potentia* molto più forte, poiché di origine celeste. La si poteva raggiungere affollando non le soglie d'una comune *domus*, ma le nuove dimore padronali rappresentate dalle chiese.

Il tema del santo suscita una domanda su queste figure divenute ormai legioni. Una tale proliferazione sembra in qualche modo ristabilire quella pluralità di divinità o di esseri divinizzati che nel mondo detto «pagano» sovrintendevano alla maternità, al raccolto, ai mercati, ai commerci eccetera. Il santo, com'è inteso oggi, sembra soddisfare il bisogno antico che le varie attività umane abbiano un protettore, un patronus, *uno al quale rivolgersi che non sia il lontano e onnipotente Iddio, ma una figura più familiare, più facilmente avvicinabile.*

Lei coglie un aspetto importante della storia del cristianesimo. Nei primi dieci libri del suo *De civitate Dei* (*La città di Dio*) Agostino irride la credulità dei pagani, i quali hanno un dio per ciascuna funzione o bisogno umani. Quando arriva alle funzioni sessuali, Agostino si diverte a richiamare un dio che aiuta certe funzioni, uno che ne sostiene altre.

Sia più esplicito: chi erano e quali delicate funzioni svolgevano gli dei delegati alla protezione della sessualità?

C'è tutta una casistica: c'era quello che sorreggeva il pene, quello che facilitava la penetrazione, può immaginare da sé il resto. È sorprendente, ma anche inquietante, vedere come nel volgere di pochi decenni questa miriade di assistenti della divinità, ognuno con un suo preciso compito, si riproduca nel cristianesimo. La verità è che la nuova religione adotta il sistema tipico del Mediterraneo, in cui la divinità ha un rapporto utilitaristico con la terra. Ciò che accadeva a livello politico si riproduce a livello «sacro»: tu mi fai la grazia, io ti do l'offerta. Uno scambio di favori che non ha nulla a che fare con il cristianesimo. È solo la forma in cui si esprime la religiosità nel bacino mediterraneo.

La mia ipotesi è che, nel IV secolo, il fenomeno dei santi sia uno dei sintomi del passaggio dalla fede alla religione. Il cristianesimo delle origini si basava sull'attesa dell'arrivo imminente degli ultimi tempi. Con il IV secolo diventa invece una religione civile, assumendone tutti i caratteri, a livello politico, sociale, dell'immaginario, di una possibile utilità immediata.

Lei vede una delle spie significative di quel passaggio nella proliferazione dei santi. In tempi recenti ci sono stati papi che, messo da parte ogni altro eventuale merito, hanno usato così largamente del loro potere da nominare centinaia di santi alla volta.

Nel XVII secolo i padri bollandisti si erano prefissi di esaminare le biografie di tutti i santi, dalle origini in poi, suddividendole mese per mese. Un lavoro in un certo senso scientifico, filologico, che però, arrivati all'Ottocento, dovettero interrompere, sostanzialmente per due ragioni. La prima era la quantità esorbitante del materiale. La seconda, le pressioni esercitate da Roma. Ancora nell'Ottocento le alte gerarchie cattoliche ritenevano che un'operazione del genere non si dovesse fare, nonostante alcune delle migliori intelligenze della cattolicità l'avessero difesa.

Mi ha colpito la differenza che lei ha poc'anzi introdotto distinguendo fra fede e religione. Francamente, avevo sempre ritenuto i due termini più o meno equivalenti. Perché li contrappone?

Il dibattito su questo rapporto è cominciato nell'Ottocento. A mano a mano che si affinavano gli strumenti critici, diventava sempre più netta la percezione che il cristianesimo fosse nato non come una religione, ma come una contestazione della religione. Il messaggio di Gesù, soprattutto l'annuncio della sua messianicità, non comportavano assolutamente la nascita di un nuovo culto, esprimevano solo la fede in un mistero sorretta dall'imminenza del suo ritorno in gloria: la parusia. Si è fatta allora l'ipotesi che il ritardo della parusia abbia causato la trasformazione di una fede escatologica (cioè degli ultimi tempi) nei compiti e doveri tipici delle religiosità mediterranee.

Come abbiamo detto, il ruolo civile della religiosità è stato fondamentale nell'Impero romano. Quando nel 1929 si stipulò il Concordato fra lo Stato italiano e la Santa Sede (rivisto poi nel 1984), si pattuì che Chiesa e Stato dovessero concorrere al bene della *res publica,* cioè della comunità. Pensi quale rovesciamento: il cristianesimo delle origini era stato accusato esattamente del contrario, di essere dissolvitore, eversore della *res publica.* Le due cose non sono conciliabili. Per questo preferisco sempre parlare di cristianesimi al plurale. Non nego che quello attuale sia un cristianesimo, ma non posso certo negare che lo fosse anche quello delle origini.

Lei ha ricordato ancora una volta l'aspetto, grandioso e inquietante, del cristianesimo antico, rappresentato dall'annuncio, dall'attesa del giorno del giudizio universale. Che fine ha fatto quell'attesa nella trasformazione che ha descritto?

Gradatamente, ma con sempre maggior decisione, l'attesa è stata rimossa. Ne rimangono dei residui in qualche preghiera, in qualche rito, ma allo stato di frammento, ormai quasi incomprensibili. Pensi soltanto che nei lezionari, le sillogi bibliche raccolte per uso liturgico, il testo dell'Apocalisse di Giovanni non compare mai. Il fenomeno riguarda d'altronde non solo il cristianesimo, ma anche il giudaismo. In ambito giudaico, all'apocalittica si rimproverò di essere stata la causa delle catastrofi del 70 e del 135. In ambito cristiano, l'apocalittica sparisce perché non può convivere con un impero che diventa cristiano per editto. L'apocalittica prevede la fede che i tempi ultimi sostituiranno i tempi storici. In un cristianesimo diventato imperiale, è ovvio che lo spazio per l'apocalittica scompare. Infatti, l'apocalittica non c'è più.

XIV

L'INFLESSIBILE AMBROGIO

Un'altra figura straordinaria del primo cristianesimo è Ambrogio, patrono di Milano, il popolare *sant'Ambroeus*, la cui festività ricorre il 7 dicembre. La religione ispirata da Gesù deve la sua affermazione in quegli anni turbolenti soprattutto a uomini del suo livello, alla loro determinazione, alla sottigliezza dottrinale e giuridica delle loro argomentazioni, alla loro capacità di andare all'obiettivo che si erano prefissati, decisi in qualunque modo a raggiungerlo.

Ambrogio nacque nel 339 a Treviri, figlio di un alto funzionario imperiale. Il buon livello sociale della famiglia gli permise ottimi studi e l'accesso precoce a una carriera pubblica che si annunciò subito brillante. Infatti, poco più che trentenne il giovane venne inviato a Milano con funzioni di governatore per l'Italia settentrionale e tale fu la fama raggiunta che dopo soli quattro anni, nel 374, morto il vescovo ariano Aussenzio, fu acclamato dal popolo al suo posto senza che nemmeno fosse battezzato, condizione cui si pose rapidamente rimedio: nel volgere di pochi giorni Ambrogio ricevette tutti i sacramenti necessari all'incarico.

La sua personalità presenta aspetti contraddittori. Sicuramente fu uomo di profonda pietà e di grande dottrina. Sul piano della carità mai, che si sappia, lesinò il suo aiuto a chi ne avesse bisogno. Sul piano della liturgia introdusse importanti innovazioni, che aveva in parte ripreso da canti e inni orientali, sulle quali si è andato costruendo, col tempo, il cosiddetto «rito ambrosiano». Sul piano della dottrina fu un poderoso combattente in favore dell'ortodossia, nemico di ogni eresia a cominciare da quell'arianesimo molto diffuso a Milano, perfino nella corte imperiale e che il suo stesso predecessore Aussenzio aveva condiviso.

Gli anni di Ambrogio furono fondamentali per l'edificazione della nuova religione. Le interpretazioni delle Scritture erano le più diverse, singole personalità o movimenti collettivi spuntavano ovunque, sostenendo le tesi più disparate. Se si voleva costruire davvero una Chiesa, era indispensabile che la dottrina venisse ricondotta all'unità rapidamente e senza troppo badare agli strumenti impiegati. Ambrogio capì subito che un vescovo che assumesse quanto meno la posizione di *primus inter pares* era uno strumento adatto a raggiungere la necessaria compattezza.

Nella lotta contro le deviazioni e le interpretazioni eretiche rientra anche il suo acceso antigiudaismo. Ambrogio, commentando il Vangelo di Luca, dice esplicitamente di considerare gli ebrei un popolo «perduto, spirito immondo, preda del diavolo anche all'interno del suo tempio sacro, la sinagoga». Del resto, riteneva la stessa sinagoga «sede e ricettacolo del demonio che stringe entro spire serpentine tutto il popolo giudaico». Un particolare episodio dà concreta e terribile dimostrazione di questo suo atteggiamento. Nel 388 nella piccola località di Callinicum sul fiume Eufrate, in Asia, i cristiani aveva assaltato e dato alle fiamme la locale sinagoga. Il governatore romano aveva condannato l'episodio e dato ordine che il tempio ebraico venisse ricostruito a spese del vescovo che era stato alla testa della spedizione punitiva. Lo stesso imperatore Teodosio I si disse favorevole alla decisione del suo funzionario.

Ambrogio si oppose all'atto riparatorio, scrisse una lettera veemente all'imperatore sostenendo che bruciare una sinagoga era tutt'altro che un crimine; era, anzi, un atto meritorio perché le fiamme avevano distrutto un luogo che negava la presenza di Dio. Arrivò, nel suo furore, a proclamare la sua responsabilità personale in quell'atto: «Io dichiaro di aver dato alle fiamme la sinagoga, sono stato io che ho dato l'incarico, perché non ci sia più nessun luogo dove Cristo viene negato». Opponendosi con tutta la passione di cui era capace alla ricostruzione del tempio distrutto, Ambrogio scrisse frasi che sconfinano nella più cruda brutalità: «Il luogo che ospita l'incredulità giudaica sarà ricostruito con i denari della Chiesa? Il patrimonio acquistato dai cristiani con la protezione di Cristo sarà trasmesso ai templi degli increduli?». Naturalmente non si devono valutare queste affermazioni, che oggi sarebbero giudicate espressione di una pericolosa intolleranza, con mentalità contemporanea. Le si deve invece inserire nel contesto di anni (siamo verso la fine del IV secolo) in cui il cristianesimo stava combattendo la sua battaglia per una completa affermazione, nonostante il riconoscimento imperiale ricevuto ottant'anni prima.

Sulla questione della sinagoga bruciata Ambrogio comunque non cedette. Rifiutò perfino di salire all'altare fino a quando Teodosio non avesse ritirato il decreto che ordinava la ricostruzione del tempio a spese del vescovo. C'era ovviamente, in una tale ostinazione, una finalità politica che andava al di là dell'episodio, per grave che fosse. Il battagliero vescovo milanese voleva dimostrare che, in materia di religione, su tutte le religioni, era la Chiesa cristiana a dettar legge; che la Chiesa aveva giurisdizione esclusiva e che alla volontà della Chiesa perfino l'imperatore doveva sottomettersi.

Non è sbagliato vedere in questo episodio la doppia premessa di eventi che si svilupperanno in modo drammatico nei secoli successivi. Da un lato la persecuzione degli ebrei che solo il concilio Vaticano II, nel 1965, ha definitivamente bandito; dall'altro la lotta fra papato e impero, ovvero il peso del potere della Chiesa e quello del potere dello Stato, che per molti aspetti e in molti paesi è tuttora una questione aperta.

Fra le numerose figure che fondano il cristianesimo in Occidente, ha fisionomia e peso notevoli Ambrogio, vescovo di Milano, poi fatto santo. Chi era esattamente? Com'era arrivato a quella carica tanto più rilevante in quanto Milano era allora la capitale dell'impero?

Siamo nella seconda metà di quel IV secolo che, con ragione, è stato definito «secolo d'oro» del cristianesimo antico. Ambrogio è una delle figure più rappresentative dell'episcopato occidentale, reclutato, bisogna notare, in maniera molto diversa da oggi. Nel caso di Ambrogio e di altri funzionari, è chiara la spinta che veniva anche da prospettive di carriera molto più promettenti nella Chiesa che non nell'amministrazione dello Stato.

Ambrogio proviene da un'aristocratica famiglia cristiana residente a Roma, anche se lui nasce nel 339 a Treviri, dove suo padre esercitava la prefettura della Gallia e dove probabilmente morì, coinvolto, pare, nei torbidi che alla morte di Costantino II (340) seguirono all'assestamento dinastico dei Costantinidi. Ambrogio era rientrato ancora fanciullo a Roma, ma la tragedia familiare dovette colpirlo nel profondo. Prova ne sia che nella ragguardevole opera in cui cita molti familiari, non c'è neppure una parola sul padre. Il giovane gode ovviamente di un'eccellente formazione che gli consente l'accesso a un prestigioso *cursus honorum*, quella che oggi chiameremmo una brillante carriera nell'amministrazione pubblica. Presta servizio nell'Illirico, cioè più o meno negli attuali paesi balcanici, dov'è protetto da Probo, prefetto del pretorio, che lo stima moltissimo. Nel 370 diventa governatore dell'Italia settentrionale, regione che aveva come capoluogo Milano, sede da parecchi decenni della corte imperiale. Vi regnava una dinastia succeduta ai Costantinidi, i Valentiniani.

Le circostanze che favorirono l'elezione di Ambrogio a vescovo furono straordinarie. Le può ricordare?

Alla morte del vescovo ariano Aussenzio, nel 374, il popolo avrebbe dovuto, secondo la prassi, nominare il successore, che veniva poi confermato dal clero. Entrambe le componenti della Chiesa milanese, cattolici e ariani, si riuniscono nella basilica di Santa Tecla, la cattedrale, per procedere all'elezione. L'autorità politica temeva i torbidi che in genere scoppiavano in occasione di queste assemblee. Neppure dieci anni prima, a Roma, durante l'elezione del successore del vescovo Liberio, la contesa fra i due candidati, Ursino e Damaso, era sfociata in un bagno di sangue, che lo storico Ammiano Marcellino imputa alla sfrenata ambizione dei due contendenti, avidi dei privilegi e dei benefici garantiti dalla carica.

In questa situazione piena di tensione, aggravata dall'atteggiamento di formale neutralità dell'imperatore Valentiniano I, la parte ariana e quella cattolica si affrontano in modo diretto. Ecco perché diventa plausibile l'ipotesi che il prefetto Probo abbia manovrato per far eleggere un uomo *super partes*. Ambrogio diventa così il miglior candidato possibile. Era conosciuto e stimato dal prefetto e si era dimostrato equilibrato nei precedenti incarichi di governo.

L'elezione è narrata per accenni da Ambrogio stesso, ma il racconto più dettagliato è del suo biografo, Paolino. È notissima la scena in cui si descrive il popolo tumultuante nella cattedrale. Ambrogio, come funzionario imperiale, entra nella basilica ed ecco che dall'aula si leva la voce di un bambino che grida: «*Ambrosius episcopus!*», sia vescovo Ambrogio. A questo punto, dice il biografo, il popolo trova finalmente quell'unità a lungo cercata e senza indugio Ambrogio viene eletto vescovo. Si pone però un problema piuttosto serio, perché il nuovo eletto non solo non appartiene al clero, ma non appartiene nemmeno alla comunità dei credenti giacché non è battezzato.

Vedo in queste procedure un segno che appartiene a tutti i movimenti, compresi quelli politici o culturali. Lo ritroviamo quando le gerarchie e le procedure per le successioni non sono ancora divenute rigide. Anche per la nomina del papa si è a lungo proceduto con elezioni burrascose alle quali partecipava il popolo di Roma. Questo, però, accadeva molto prima che si istituisse il «conclave» cui partecipano i soli cardinali.

Infatti, così andavano le cose e così andarono anche nell'elezione di Ambrogio. Nel suo caso, però, si aggiunsero alcuni gustosi episodi che dovevano mostrare pubblicamente la sua riluttanza ad accettare la carica. Ambrogio tentò infatti di sottrarsi fuggendo e facendo sapere in giro di aver ospitato nella sua casa delle prostitute. A dispetto di tutto, in una settimana il neoeletto riceve il battesimo e il 7 dicembre 374 viene consacrato vescovo. Per suo volere, la cerimonia di consacrazione viene officiata da un vescovo non ariano ma cattolico, una decisione rivelatrice di quella che sarà la linea del suo episcopato.

Gli inizi del suo ministero sono prudenti. È un magistrato abituato alle arti diplomatiche, sa bene come muoversi. A mano a mano però che il tempo passa si profila sempre più netto il conflitto con la corte imperiale che, alla morte di Valentiniano I e del suo primo successore, Graziano, era dominata non da Valentiniano II (il figlio cadetto elevato al trono poco più che bambino), ma da sua madre Giustina. Ambrogio odiò questa donna, non la chiamò mai per nome, anzi la indicò sempre con gli epiteti più ingiuriosi, comparandola sovente all'atroce figura biblica della regina Gezabele.

La quale, però, fece una fine orribile: venne buttata giù da un balcone e i cani ne divorarono il cadavere. A proposito delle posizioni prese da Ambrogio, mi pare interessante rievocare la disputa, abbastanza nota, legata all'altare della Vittoria. Ambrogio difese, con un vigore spinto fino ai limiti dell'intolleranza, quella controversa decisione. Come andarono esattamente le cose?

La discussione si prolungava da decenni. A Roma, nella sede della Curia, si trovava la statua della dea Vittoria, alla quale i senatori, all'inizio di ogni seduta, bruciavano qualche granello d'incenso in omaggio sacrificale. La parte cattolica del senato aveva contestato quel culto, ottenendo dall'imperatore Graziano, nel 382, la rimozione della statua o forse dell'altare su cui poggiava. I «pagani» non si erano però dati per vinti e avevano aperto una complessa controversia, che ebbe il suo acme nel 384, quando Aurelio Simmaco venne posto a capo di una delegazione senatoria per impetrare da Valentiniano II che la statua fosse rimessa al suo posto. Significativa è la reazione di Ambrogio che chiede, anzi, intima alla corte che gli venga consegnata copia della relazione di Simmaco.

Quel nobile trattato era centrato sulla convinzione che prestare il culto alle tradizionali divinità della patria era stata la ragione per cui Roma era divenuta la più grande potenza del mondo. Sopprimerlo rischiava di compromettere le sorti dell'impero. Dunque è la stessa «Roma» che prega il principe di reintegrare l'ossequio alle divinità tradizionali, e di conseguenza il ruolo della *religio publica*.

Richiesta che sembra ragionevole in un'ottica di mediazione, conciliatoria. Ambrogio come reagì?

Ambrogio imposta la sua replica su una sorprendente laicizzazione della storia di Roma, che è stata grande, sostiene, non per il favore delle divinità antiche, ma per il valore delle armi e per il coraggio dei suoi soldati. In questo modo egli demolisce ogni pretesa di affidare a una protezione divina le «magnifiche sorti e progressive» del potere e del dominio di Roma.

È in effetti sorprendente da parte di un uomo come lui. Sembrerebbe quasi un'anticipazione della moderna riflessione sulla storia! Se non fosse stata, verosimilmente, una mossa politica.

Infatti è solo tatticismo, anche se di buon livello. Lo dimostra il giudizio che lo stesso Ambrogio dà su uno degli episodi più drammatici di quel periodo avvenuto solo qualche anno prima. Nel 376, a Adrianopoli (odierna Edirne, in Turchia), l'imperatore Valente, di fede ariana, era stato sconfitto e ucciso dai goti, che dilagavano all'interno dell'impero. A stento suo nipote Graziano, di sicura fede ortodossa, cercava di contenerli con una politica di accordi, concessioni, compromessi. Ebbene, con un giudizio di segno opposto, Ambrogio scrive che la rovina di Valente è dipesa dalla sua fede ariana, cioè eretica, mentre la vittoria di Graziano la si deve alla sua devota ortodossia.

Chiedere alla politica coerenza e lealtà è fatica vana, allora come oggi. Ma questa opinione, opposta rispetto a quella espressa per l'altare della Vittoria, mi pare che apra un'altra questione. Sembrerebbe che Ambrogio intenda trasferire nella mani del Dio cristiano quella provvidenza nella conduzione delle cose umane che avevano un tempo le divinità romane.

Credo che Simmaco l'abbia capito quando, davanti alla corte milanese, afferma che *uno itinere non potest pervenire ad tam grande secretum*, vale a dire che, per attingere a Dio, una sola strada è insufficiente. Egli cioè invoca quello stesso principio di tolleranza che, con Costantino, aveva consentito di rendere lecito il culto cristiano. I tempi però sono mutati e ogni strada diversa da quella cristiana viene chiusa.

Ambrogio alla fine ebbe partita vinta su Simmaco. Disse che una cosa sono gli dei pagani che non contano niente, un'altra cosa è la forza del vero Dio. Simmaco si era rifatto a un dio stoico e neoplatonico. Ambrogio afferma che l'unico vero Dio è quello dei cristiani: «Ipse enim solus verus est Deus», *infatti è lui il solo vero Dio, tagliando così ogni ulteriore obiezione.*

Questo è vero, anche se direi che il suo discorso poggia su due pilastri. Il primo è quello che ho già richiamato sulla laicizzazione della storia di Roma. Il secondo è la confutazione di uno dei dogmi del pensiero pagano: quanto più antico è un valore, quanto più antichi sono una consuetudine, una prassi, un rito, tanto maggiore è la loro validità. Ambrogio rovescia questo schema sostenendo che, in realtà, sono la novità e il progresso a migliorare la società, e che l'antico in sé e per sé non ha alcun valore. Ancora una volta contraddice un pensiero radicato anche negli ambienti cristiani.

C'è poi lo scontro terribile con l'imperatore Teodosio, il generale spagnolo divenuto nel 379 imperatore d'Oriente e nel 392, dopo la morte di Valentiniano II, imperatore unico: qualcuno lo considera un'anticipazione del lungo conflitto che opporrà, nel Medioevo, papi e imperatori.

I rapporti fra Ambrogio e Teodosio sono complessi e implicano conseguenze che vanno al di là del già difficile rapporto fra un vescovo e un imperatore. Teodosio, con una decisione d'impeto, aveva fatto trucidare a Tessalonica, nel 390, migliaia di cittadini, rei di aver attentato alla vita del prefetto di quella città. Ambrogio dissente in maniera vibrata e, quando l'imperatore giunge a Milano, gli proibisce l'accesso nella basilica dei Martiri, oggi conosciuta come basilica di Sant'Ambrogio. Il vescovo motiva il severissimo provvedimento, che equivale in pratica a una scomunica, con la gravità del peccato commesso dall'imperatore. Questi gli risponde che, al pari del re biblico David, responsabile, seppur indirettamente, di omicidio, anch'egli merita il perdono. Certo, replica Ambrogio, ma il perdono verrà dopo la penitenza, e sarà il vescovo a doverla amministrare.

L'imperatore viene così estromesso dall'ufficio teocratico che gli consentiva un ruolo preminente nella Chiesa. La riflessione ambrosiana porta a una netta distinzione dei poteri. La giurisdizione imperiale, scrive il vescovo, si esercita sui *palatia*, quella del vescovo sulle *ecclesiae*, dentro le quali l'imperatore ha il posto che compete a qualsiasi altro fedele.

Si tratta di una distinzione dei poteri fra Stato e Chiesa come la si intende oggi in Occidente? Oppure, secondo Ambrogio, il potere ecclesiastico prevale comunque su quello politico?

Credo che Ambrogio non arrivi in modo sistematico a formulare una teologia politica; agisce empiricamente, risponde ai problemi concreti che via via la storia gli pone dinnanzi. Le racconto un episodio molto significativo, il drammatico scontro fra il vescovo e la corte imperiale, che ebbe inizio nell'autunno del 385.

L'oggetto è sempre il difficile equilibrio dei rapporti fra Stato e Chiesa?

Certamente. La vicenda va sotto il nome di «conflitto per le basiliche». A oltre dieci anni dalla sua elezione, Ambrogio ha conquistato alla fede cattolica la maggioranza delle componenti cittadine. La corte però resta saldamente in mano alla parte ariana, e lì è giunto, dall'Oriente, un vescovo ariano che si chiama anche lui Aussenzio. Ambrogio viene convocato a palazzo per definire quale basilica dovrà consegnare al collega per consentirgli di celebrare il culto. E lui che fa? Si presenta all'appuntamento non da solo, ma accompagnato dal popolo in tumulto. Mossa abilissima, di colpo tutto cambia. Era stato convocato per eseguire un ordine, viene invece pregato di sedare la rivolta.

Mi scusi se la interrompo, ma è la seconda volta che dobbiamo constatare un forte ascendente del vescovo Ambrogio sui milanesi, dopo un'elezione che è il caso di definire a furor di popolo. Come si spiega una tale influenza?

Il vescovo con sapienza e sistematicità aveva operato una forte saldatura d'interessi fra le principali componenti cittadine. I numerosi diseredati dovevano la loro sussistenza alla carità ecclesiastica. Pensi che, dopo la disfatta di Adrianopoli, Ambrogio aveva subito fatto fondere il metallo prezioso degli arredi sacri per pagare il riscatto dei prigionieri. Poi c'era il ceto produttivo dei commercianti (i *mercatores*), che, a causa della sua fede cattolica, si vedeva comminare, da parte delle autorità di professione ariana, multe salatissime e, talora, il carcere. C'erano infine i reparti scelti dell'esercito, peraltro in prevalenza di confessione ariana, i quali si erano così avvicinati ad Ambrogio da rappresentare quasi un pericolo per la sicurezza dell'imperatore.

Immagino, considerate queste premesse, che fu Ambrogio a uscire vincitore dal conflitto.

Naturalmente. Anche se dovette affrontare una crisi che minacciò di travolgerlo. Come vediamo anche oggi, il potere politico non dimentica gli affronti: il 23 gennaio 386, l'imperatore fanciullo Valentiniano II promulga un editto con cui si garantisce la libertà di culto a tutte le confessioni cristiane e si sanzionano gravemente (con la morte o l'esilio) i trasgressori. Di lì a poco, la corte imperiale rinnova ad Ambrogio l'ordine di consegnare una basilica all'altro vescovo: sembra arrivato il momento di dargli finalmente scacco. Se continuerà a rifiutarla, Ambrogio si macchierà, dal punto di vista giuridico, di un reato capitale e da quello morale di un grave atto d'intolleranza. Comincia così un braccio di ferro che ha la sua fase più acuta nella Settimana santa del 386, quando egli si rinchiude (occupa, diremmo oggi) con il suo popolo nella basilica Porziana, che viene cinta d'assedio dall'esercito.

Una curiosità marginale. Come si chiama oggi, se ancora esiste, questa basilica?

È un problema discusso fra archeologi e storici, non ancora risolto. Pare prevalere l'ipotesi che la Porziana fosse quella che è oggi la chiesa di San Vittore al Corpo, a lato dell'omonima via milanese. Ciò che importa è che lì, sotto la regia del vescovo, le varie componenti sociali cittadine furono rese corresponsabili della prova di forza. Un processo che, con felice espressione, Sante Mazzarino definì «democratizzazione della cultura». In quell'occasione vennero composti per la prima volta degli inni sacri che rappresentano l'espressione corale –

vescovo, popolo, esercito – di una politica ecclesiastica, o addirittura di una teologia politica, alternativa rispetto al potere imperiale. Fatto sta che la corte si arrende, toglie l'assedio alla basilica e rinuncia al progetto di utilizzarne una per il culto ariano. È a questo punto che l'imperatore lancia contro il vescovo la terribile accusa di comportarsi come un *tyrannus*.

La traduzione a orecchio sarebbe «tiranno», ma in realtà che cosa voleva dire esattamente tyrannus *nel linguaggio dell'epoca?*

È il sovversivo che tenta di usurpare il trono, per cui ben si può capire quanto grave fosse l'imputazione. Anche se sbigottito, Ambrogio replica ricordando a Valentiniano II come, «secondo la legge antica, gl'imperi sono stati donati dai sacerdoti, non usurpati». Il riferimento palese è alla prassi biblica dell'unzione del re da parte del profeta. Quando il profeta Samuele procede per ordine di Dio all'unzione di David, «fulvo, con begli occhi e di gentile aspetto», Saul, re legittimo, siede ancora sul trono. *Les jeux sont faits* verrebbe da dire, e questa volta è il vescovo a dare scacco matto all'imperatore.

Conosco come tutti l'episodio dell'unzione di David, ultimogenito di Iesse, ma temo ugualmente di non capire l'analogia.

Ambrogio sostiene, Bibbia alla mano, che al potere, all'*imperium*, si arriva legittimamente non tanto in forza di una successione dinastica, per discendenza diretta. Infatti, David non era figlio di Saul, come peraltro Teodosio non era nell'asse ereditario dei Valentinianidi. Si arriva al trono, invece, in virtù della volontà divina, e soltanto il *sacerdos*, attraverso l'unzione, ha il potere di autenticarla. Nella tarda primavera di quello stesso anno, il vescovo celebra il suo trionfo: fa traslare nella basilica dei Martiri, che ha appena fatto erigere, le spoglie dei martiri Gervasio e Protasio, i cui corpi erano stati proprio allora miracolosamente, ma anche assai opportunamente, ritrovati.

Poche settimane prima, mentre infuriava la polemica, Ambrogio aveva confessato al popolo d'aver sempre avuto il massimo rispetto per l'autorità imperiale, ma di non volere piegarsi ai suoi soprusi. E aveva aggiunto: «Mi offro con gioia ai supplizi, né ho paura di quello che si va preparando». Ora che ha vinto, depone nella basilica le venerate spoglie, affermando dinnanzi a quello stesso popolo che, «dal momento che non merito io stesso di essere martire, vi ho procurato questi martiri». Contro l'esercito imperiale, il vescovo ha schierato le milizie celesti, cui i martiri appartengono, che gli hanno assicurato la vittoria. La corte capitola, mentre Ambrogio, a suggello del suo trionfo, fa eseguire a rilievo, sulla porta principale della basilica, il ciclo biblico di re David. Nel progetto originario, esso cominciava proprio con l'unzione regale fatta da Samuele. A chiunque varcasse la soglia della chiesa, dove Ambrogio si farà seppellire e che da lui prenderà il nome, si ricordava così non solo un grande evento, ma l'esposizione di una nuova, rivoluzionaria teologia politica.

XV

LA LEZIONE DI AGOSTINO

Questo capitolo è dedicato a un uomo straordinario e inquietante: Agostino, vescovo di Ippona, fatto santo dalla Chiesa, una personalità resa complessa e per alcuni aspetti enigmatica dalla fosca visione che coltivò sulla natura e sul destino degli esseri umani, dalla controversa eredità spirituale che ha lasciato, dalla strabordante produzione di migliaia e migliaia di pagine non ancora tutte studiate a sufficienza. Una trentina di sermoni sono stati scoperti negli anni Novanta del XX secolo, ma altri ritrovamenti sono ancora più recenti.

Agostino è nato nel novembre 354 a Tagaste, piccola città della Numidia (oggi in Algeria) che aveva massicciamente aderito al donatismo. L'origine della sua famiglia era berbera. Suo padre Patrizio, un «pagano» non convertito al cristianesimo, era fra i consiglieri municipali della città. Molto religiosa la madre Monica, fatta anch'essa santa dalla Chiesa, che ebbe profonda influenza su quel figlio di precoce genialità. Proprio in ragione degli eccellenti risultati scolastici, il padre decise di mandarlo a Cartagine a continuare gli studi, con l'intenzione di farne un avvocato.

La giovinezza di Agostino fu turbolenta, ovvero, per usare la sua stessa ottica, peccaminosa. La natura passionale lo portava a disordinate avventure femminili. Da una relazione molto prolungata durata ben quindici anni nacque un figlio, chiamato, con trasparente allusione alla divinità, Adeodato, dato da Dio.

Non ancora ventenne, Agostino aveva aderito con fervore alla corrente di pensiero detta «manicheismo», forse nella speranza che i sapienti di quella setta lo aiutassero a risolvere i molti dubbi che già lo attanagliavano, in primo luogo il problema del male. Da dove viene? Chi ne è la causa? In che modo la fede può contrastarlo? I manichei sostenevano l'esistenza di due principi opposti, il bene e il male, che impedivano qualsiasi libertà alla scelta degli individui, togliendo di conseguenza ogni responsabilità morale a eventuali atti malvagi in quanto originati da un irresistibile principio esterno. Per nove anni Agostino cercò fra gli «eletti» di quella setta (pur militando solo nei gradini più bassi) una risposta alle domande che lo assillavano. Alla fine, deluso, se ne allontanò.

Nel 383, non ancora trentenne, s'imbarcò di nascosto (così dicono alcuni suoi biografi) per aggirare l'opposizione della madre al suo allontanamento. Fece vela per Roma, dove aprì una scuola di retorica; quindi, su consiglio del prefetto Simmaco, si spostò a Milano, residenza imperiale, dove certamente le possibilità di carriera erano maggiori, e forse anche perché attratto dalla fama di santità del vescovo Ambrogio. Chi ne favorì il trasferimento aveva pensato a lui proprio per controbilanciare la fama e il peso in continua espansione di Ambrogio. Agostino invece, vinto dalla dottrina e dalla forza della predicazione del vescovo, si trasformò presto in un suo fervente seguace. A Milano lo raggiunse la madre e Agostino perse e trovò altre donne, pur continuando la sua ansiosa ricerca spirituale.

All'età di trentatré anni la grazia così lungamente cercata d'improvviso arrivò. Avvenne nel giardino di una villa rustica, a Cassiciaco, presso Milano, dove il filosofo udì una voce infantile che canterellava «*Tolle, lege*», vale a dire «prendi e leggi». Interpretò quelle parole misteriose più volte ripetute come un invito celeste a dedicarsi allo studio delle Scritture, in particolare delle lettere di Paolo. Qualche tempo dopo, presi con sé alcuni familiari e qualche amico tra i più fedeli, in quella stessa residenza di campagna s'impegnò nella ricerca di Gesù, unendo metodo filosofico e dottrina cristiana.

In pagine molto belle anche dal punto di vista letterario Agostino descrive l'ideale serenità di quel cenacolo, dove un'agiata vita ascetica si alternava a dibattiti di alta speculazione intorno ai più ardui temi della fede: l'immortalità dell'anima, l'eterno problema del male, la ricerca della quiete spirituale, l'essenza del divino.

Nei giorni di Pasqua del 387, con ormai alle spalle una vita spirituale di grande intensità nonostante la giovanissima età, Agostino, rientrato a Milano, venne battezzato da Ambrogio in persona. Fu uno dei momenti cruciali della sua esistenza, che aprì una seconda fase nella sua vita: la scoperta e l'approfondimento della vera fede.

Tornò quindi a Tagaste, nella sua Africa, deciso a perseguire un ideale di perfezione. Con la stessa ardente passione che gli aveva fatto cercare ora il piacere dei sensi ora le assolute certezze del manicheismo, prese adesso ad amare il Dio dei cristiani:

> Tardi ti ho amato, Bellezza così antica e tanto nuova, tardi ti ho amato. Sì, perché tu eri dentro di me e io fuori: lì ti cercavo. Deforme, mi gettavo sulle belle sembianze delle tue creature. Eri con me, ma io non ero con te. Mi tenevano lontano da te le tue creature, inesistenti se non esistessero in te. Mi chiamasti, e il tuo grido sfondò la mia sordità ... mi toccasti e arsi dal desiderio della tua pace.

Venne ordinato sacerdote quasi per forza di popolo. A Ippona, dove era andato a soccorrere un amico malato, la folla ottenne dal vescovo la sua ordinazione. Per cinque anni combatté ogni eresia, compreso il manicheismo, con tutta la passione della sua natura accesa e con risultati eccezionali. Fu naturale che quando, assai avanti negli anni, morì il vescovo di Ippona, Agostino venisse designato successore, nonostante la sua riluttanza. A quarantadue anni prese dunque possesso della sede di Ippona, che avrebbe tenuto per oltre un trentennio. Visse, austero, in comunità con alcuni sacerdoti della diocesi, poveri tutti, lui e gli altri, concentrati nella preghiera anche se afflitti da cento incombenze secolari. Morì a settantasei anni, durante l'assedio che i vandali avevano posto a Ippona. Fu poi proclamato padre, dottore e santo della Chiesa.

Alcuni elementi possono essere richiamati nella personalità complessa e grandiosa di questo pensatore. Intanto l'abbondanza degli scritti, che fa di lui uno degli autori più prolifici dell'antichità nonché uno dei più conosciuti data la massa di informazioni e di dettagli, compresi quelli psicologici, disseminati nelle sue pagine. Poi l'enorme influenza che ha esercitato (ed esercita) sulla dottrina cristiana, nonostante che la filosofia scolastica (sette secoli dopo) abbia preso una decisa distanza dal suo insegnamento.

L'Africa del Nord ebbe una grande importanza nello sviluppo originario del cristianesimo, come è stato più volte ricordato, sia perché la locale borghesia colta si era mostrata sensibile al messaggio di chi si diceva ispirato da Gesù, sia perché Cartagine era la seconda città dell'Occidente, subito dopo Roma. In questo contesto Agostino sviluppò una visione penitenziale del destino umano che si tinse, con l'avanzare degli anni, di un sempre più accentuato pessimismo. Egli vedeva la natura degli uomini irrimediabilmente marcata dal peccato; riteneva che gli esseri umani fossero predestinati al male e che, afflitti dalla colpa originale, poco potessero fare per contrastare il loro amaro destino. Non valevano a redimerli né le buone azioni né eventuali meriti personali. Solo la grazia divina poteva salvarli.

Questi scarni cenni biografici sono forse sufficienti a capire quanto pesasse in una tale concezione dell'esistenza ciò che egli stesso aveva vissuto. Lui peccatore, lui che si era abbandonato alla febbre della concupiscenza era stato preso per mano da Dio e portato a salvazione senza merito alcuno, per la sola virtù della grazia. Chi sosteneva, come i seguaci di Pelagio, la bontà della natura umana, non aveva capito, secondo Agostino, quanto pesante fosse il marchio del peccato originale.

La questione del peccato originale merita un breve cenno. Si tratta infatti di una teoria (un dogma per la Chiesa) che trae origine dalla riflessione di Paolo di Tarso sull'antitesi fra la redenzione di Cristo e il peccato di Adamo, perfezionata proprio da Agostino, secondo il quale ogni nuovo nato viene al mondo macchiato da quella lontana colpa.

Che la colpa di un remoto e mitico progenitore ricada su tutti i discendenti attraverso i secoli può risultare credibile solo in base a un'obbedienza dogmatica. La Chiesa, però, continua a ritenerla centrale nella sua dottrina, come ribadisce anche l'ultimo catechismo, che definisce il peccato originale «un fatto accaduto all'inizio della storia dell'umanità». Un «fatto», dunque, nonostante le ricerche abbiano restituito a quel racconto il suo carattere mitico. Tanto più che la creatura uscita dalle mani di Dio «a sua immagine e somiglianza», cede al peccato alla prima tentazione offerta da un improbabile serpente che parla. Come ha scritto il teologo Vito Mancuso, davanti a una tale fragilità «bisognerebbe parlare di un difetto di fabbricazione».

Agostino arriva a teorizzare la trasmissione della colpa attraverso le generazioni proprio considerando l'atto generativo, cioè l'amplesso. Nel suo *Le nozze e la concupiscenza* scrive: «I bambini sono tenuti come rei dal diavolo, non in quanto nati dal bene, che costituisce la bontà del matrimonio, bensì perché nati dal male della concupiscenza, di cui indubbiamente il matrimonio fa buon uso, ma di cui anche il matrimonio deve arrossire». È «l'ardore della passione» che accompagna l'amplesso a macchiare fin dall'origine ogni essere umano: «chiunque nasce da questa concupiscenza della carne ... è in debito del peccato originale». La sessuofobia di Agostino trova in questa invenzione una sua compiuta formulazione anche se, da un diverso punto di vista, si fa rivelatrice dei disturbi psicologici di cui il suo geniale autore certamente soffriva.

Dagli abissi del male poteva essere salvata solo una ristretta comunità di eletti selezionati per grazia divina poiché la natura umana è soggetta alla corruzione e la stessa Chiesa è fatta sia di santi sia di peccatori. Si affaccia in quest'ultima concezione l'idea che sarà al centro della sua opera forse più famosa (insieme alle *Confessioni*), *La città di Dio*, cioè la comunità degli eletti che, alla fine di tutti i tempi, saranno chiamati dal Padre.

Il pensiero di Agostino è stato interpretato in vario modo nel tempo. Quando Lutero (che era per altro monaco agostiniano) e Calvino ruppero con la Chiesa di Roma, lo fecero anche nel nome di Agostino. Per il protestantesimo nascente, gli esseri umani potevano giustificarsi davanti a Dio solo in virtù della grazia e della fede, certo non per le buone azioni, preda come sono della loro natura corrotta.

A due ulteriori e contrastanti ricadute della dottrina agostiniana si può sommariamente accennare. Una la si intravede, per opposizione, nella filosofia illuminista e più ancora nel positivismo. Puntando sulla perfettibilità della natura umana, sull'ideale di un continuo progresso, queste correnti di pensiero non poterono che rifiutare il cupo pessimismo agostiniano. L'altra la scorgiamo in controluce nella scoperta fatta da Freud di un'oscura zona della personalità che s'annida al fondo del nostro animo, sottratta al controllo consapevole e che il medico viennese battezzò «inconscio». Forse Agostino è stato il primo a intravedere il torbido magma che s'annida nel cuore di ogni essere umano. Che lui l'abbia chiamato «peccato» e Freud «inconscio» cambia di poco la sostanza delle cose.

Lei ha citato più volte Agostino d'Ippona, insigne ma anche controversa figura. La sua vita è praticamente divisa in due. La seconda parte, dopo la conversione, risente fortemente della prima, quasi che quel grande spirito volesse riscattare, con il rigorismo e il disprezzo verso la carne, i peccati commessi in gioventù. Quale fu il suo ruolo nell'edificazione del cristianesimo?

È senza dubbio una figura centrale: rappresenta per il cristianesimo delle origini di lingua latina ciò che Origene incarna per quello di lingua greca. Agostino d'Ippona, anzi Agostino di Tagaste, poiché lì nacque, è un tipico rappresentante della nuova situazione venutasi a creare dopo Costantino. È un uomo di vivissima intelligenza; non proviene da una famiglia di particolari disponibilità, eppure s'impone subito all'attenzione proprio per le sue alte doti. Inizia un percorso classico per un intellettuale romano. Studia eloquenza fino a padroneggiarla e, invece che nel diritto, la applica a un percorso filosofico, profondo e inquieto, del quale non sarà mai del tutto soddisfatto. Lascia l'Africa natia, giunge a Roma, che era la meta di ogni giovane ambizioso. Viene accolto da una delle più prestigiose famiglie pagane, i Simmaci, imparentata con Ambrogio. Sono proprio loro, che lo apprezzano moltissimo, a consigliargli di andare a Milano dove risiedeva la corte imperiale.

Agostino vi si reca, e qui si svolge l'ultima parte del suo itinerario di ricerca. Probabilmente attraverso la mediazione del vescovo Ambrogio, che però non riuscirà mai a frequentare se non occasionalmente, entra negli ambienti che caratterizzano il cristianesimo occidentale di quegli anni. Sono per lo più circoli di ascetismo temperato, persone che sicuramente praticano la virtù e l'ascesi, ma dove, per esempio, si viene serviti a tavola da schiavi. Un'atmosfera molto più vicina a una scuola filosofica che non al monachesimo orientale o cenobitico. In questo clima, e probabilmente sotto la direzione spirituale di Simpliciano, che sarà il successore di Ambrogio, Agostino decide infine di farsi battezzare.

Il percorso che lei ha delineato può essere visto in due modi diversi. La ricerca serena della «verità» oppure la risposta a un problema esistenziale non esente da ombre, che trova infine soluzione e rifugio in una spiritualità esasperata. A quale età avviene il battesimo?

Fra i trentaquattro e i trentacinque anni. Se seguiamo il percorso attraverso il suo straordinario libro, *Le confessioni*, lo stacco dalla sua vita precedente è nettamente visibile. Vita, come lei stesso ha accennato, che presenterebbe delle ombre. Agostino ebbe infatti un figlio da una concubina. Tuttavia, per un giovane intellettuale ambizioso, che con la sua attività di retore comincia a guadagnare bene, il fatto di avere una concubina e un figlio era una circostanza largamente accettata, se non addirittura consigliata, dalla società del tempo. Lo stesso Ambrogio, per sottrarsi all'imprevista e, almeno ufficialmente, sgradita elezione a vescovo, e disilludere i suoi sostenitori, era ricorso – come abbiamo visto – allo stratagemma di far circolare la voce secondo la quale aveva ospitato in casa delle prostitute, lui, che sarà da Agostino lodato, con stupita ammirazione, per la rigorosa osservanza del celibato.

Tornando ad Agostino, è certo che la conversione al cristianesimo lo trasforma. Rientra in Africa, quindi abbandona la carriera, e ben presto diventa vescovo di un porto importante, Ippona, dove risiederà per tutta la vita. Non accetterà mai, per quanto probabilmente ne avesse l'opportunità, la sede metropolitana di Cartagine. Preferì una posizione più defilata. A Ippona organizza un prodigioso laboratorio pastorale, esegetico, teologico e certamente anche politico. Fonda una comunità di presbiteri e, nel monastero annesso alla cattedrale, sperimenta forme di vita comune di notevole valore.

Ciò che dice disegna la personalità di un uomo-straordinario. Proprio per l'eccellenza delle sue qualità viene da chiedersi: ma chi era in ultima analisi Agostino? Ammesso che la domanda abbia una plausibile risposta, ovviamente.

Possiamo dire che Agostino è stato il protagonista della vita cristiana in Africa dagli anni Novanta del IV secolo sino alla fine degli anni Venti del V: muore infatti nel 430, durante l'assedio dei vandali di Genserico alla sua città, per cui gli vennero risparmiate le atrocità che seguirono la presa di Ippona. Il primo problema di rilievo che deve affrontare è la questione donatista. Da più di ottant'anni l'Africa era spaccata in due, divisa fra cattolici e donatisti. Agostino diventa il corifeo della parte cattolica e, in una prima fase, tenta d'instaurare un dialogo con gli avversari. L'obiettivo fallisce anche perché i donatisti temono che la sua personalità, palesemente superiore, finisca per prevalere. Si passa allora a una seconda fase, dove al confronto subentra la coercizione.

Con il 405, il giro di vite della corte imperiale si stringe sul donatismo. Nel 411, alla conferenza di Cartagine, c'è un incontro coatto fra cattolici e donatisti, ordinato dall'autorità imperiale. La sorte dei donatisti è segnata prima ancora che si cominci. Agostino ne approfitta per attaccare nuovamente e con violenza la parte avversa.

Gli interventi della corte in questioni religiose erano conseguenza della concezione imperiale del cristianesimo, prima con Costantino, poi con l'imperatore Teodosio, che rende obbligatoria la nuova fede comminando pene terribili, compresa la morte, a chi avesse continuato a venerare gli dei «pagani». La vita di Agostino, il suo pensiero, risentirono di quest'atmosfera?

L'inasprimento della legislazione antidonatista viene deciso da Onorio, figlio ed erede, nella parte occidentale dell'impero, di Teodosio. I donatisti accusano la gerarchia cattolica di prestarsi a funzionare come «cinghia di trasmissione» dell'autocrazia imperiale, e temo che l'accusa fosse fondata. I vescovi non solo premono sulla corte perché renda più dura la repressione ma, in certo modo ne curano l'applicazione. Agostino, che fino ad allora era riuscito a orientare il collegio episcopale cattolico su una linea di prudenza, si allinea allora con i più intransigenti. Conosciamo una sua lettera, inviata fra il 406 e il 408 al governatore civile d'Africa, Ceciliano, nella quale si dice sicuro che il destinatario prenderà «senza dubbio provvedimenti affinché il tumore della superbia della sacrilega eresia venga risanato con il terrore di leggi severe». Parole che non si prestano a equivoci.

Per un altro verso, comunque, Agostino precisa che il terrore delle leggi deve andare insieme a una certa moderazione. Insomma, si muove con un indubbio pragmatismo, lo stesso che lo porta ad accontentarsi delle conversioni di massa, per quanto non sia certo della loro sincerità: «Si tratta non già di singoli individui» precisa «ma di intere città ... Esse hanno approfittato, diciamo così, della paura delle sanzioni ... e sono diventate cattoliche proprio grazie alle leggi degli imperatori». Fra queste, c'è anche la sua città natale, Tagaste, che «mentre prima apparteneva interamente al partito donatista, si era poi convertita alla Chiesa cattolica per paura delle sanzioni imperiali» tanto che, prosegue Agostino, «sembra non essere mai appartenuta» a quella setta.

Agostino è anche un grande esegeta, attento a basare ogni suo convincimento su un fondamento biblico. Quali furono queste fondamenta nel caso del diritto alla coercizione?

La svolta verso la repressione più dura Agostino la fonda anzitutto sulla Lettera ai Romani di Paolo (*Rm* 13,2-4). Egli considera lo scisma una circostanza in cui l'autorità civile deve applicare una legittima sanzione poiché è «al servizio di Dio, per la giusta condanna di chi opera il male». In aggiunta, egli ricorda come «tutta la questione si riduce a vedere se lo scisma non è nulla di male oppure se non l'avete provocato, a vedere cioè se vi ribellate alle autorità per una causa buona e non per una causa cattiva, per la quale potreste meritare d'essere condannati». Non basta, soggiunge, di aver patito e continuare a subire la persecuzione – stendardo issato sul pennone più alto della Chiesa donatista – poiché «il Signore ... non disse soltanto: "Beati i perseguitati", ma aggiunse: "per causa della giustizia"» (*Mt* 5,10).

Non vorrei addentrarmi troppo in questioni di ardua teologia. Credo però che, avendo accennato ai donatisti, bisognerà anche dire qualcosa su un'altra eresia famosa contro cui si batté Agostino, quella dei pelagiani.

Pelagio era un asceta, la cui predicazione aveva avuto grande successo a Roma. Offriva una visione molto positiva degli esseri umani che, a suo dire, erano fin dalla creazione orientati al bene. Il peccato aveva certamente creato delle difficoltà a questa propensione al bene, l'aiuto di Dio però poteva far sì che l'uomo non incontrasse ostacoli per la propria salvezza. Si tratta di una visione opposta a quella di Agostino che partiva da una concezione negativa degli esseri umani. A proposito, in particolare, del peccato originale, i seguaci di Pelagio pensavano che la colpa di Adamo avesse nuociuto solo a lui, e che in nessun modo potesse ricadere sulla sua discendenza, poiché gli uomini nascono inclini al bene.

Non mi addentro oltre nel tema. Devo però almeno dire che la concezione così amara di Agostino si basava su una lettura particolare, forse tendenziosa, delle lettere di Paolo.

A quale idea di Paolo si riferisce?

Per Paolo, l'uomo, anche quando vuole fare il bene, subisce ineluttabilmente uno scacco: «Io so infatti» scrive «che in me, cioè nella mia carne, non abita il bene; c'è in me il desiderio del bene, ma non la capacità di attuarlo; infatti io non compio il bene che voglio, ma il male che non voglio» (*Rm* 7,18-19). Agostino accentua questa opposizione fra carne e spirito, e individua nel desiderio sessuale, e più in generale nella concupiscenza, un ostacolo umanamente insuperabile alla salvezza.

Quando prima le ho chiesto chi fosse in sostanza Agostino, mi riferivo proprio a questi aspetti esasperati della sua dottrina, che sono abbastanza noti. Torna la domanda se tutto ciò sia frutto del temperamento o delle circostanze.

È molto significativo, nella sua vita, il celeberrimo momento della conversione. Quando Agostino ode la voce infantile che cantilena «Prendi, leggi; prendi, leggi», capisce subito che si tratta dell'ordine celeste di prendere l'epistolario di Paolo e di leggervi il primo capoverso in cui si fosse imbattuto. Sotto gli occhi gli cade il testo della Lettera ai Romani che recita: «Non in mezzo a gozzoviglie e ubriachezze, non fra impurità e licenze, non in contese e gelosie. Rivestitevi invece del Signore Gesù Cristo e non seguite la carne nei suoi desideri» (13,13-14). Si conclude così il suo angoscioso itinerario di ricerca, ostacolato dal demone della concupiscenza; nello stesso tempo, prende avvio quella svalutazione della carne che lo porterà, negli anni finali, a indicarla come la porta attraverso cui ha fatto irruzione il peccato.

Nel pessimismo di Agostino, così contrastante con la prima fase spensierata della sua vita, rientrava un irrimediabile disprezzo per la sessualità. Dai suoi scritti sulla concupiscenza prende avvio quella sessuofobia che così a lungo ha segnato il cristianesimo.

Le ragioni di questa profonda mutazione sono eminentemente teologiche, se non anche filosofiche, e rispondono all'eterno quesito su cosa sia il male e da dove provenga. All'esordio della sezione dedicata, nella Lettera ai Romani, al confronto fra Adamo e Cristo, Paolo aveva scritto: «Come a causa di un solo uomo [Adamo] il peccato è entrato nel mondo e con il peccato la morte, così anche la morte ha raggiunto tutti gli uomini, perché [*eph'o-i*] tutti hanno peccato» (5,12). Traducendo la parola *eph'o-i* nel modo più appropriato, la frase suona: «per il fatto che tutti hanno peccato». Il testo di Paolo dice che sono i peccati che ciascuno commette a portare alla morte, non il peccato di Adamo.

Agostino, però, conosceva male il greco e nella traduzione latina della Bibbia lesse quelle parole in modo diverso, influenzato dalla polemica contro Pelagio, angosciato dal dilemma paolino fra desiderio del bene e compimento del male. Traduce allora così: «Come a causa di un solo uomo [Adamo] il peccato è entrato nel mondo e attraverso il peccato la morte, così anche la morte ha raggiunto tutti gli uomini, che in lui [Adamo] hanno peccato». Ritenne insomma che la cattiva inclinazione degli uomini derivasse dal fatto che ogni nuovo nato sconta il peccato di Adamo. E che la concupiscenza è veicolo e segno di questa macchia originale. Vede la forzatura?

La vedo nettamente, e vedo anche quale fragile base abbia la teoria del «peccato originale». Del resto, che Agostino avesse un rapporto disturbato con la sessualità è cosa piuttosto nota. Resta la domanda: com'è possibile che, secondo lui, l'umanità intera debba scontare, una generazione dopo l'altra, il peccato di Adamo?

Agostino, riprendendo certe posizioni teologiche precedenti, eredita una concezione negativa della riproduzione che, in quelle fonti, veniva considerata un continuo offrire frutti alla morte. Erano arrivati a dire che il tempo tanto atteso dei giorni ultimi sarebbe arrivato quando le donne avessero smesso di generare. La generazione avviene attraverso il rapporto sessuale, ed ecco allora Agostino dedurne che la sessualità è causa e frutto insieme della concupiscenza; il sesso diventa, in definitiva, *tradux peccati*, il mezzo che «fa passare» il peccato da Adamo all'umanità. Ciò che nasce è corrotto fin dal principio, perché porta con sé la sporcizia del peccato originale.

La cerimonia, il sacramento del battesimo com'è inteso nella religione cattolica immagino che venga da qui.

Ovviamente. S'impone l'uso liturgico del battesimo perché i neonati hanno bisogno di un lavacro di salvezza che purifichi la loro lordura. A sostegno di questa dottrina Agostino invoca, oltre a Paolo, anche Giobbe 14,4 e il Salmo 50,7, il cosiddetto *Miserere*. Non posso dilungarmi in questioni di pura filologia, riassumo dicendo che, di traduzione in traduzione, si arriva dall'ebraico di Giobbe, lontanissimo da Agostino, alla traduzione latina della Vulgata già molto più vicina a lui: «Chi può rendere puro ciò che è stato concepito da un seme immondo?». Per il *Miserere*, l'originale ebraico, recita: «Ecco, nella colpa sono stato generato, nel peccato mi ha concepito mia madre», con il che il salmista afferma solo di ritenersi un peccatore. Agostino, anche in questo caso, lesse delle traduzioni latine che accentuano la portata peccaminosa del concepimento realizzato attraverso l'unione carnale.

Ma leggendo i testi in questo modo, uno dei fondatori dell'ortodossia cattolica arriva a compromettere, anzi addirittura a inficiare, la bontà dell'atto sessuale (perfino nel matrimonio) e della stessa procreazione.

Pier Franco Beatrice, docente di Letteratura cristiana antica, che a queste tematiche si è a lungo dedicato, ha scritto che «solo a prezzo di acrobazie concettuali estremamente raffinate, Agostino riuscì a proclamare la sua fedeltà all'ortodossia». Così, per esempio, l'Ipponese propone di considerare il matrimonio nella sua intrinseca bontà distinto dalla concupiscenza, il vizio che lo inquina. E dei bambini, anche se nascono con il peccato originale, sostiene che sono pur sempre immagini di Dio! Benché raffinate e acutissime, restano sempre acrobazie concettuali che non risolvono la questione.

Nella Prima lettera ai Corinzi Paolo aveva scritto: «È cosa buona per l'uomo non toccare donna, tuttavia per il pericolo dell'incontinenza [*porneia*, lussuria], ciascuno abbia la propria moglie e ogni donna il proprio marito ... Ai non sposati e alle vedove dico: è cosa buona per loro rimanere come sono io [cioè continenti]; ma se non sanno vivere in continenza, si sposino; è meglio sposarsi che ardere» (7,1-2.8-9). Già Paolo sembra smentire Yahvè, quando in Genesi afferma che non è bene che l'uomo resti solo. Ma almeno in Paolo quelle affermazioni erano inserite nell'attesa dell'imminente giudizio universale. In Agostino tale prospettiva non c'è più e il matrimonio diventa veicolo di trasmissione del peccato originale.

Detto questo, non condivido però la sua valutazione sulla «turbata psicologia» di Agostino, e ciò per due motivi. In primo luogo, ritengo del tutto improprio l'utilizzo, da parte di uno storico, di categorie cliniche per la comprensione della personalità di un autore. In secondo luogo, questa «analisi» potrebbe configurarsi come una scorciatoia per non affrontare – nel merito teologico, filosofico e culturale – le reali difficoltà che pongono i testi.

Mi lasci nel mio errore: a me sembra una visione frutto di un profondo turbamento.

XVI

IL POTERE E L'ASCESI

«È nostra volontà che tutti i popoli sui quali regna la nostra benevolenza vivano nella religione che l'apostolo Pietro ha insegnato ai romani. Questo vuol dire che, seguendo l'insegnamento evangelico, crediamo alla divinità del Padre, del Figlio e dello Spirito santo, in pari maestà e pia trinità. Ordiniamo che quanti seguono questa legge possano prendere il nome di cristiani cattolici, ma che gli altri, che giudichiamo pazzi e dementi, debbano patire l'infamia di una dottrina eretica, e che i loro luoghi di assemblea non possano chiamarsi "chiese".»

Alla fine del febbraio 380 Teodosio, imperatore d'Oriente, emana un decreto con il quale sancisce che la fede cattolica è la sola ammessa e che deve prevalere sull'eresia dei seguaci di Ario e su ogni altro culto eretico o pagano. Con quell'editto eleva il cristianesimo a religione di Stato, destinandolo a un pericoloso intreccio, mai più sciolto da allora, con la politica. Il cristianesimo, condannato Ario come eresiarca, si espande per l'impero nella forma sancita dal concilio di Nicea del 325, ovvero nell'ambigua formula escogitata da Costantino, che aveva proclamato la «consustanzialità» del Figlio col Padre.

La tradizione ecclesiastica e numerose fonti dichiareranno nel corso dei secoli che, come era già avvenuto per Costantino fin dai tempi della battaglia di ponte Milvio, la decisione dell'imperatore venne ispirata da una profonda fede religiosa. Di fatto, essa venne più pragmaticamente motivata da impellenti ragioni politiche e militari, soprattutto dalle profonde divisioni che minavano la stabilità dell'impero, compresa quella di particolare gravità fra le province d'Oriente e quelle d'Occidente.

In realtà dovrà passare quasi un secolo prima che, in Occidente, i resti del poderoso Impero romano crollino definitivamente, almeno secondo la cronologia degli storici. Comunque, in quegli anni travagliatissimi, toccherà proprio a Teodosio contenere le ondate dei goti, in parte combattendoli, in parte inserendoli entro i confini. Alle nuove popolazioni egli concesse terre ed esenzioni fiscali in cambio dell'obbligo di fornire truppe alle legioni. A chi gli faceva notare l'imprudenza e le possibili conseguenze negative di un atto del genere, l'imperatore rispondeva che la sua era sagacia politica, aggiungendo: «È meglio riempire la Tracia di cadaveri o di agricoltori? Di tombe o di uomini vivi? Contare gli uccisi o i contadini?». Nella sua decisione si mescolavano, in effetti, rischi e possibilità. I primi finirono col prevalere sulle seconde: nel 410, quindici anni dopo la morte di Teodosio, i goti, temporaneamente arginati nella penisola balcanica, dilagheranno, mettendo a sacco la stessa Roma.

Lo stratagemma di Teodosio verrà ripetuto più volte nel corso della storia. In quel caso fu rivelatore d'una certa abilità tattica, ma anche della consapevolezza che, con la sola forza militare, Roma non era più in grado di contenere le ondate barbariche. Per la prima volta una popolazione germanica veniva ufficialmente accolta all'interno dell'impero, il che è stato interpretato da alcuni storici come il concreto segnale dell'imminente crollo.

Della contesa di Teodosio con il vescovo Ambrogio e del suo esito abbiamo già parlato nel capitolo XIV. Nella sostanza dei fatti fu Ambrogio ad avere la meglio, imponendo la superiorità del potere spirituale, o ecclesiastico, su quello temporale o politico.

Teodosio è stato l'ultimo imperatore che sia riuscito a tenere insieme le due parti dell'impero, Oriente e Occidente, regnando, sia pure brevemente, su entrambe. Facile capire come possa aver visto nella nuova fede cristiana, che si diffondeva con notevole rapidità, un efficace strumento di controllo. I templi pagani, compresi quelli esistenti a Roma, vennero a poco a poco abbattuti da fanatici cristiani o trasformati in chiese. I vecchi culti furono banditi e pene severe, compresa quella capitale, furono previste per chi avesse continuato a osservarli. Il giorno di riposo, *dies solis* (giorno del sole), divenne obbligatorio col nuovo nome di *dies dominicus* (giorno del Signore). Curioso notare come entrambe le denominazioni sopravvivano ancora oggi: il *dies solis* nell'anglosassone *Sunday*; l'altro, nelle lingue romanze, con domenica, *dimanche, domingo.*

Su suo ordine, fu spenta la fiamma perenne che da secoli veniva custodita nel tempio di Vesta a Roma. Un piccolo segno, di cui oggi possiamo però vedere l'immenso valore simbolico.

Oltre che di Teodosio, in questo capitolo parleremo del monachesimo. Se, come abbiamo visto, Ambrogio è uno degli esempi più alti di vescovo integrato nel mondo politico, che lotta da pari a pari addirittura con l'imperatore, esiste anche un altro tipo di cristiano a lui nettamente contrapposto: è il monaco, colui che rifiuta il mondo, che se ne tiene, anche fisicamente, lontano.

Fondatore del monachesimo è considerato Antonio abate, di cui conosciamo la vita grazie a una «biografia» scritta da Atanasio, vescovo di Alessandria, all'incirca alla metà del IV secolo. Intorno al 270 Antonio abbandona il suo villaggio, nella valle del Nilo, e va a vivere in solitudine scegliendosi come abituro prima una tomba abbandonata, poi vari altri siti, fino a sistemarsi in una grotta nelle montagne intorno al Mar Rosso, dove resta fino alla morte, nel 356.

L'eco della sua vita isolata, casta, povera, non tardò a espandersi e Antonio vide affluire al suo eremo diverse persone che chiedevano di poter condurre un'esistenza simile alla sua. Nella solitudine, il monaco prega, digiuna, veglia, lotta contro le tentazioni del demonio, che sono essenzialmente quelle della lussuria narrate da Gustave Flaubert nell'opera intitolata appunto *La tentazione di sant'Antonio*, e che numerosi artisti hanno raffigurato nel corso dei secoli, da Bosch a Bruegel, da Grünewald a Velázquez.

Il suo esempio favorisce la fondazione di numerose altre colonie. Alcuni monaci si appartano in solitudine assoluta e, proprio per questo, di loro non è rimasta traccia. Altri si costringono a vivere appollaiati in cima a una colonna: sono i famosi stiliti. Altri ancora, infine, si riuniscono in comunità nelle quali si pratica il più rigoroso «comunismo»: tutto ciò che ciascuno possiede viene lasciato alla proprietà collettiva, mentre dalla comunità ciascuno riceve solo ciò che la regola consente, ossia l'indispensabile per sopravvivere. La loro giornata è scandita da preghiere recitate tutti insieme anche nelle ore notturne, pratiche ascetiche collettive, lavoro manuale nell'artigianato e nei campi. A differenza dei monaci isolati, che vivono di carità o del poco cibo trovato, i monaci che si radunano in comunità coltivano orti e allevano un po' di bestiame da cui ricavano il nutrimento.

In sostanza, si può dire che il monachesimo segue due modelli. Il primo è la *sequela Christi*, quindi povertà e castità assolute, rinuncia a ogni potere, vita errabonda. L'altro, ricalcato sulla vita apostolica, è formato da monaci stanziali con una residenza certa, una disciplina interna, una gerarchia che fa capo all'abate. Naturalmente, tanto l'autorità politica quanto l'autorità religiosa diffidavano dei monaci vaganti, preferendo loro, per ovvie ragioni di controllo, gli stanziali. Quanto al monachesimo praticato in perfetta solitudine resta, comunque, una prassi in prevalenza orientale, seguita solo in casi sporadici in Occidente.

Molto importante, nella regola, è l'obbedienza ai superiori, tanto più che la maggioranza di queste comunità resta fedele alla Chiesa e al vescovo locale. Fra gli esempi più celebri di organizzazione monastica riunita intorno al vescovo va sicuramente ricordata quella di Ippona, guidata da Agostino.

I monaci sono in genere uomini, ma non mancano né le presenze femminili né le comunità dove maschi e femmine convivono mantenendo tuttavia la più rigorosa castità. Abbiamo anche esempi di monachesimo individuale praticato da donne e, molto presto, si formeranno comunità monacali femminili dove ci si consegna a una vita di verginità, di preghiera, di frequenti digiuni, di assistenza ai poveri e agli ammalati.

Qual è la sintesi storica che si ricava dai due argomenti esposti in questo capitolo? Teodosio da una parte e il fenomeno del monachesimo dall'altra ci dicono che, fin dalle origini, il messaggio cristiano ha preso due direzioni opposte: una che vuole trasformare la società attraverso l'esercizio del potere, mescolando il messaggio spirituale all'attività politica, l'altra che rifiuta il mondo e cerca volontariamente l'esclusione dalle attività e dalle tentazioni che la società offre.

Vorrei cominciare da Teodosio. Nel 313 Costantino aveva emesso il suo editto di tolleranza, nel 325 si tenne il fondamentale concilio di Nicea. Pochi decenni dopo, alla fine del IV secolo, l'imperatore Teodosio decreta che la religione cristiana da licita, *cioè ammessa, giustificata, dev'essere considerata la sola religione possibile. Nel giro di sessanta-ottant'anni, la situazione si è capovolta.*

Dopo l'editto di Costantino c'è una progressiva espansione sia geografica sia sociale del cristianesimo. La nuova fede penetra in tutte le classi, benché sopravvivano numerose sacche di resistenza. L'operazione riesce anche perché le corti imperiali sono ormai cristiane. Tranne la breve parentesi di Giuliano, detto l'Apostata, tutti gli imperatori del IV secolo dopo Costantino si professano cristiani. D'altronde, sappiamo molto bene quanto pesi il principio, che verrà formalmente sancito molto più tardi, nella pace di Augusta del 1555, dall'imperatore del Sacro Romano Impero Carlo V, *cuius regio, eius religio* con cui si indicava l'obbligo del suddito a conformarsi alla religione del principe del suo Stato.

Il principio da lei richiamato verrà ribadito in modo definitivo dalla pace di Vestfalia, del 1648, che pose fine alla guerra dei Trent'anni. Con quel trattato si inaugurò un nuovo ordine internazionale, nel quale i vari Stati cominciarono a riconoscersi fra loro in quanto Stati, prescindendo cioè dalla fede dei rispettivi monarchi. Una comunità internazionale laica, nella quale comincia a emergere il concetto di sovranità statale.

I fatti che lei richiama accadranno comunque parecchi secoli dopo. Invece, alla fine del IV secolo il cristianesimo incontra ancora notevoli resistenze. Per esempio, sappiamo di tre missionari cristiani arrivati a Milano dall'Oriente. Ambrogio li manda a predicare in una valle dell'attuale Trentino, la Val di Non, dove vengono massacrati dalla popolazione contadina perché accusati di profanare i culti agricoli tradizionali. Si può certo proclamare una religione per editto, stabilire che una specifica confessione di fede è unica e ufficiale e che ogni altra forma di culto è proibita, come fa Teodosio I con l'editto *Cunctos populos* del 28 febbraio 380. Il problema, però, resta quello di far applicare la norma. Anche se la repressione ottiene indubbiamente dei risultati.

Il *Codex theodosianus*, che dedica attenzione anche alla legislazione in ambito religioso, fa vedere quanto fosse ampia e sempre più aspra la normativa contro i pagani, gli ebrei, gli eretici, per tacere di altre «diversità» non religiose. Ma quando le «grida», come scrive il Manzoni, diventano troppo numerose, si capisce che la loro applicazione è difficile. Si deve poi aggiungere che, nella parte occidentale dell'impero, il collasso della struttura statale, a metà del V secolo, favorì una ripresa dei culti pagani anche in aree già cristianizzate.

Questa rapida progressione non segna la contemporanea nascita dell'intolleranza? Come può una religione sola rappresentare la sensibilità e la fede di tutti i consociati? Nella sua apologia Simmaco, che già abbiamo citato, scriveva fra l'altro: «Non si può giungere per una sola via a un mistero così grande» come quello della divinità.

I fatti qui sommariamente accennati ci fanno varcare la soglia di un'epoca. Per questo credo opportuno che la nostra conversazione si chiuda con quegli anni. Da allora in poi il cristianesimo diventa una religione di Stato e la sua vicenda sarà sempre più strettamente legata alla politica, ai giochi diplomatici e di forza delle potenze europee. Ogni tipo di diversità sarà bandito: religiosa, politica, morale che fosse. La sua normativa diventa, o tenta di diventare, legge dello Stato. Con Teodosio e con i suoi successori si arriva alla condanna e alla persecuzione di tutto ciò che non è cattolico. Cattolico, attenzione, non nel senso confessionale di oggi, ma del cristianesimo assunto da Teodosio, che può ben equivalere al concetto di ortodossia.

Teodosio dà base giuridica all'intolleranza legiferando nel senso da lei precisato. Ma i germi dell'intolleranza erano già presenti, in forma latente, nel cristianesimo delle origini? Nell'ebraismo, per esempio, il germe dell'intolleranza sembra meno virulento anche per la scarsa propensione di quella religione al proselitismo. L'intolleranza spinta fino alla guerra, alla tortura e alla morte sembra caratteristica delle altre due religioni monoteistiche: cristianesimo e islam.

In realtà i germi dell'intolleranza non si trovano solo nel cristianesimo e nell'islam, ma in ogni religione monoteista, quindi anche nell'ebraismo. Nel momento in cui una religione si attribuisce il monopolio della verità, automaticamente azzera la possibilità di uno spazio alternativo, direi addirittura di ogni dialogo. Alla tolleranza, come la intendiamo oggi, si è arrivati per ragioni politiche, in un'Europa ormai religiosamente spaccata fra cattolici e protestanti. La libertà religiosa, poi, è stata faticosamente conquistata dal pensiero illuminista e portata alla vittoria dalla Rivoluzione francese. Modalità di pensiero ed eventi che nella Chiesa cattolica non hanno mai goduto di una buona stampa, per usare un eufemismo. È significativo che uno dei bersagli della restaurazione confessionale cui stiamo assistendo sia la *Nostra Aetate* (Nei tempi nostri), la costituzione del concilio Vaticano II che apre alla libertà religiosa. Del resto quel documento aveva avuto una travagliata gestazione già nelle discussioni assembleari.

Vorrei ricordare, dal momento che l'ha citata, che la costituzione conciliare Nostra Aetate *emanata nell'ottobre 1965 rispecchiava la volontà più volte manifestata da papa Giovanni XXIII. La Chiesa cattolica, nella sostanza, tentava di risolvere il problema del suo rapporto con le altre religioni affermando che l'intero genere umano è originato da Dio, il cui disegno di salvezza si estende a tutti, e che ogni religione cerca di rispondere agli interrogativi dell'uomo. Induismo e buddismo, per esempio, vi vengono descritte come vie «per superare l'inquietudine del cuore umano». Si metteva anche in rilievo come, nel pieno rispetto di ogni credenza, «la Chiesa cattolica nulla rigetta di quanto è vero e santo in queste religioni».*

Vorrei citare poche righe da un recente libro di uno dei più stimati intellettuali europei, Tzvetan Todorov, il cui titolo è Lo spirito dell'Illuminismo. *Scrive l'autore: «Il primo aspetto essenziale di questo movimento consiste nel privilegiare ciò che ciascuno sceglie e decide in autonomia, a detrimento di quanto ci viene imposto da un'autorità esterna ... le critiche più numerose saranno rivolte alla religione in modo che l'umanità possa assumere le redini del proprio destino».*

Io vorrei citare, invece, un caso che risale alle origini del cristianesimo e riguarda lo scrittore africano Lattanzio, vissuto tra la fine del III e gli inizi del IV secolo, il quale, nel corso della sua brillante carriera, diventa a un certo punto precettore del primogenito di Costantino, Crispo.

Il giovane che poi Costantino farà uccidere nel timore che voglia sottrargli il trono.

Esattamente. Pochi anni prima della cosiddetta svolta di Costantino, Lattanzio scrive una monumentale opera che s'intitola *Le divine istituzioni*. Le parole sulla libertà di coscienza e di culto contenute in quelle pagine potrebbero figurare in un manuale di educazione civica dei nostri giorni. Non molto più tardi, già in epoca costantiniana, lo stesso Lattanzio scrive un riassunto della medesima opera, in cui ogni riconoscimento di quei principi è scomparso. Che cosa è successo nel frattempo? Nel frattempo c'è stato Costantino, ossia si è attuata, per dirla in termini moderni, la saldatura fra trono e altare, saldatura che allinea il pensiero cristiano alla politica imperiale. Da fede eversiva nei confronti della *religio* e dell'*humanitas*, il cristianesimo è diventato religione civile, che concorre a mantenere saldo il potere.

Le persecuzioni contro i «diversi», ebrei, streghe, eretici, omosessuali, cominciano dal momento in cui la Chiesa può disporre del potere politico, ovvero di un «braccio secolare» (come verrà chiamato) in grado di eseguire le sentenze che le autorità ecclesiastiche si limitavano a pronunciare.

Nel corso della nostra conversazione ho già fatto riferimento a Enea, sottolineando come è con lui che si verifica una sovrapposizione programmatica fra religione, civiltà e cultura. La nuova religione eredita quel modello. Agendo come agirono, i suoi seguaci erano convinti di difendere la civiltà cristiana. Chi non è cristiano è di per se stesso non civile, estraneo alla cultura, è un potenziale nemico, va eliminato.

Altri aspetti del cristianesimo, sorti cioè al suo stesso interno, minacciano la concezione imperiale della Chiesa. Mi riferisco al complesso fenomeno del monachesimo. Le implicazioni politiche sono forse meno rilevanti, quelle sociali lo sono probabilmente di più.

Le prime forme di monachesimo conosciute nell'antichità sono quelle che oggi chiamiamo «anacoresi».

Diciamo meglio: che voi specialisti chiamate «anacoresi». Perché questa parola è oscura ai profani come me. Che vuol dire?

Si definiva «anacoresi», nell'impero tardo antico, l'atteggiamento dei cittadini romani più ricchi che volevano scampare alle tasse. Con Diocleziano, infatti, aveva avuto inizio un sistema di tassazione molto oneroso, che inchiodava ciascuno al suo ruolo sociale. In pratica, il peso dell'amministrazione della città era sulle spalle dei cittadini più abbienti i quali, per sottrarsi a questo flagello, spesso scappavano, rendendosi latitanti.

Devo ripetere ancora una volta il vecchio detto che davvero non c'è niente di nuovo sotto il sole.

Guardi che la *capitatio* (imposizione, diremmo oggi) dioclezianea era implacabile e si trasmetteva di padre in figlio. Quando oggi sento parlare del peso eccessivo delle tasse, cui io stesso soggiaccio senza esultanza, cerco di consolarmi pensando a quanto fosse più gravoso il carico fiscale nell'antichità. Quello che tuttavia mi pare davvero singolare è che le prime manifestazioni di ascesi monastica prendano consapevolmente il nome di anacoresi.

Ora capisco meglio: stiamo parlando di un sottrarsi, in certo senso di una fuga. Ma come si passa dal significato proprio a quello metaforico?

Anachoreo significa proprio allontanarsi, ritirarsi, fuggire. Nei decenni in cui la società antica progressivamente si «cristianizza», uomini e donne della più varia provenienza sociale abbandonano il loro posto nella città e sul lavoro per dedicarsi a un'austera e isolata vita di fatiche, preghiere, digiuni, mortificazioni. Vanno a rifugiarsi nelle lande deserte o su isole remote, ma anche lungo scoscese montagne o presso i sepolcri, se non addirittura in cima alle colonne.

Gli ideali che sostenevano queste scelte radicali erano, da un lato, la profonda insoddisfazione per il ruolo civile che stavano assumendo la Chiesa e i vescovi, dall'altro, l'aspirazione a un «ritorno alle origini», ai valori che avevano contraddistinto la vita cristiana al tempo delle persecuzioni. I monaci vivono in solitudine – questo è infatti uno dei significati del termine *monachos*, monaco –, consapevoli di essere i veri eredi dei martiri. Consumano nella povertà assoluta quello spogliamento radicale che aveva portato i loro predecessori a rinunciare perfino alla vita. Come i martiri, anche i monaci devono affrontare una diuturna lotta contro Satana e i suoi agenti, i demoni, che non sono più rappresentati dalle autorità persecutorie, ma da quelle che diverranno le celebri «tentazioni», il volto sensuale e seduttivo del mondo.

Dove si sviluppano per primi e più spesso questi fenomeni?

Il movimento monastico interessa tanto l'Oriente quanto l'Occidente e assume fisionomie diverse nel tempo e nello spazio: ci sono eremiti che vivono nel più assoluto isolamento, donne che si travestono da uomo per preservare da ogni pericolo una scelta di castità, piccoli gruppi di asceti che partecipano a momenti di vita comune, monaci itineranti che sovente fungono da protettori delle piccole comunità rurali contro le angherie dei funzionari civili o delle truppe e, almeno in Africa, formano una struttura che si ritiene investita da Dio del compito di attuare nel mondo l'ultimo giubileo. Ma il monachesimo, soprattutto in età bizantina fra il IV e il V secolo, diverrà anche uno dei protagonisti dei grandi conflitti ecclesiali. Sarà un ardore non privo di violenza, una dottrina intrisa spesso di sofismi, un coraggio che rasenta la tracotanza, ma anche una coerenza disposta ad affrontare il martirio.

Lei sta delineando un percorso molto frastagliato, nel quale, però, manca la figura di colui che abitualmente è considerato il fondatore del monachesimo, Antonio abate.

Verso il 270 Antonio, in Egitto, sceglie di abbandonare tutto per ritirarsi nel deserto. Anche lui, come lo sarà Agostino, è sollecitato dalla lettura di un brano biblico, nel suo caso quello del «giovane ricco» cui abbiamo più volte accennato. Il suo biografo Atanasio (295-373), vescovo di Alessandria, raccontandone la vita intende presentare un modello. In questo primo resoconto dell'esistenza di un monaco si delinea una figura carismatica che ha raggiunto la massima perfezione seguendo l'esempio di grandi personaggi biblici come Mosè, i profeti Samuele, Elia, Eliseo, ma anche imitando gli ideali della vita evangelica e apostolica. Antonio viene raffigurato come il grande difensore della Chiesa contro eretici e scismatici. E Atanasio arriva ad attribuirgli, in maniera un po' forzata, le posizioni teologiche da lui stesso sostenute contro gli ariani. Proprio per la sua funzione di *Defensor Ecclesiae,* Antonio è il «padre» dei monaci, il modello su cui forgiare ogni esperienza monastica.

Mi sembrerebbe utile, per capire meglio, che lei desse qualche cenno sugli elementi che caratterizzano questo modello.

Poiché mi chiede dei «cenni» ne indicherò sommariamente due: l'ortodossia, che implica la dipendenza dottrinale dal vescovo; e la vita comune, come quella degli apostoli, che implica limiti e disciplina per i propri spostamenti. La *Vita di sant'Antonio* si diffuse prestissimo tanto in Oriente, con traduzioni in copto, etiopico, siriaco, assiro e georgiano, quanto in Occidente, con due principali traduzioni latine, entrambe del IV secolo. Lo stesso Atanasio, che in uno dei suoi numerosi esili trascorse le feste di Pasqua ad Aquileia, contribuì di persona a diffondere la propria opera.

A parte il nome così suggestivo di «anacoreta», in che cosa consisteva il monachesimo? Intendo dire come si svolgeva la vita in queste comunità, come venivano distribuite le attività della giornata.

Nella fase più antica del movimento, cioè nella seconda metà del III secolo, ci sono le forme di anacoresi cui abbiamo fatto riferimento. I gruppi sono formati da pochi eremiti che passano gran parte della giornata in solitudine nelle loro capanne (*cellae*), si riuniscono solo per determinate occasioni comuni e fanno tutti riferimento all'autorità carismatica di un padre, *abbas*. Una nutrita letteratura ascetica racconta bene tale stile di vita.

Con Antonio si verifica un certo mutamento. Questo insigne personaggio si era dapprima ritirato presso una necropoli del suo villaggio, dove viveva in una camera sepolcrale. Trascorreva le giornate nel lavoro manuale, nella preghiera e nella lettura della Bibbia. In seguito, Antonio si sposta sempre più verso l'interno dell'Egitto, «inseguito», se così posso dire, da frotte sempre più numerose di asceti. Con questi seguaci, nel senso proprio del termine, stabilisce una sorta di rapporto spirituale, descritto nei suoi interminabili discorsi riportati da Atanasio.

La svolta decisiva avviene, però, con Pacomio, anch'egli egiziano, che intuisce la necessità di dare una struttura al movimento dell'ascetismo e fra il 320 e il 325 fonda in Alto Egitto, nelle vicinanze del villaggio di Tabennesi, una comunità di monaci i quali, sottoposti a una regola da lui stesso concepita, s'impegnano a una forma di vita ascetica comunitaria sotto la guida di un superiore, l'abate.

Sono forme di vita di totale impegno e, mi lasci dire, piuttosto impressionanti. Noi, in Occidente, conosciamo però l'ideale monastico che si è poi diffuso con Benedetto da Norcia. O sbaglio?

Non si sbaglia affatto. L'ideale della vita cenobitica proposto da Pacomio poggia su tre capisaldi: 1) la costituzione di una santa comunità (*hiera koinonia*); 2) la meditazione sulla Sacra Scrittura che la alimenta; 3) l'uguaglianza di tutti i componenti. Il difficile principio dell'uguaglianza è a sua volta garantito da due fattori: la radicale povertà di ogni singolo e l'incondizionata obbedienza all'autorità superiore. Per realizzare quell'ideale, Pacomio progetta un monastero circondato da un alto muro, concreto segnale della separazione dal mondo. All'interno si accede soltanto da una porta, che introduce a un insieme di edifici in cui gruppi di monaci attendono al lavoro quotidiano. Taluni fabbricati, posti al centro della struttura – fra i principali la chiesa (*synaxis*) e il refettorio –, richiamano l'aspetto comunitario della vita monastica. Di che vivevano i membri della comunità? Del proprio lavoro, ma anche coltivando e sfruttando il terreno circostante, un'area che poteva raggiungere dimensioni ragguardevoli.

Si profila così, già da queste esperienze iniziali, la tensione fra la povertà assoluta dei singoli e l'oggettiva, progressiva ricchezza del monastero. Una tensione che, nata allora sulle rive del Nilo, non si è esaurita neppure oggi. Detto in altre parole: come si fa a rimanere poveri, casti e obbedienti dentro una struttura sempre più ricca? Sappiamo quanto la ricchezza tenti, con il suo mondano potere, non solo la povertà, ma anche la castità e l'obbedienza.

Oltre a quella cenobitica, esistono altre forme di monachesimo nelle origini cristiane?

La Terrasanta divenne un polo di attrazione irresistibile per chi intendeva condurre una vita ascetica, soprattutto per certe singolari figure dell'aristocrazia romana, in genere donne, che si spogliarono delle loro fortune per fondare monasteri, chiese e ospizi. Si potrebbe addirittura dire che si trattò della prima irradiazione occidentale nella terra di Gesù. Molto vi contribuì la direzione spirituale di grandi personaggi del cristianesimo antico come Gerolamo o Rufino di Aquileia. Quei luoghi divennero anche meta di pellegrinaggi, come quello, celeberrimo, che compì la nobile Egeria fra il 381 e il 384.

C'è poi il monachesimo siriaco, i cui ideali ascetici di povertà e continenza pare rappresentassero addirittura i requisiti indispensabili per ottenere il battesimo. Nascono certe congregazioni chiamate i «figli dell'Alleanza», dove donne e uomini vivevano insieme conducendo, però, una vita d'irreprensibile ascetismo.

Ma l'aspetto più singolare è indubbiamente quello degli stiliti, uomini che, alla ricerca della perfezione, dopo un lungo e severo itinerario si ritiravano a vivere in cima a una colonna (ne sopravvive ancora qualcuna). Issati lassù annunciavano il vangelo, predicavano la carità, profetizzavano il futuro. Li circondava una grande stima poiché erano visti da un lato come difensori del popolo, dall'altro come autori di un vero e proprio seminario episcopale. Gli stiliti, nel loro angusto spazio, portano alle conseguenze estreme le esigenze della carità e del senso cristiano della missione.

Tuttavia, in Siria come in Mesopotamia, nasce anche un monachesimo che entra in conflitto con la gerarchia ecclesiastica e l'autorità civile. Il movimento dei messaliani – ossia coloro che pregano incessantemente – pose gravi problemi sia alla dottrina sia alla morale. Erano donne e uomini che coabitavano, vestiti in fogge stravaganti, che svalutavano la forza salvifica dei sacramenti, a cominciare dal battesimo, esaltando invece l'ascetismo. Esseri inquieti, itineranti, che disprezzavano il lavoro, immersi in un'atmosfera di pienezza spirituale, strenui combattenti contro la presenza del demonio nel mondo, sostenuti da visioni, sogni e rivelazioni. I seguaci di questa corrente vennero condannati dalle Chiese bizantine, perseguitati dal potere, che di solito li rinchiudeva nei loro templi, insieme ai loro libri, dando poi fuoco al tutto. Il monachesimo antico è stato anche questo.

Concludo, infine, citando uno dei suoi aspetti più singolari rappresentato dai folli di Dio, una corrente destinata a un grande successo, soprattutto nella Russia moderna. Prendendo spunto da Paolo, costoro ritenevano che la fuga dal mondo dovesse comportare anche la rinuncia alla sua «sapienza», rivestendo, nei comportamenti e negli insegnamenti, l'abito e le movenze della follia.

XVII

L'INIZIO E LA FINE DELLA STORIA

Negli ultimi capitoli abbiamo delineato alcune figure fondamentali nella vicenda del cristianesimo antico e descritto il capovolgimento verificatosi per opera prima di Costantino e poi di Teodosio, che trasformò per editto la nuova fede in religione di Stato. La conversazione si chiude in pratica con queste figure gigantesche che hanno assicurato al cristianesimo le sue basi dottrinali, compresi gli aspetti discutibili o inquietanti che abbiamo visto.

Al termine del colloquio devo confessare che il professor Cacitti mi ha detto cose che spesso ignoravo o sulle quali non avevo abbastanza riflettuto. Mi ha colpito, per esempio, scoprire dove affondino le radici di quella sessuofobia che ha caratterizzato, e tuttora segna, la dottrina cattolica. La prima fonte la dobbiamo cercare nel racconto della Genesi con il peccato di Adamo, la complicità di Eva, la subdola seduzione operata dal serpente. Un racconto piuttosto generico, che allude solamente alla mancanza commessa dai progenitori. Fu un peccato di natura sessuale? O fu il cedere alla voglia di «conoscenza»? Per secoli i più dotti maestri dell'ebraismo e della cristianità si sono interrogati su tale quesito al quale il testo della Bibbia non risponde direttamente.

All'interno stesso del cristianesimo, il racconto della Genesi ha cambiato di significato dai tempi in cui i cristiani erano solo una setta del giudaismo a quando, separati dalla loro matrice, si sono costituiti in religione autonoma. Nonostante il suo spiccato andamento narrativo, il racconto suscita molte più domande di quante ne soddisfi. Come mai un essere creato a «immagine e somiglianza» di Dio ha ceduto così facilmente alla tentazione? Come mai un Dio onnipotente e buono ha permesso al serpente di introdursi nel suo eden e di agire indisturbato? Perché Dio non voleva che Adamo ed Eva si avvicinassero all'albero della conoscenza? E di che cosa si trattava in realtà? Abbiamo visto come Agostino leggeva la storia di Adamo ed Eva: a suo giudizio il peccato di Adamo aveva reso gli esseri umani mortali e, peggio ancora, era costato loro la libertà morale, per sempre corrotta dall'esperienza del sesso. Per Agostino, infatti, né la mortalità né il desiderio sessuale sono elementi «naturali» della condizione umana; entrambi sono entrati a farne parte come punizione di quel lontano peccato. Così pregnante apparve questa interpretazione dei fatti, che ancora oggi molti cristiani sono convinti che la storia di Adamo ed Eva sia sinonimo di peccato originale e che quel peccato sia stato di natura sessuale. Non c'è bisogno di dire quali conseguenze abbia avuto questa credenza sul comportamento dei singoli e sulla legislazione degli Stati ogni volta che le condizioni storiche e politiche hanno permesso di trasformare in legge un supposto principio morale.

Tutte le domande che il racconto di Adamo ed Eva suscita discendono comunque da un primo e assoluto interrogativo: da dove viene il male? A guardar bene si tratta ancora una volta del grande tema della teodicea, ovvero del problematico rapporto di Dio con la giustizia e con il male del mondo, al quale pure s'è accennato. Una domanda terribile cui nessuno ha mai saputo dare una convincente risposta. *Unde malum?* Da dove viene il male, si chiedeva Tertulliano, aggiungendo che si trattava di uno di quei quesiti «che rendono le persone eretiche».

Vorrei concludere questa conversazione con qualche breve cenno proprio su Tertulliano, un'altra figura di grande rilievo nella costruzione del cristianesimo, e su Roma, ovvero la città che col tempo sarebbe diventata la capitale della cristianità nonché la sede del suo *pontifex maximus.*

Qual è stato il ruolo di Tertulliano?

Tertulliano opera a Cartagine fra gli ultimissimi anni del II e i primi decenni del III secolo. Apologeta, teologo, esegeta straordinario, forgia il lessico cristiano di lingua latina, interrogandosi su questioni fondamentali: come conciliare la cultura classica con la Bibbia? e il regno di Cesare con quello di Dio? È possibile per un cristiano vivere in una società corrotta, a continuo contatto con l'idolatria? La persecuzione non è il segno evidente che i cristiani sono diversi rispetto alle regole del mondo? Il martirio non è forse la risposta più adeguata alla violenza della società e dello Stato, se non altro perché *semen est sanguis christianorum*, il sangue dei cristiani è seme di nuovi cristiani? Tertulliano polemizza fortemente con gli eretici, ma polemizza anche con i giudei, ostinati a non riconoscere la verità di Cristo.

Parlando di Alessandria, lei ha detto che le si deve riconoscere un primato culturale. A Cartagine quale primato dobbiamo dare?

Non parlerei di un vero primato. Se vogliamo individuare un carattere predominante del cristianesimo africano antico, lo possiamo indicare nell'esercizio della carità. Già dalla fine del II secolo la Chiesa cartaginese dispone di un'efficiente rete di sostentamento ai perseguitati, ai poveri, agli ammalati, ai profughi. La *sportula*, il canestro di cibi o denaro che i *patroni* offrivano ai loro *clientes*, diviene un sistema di elargizioni controllato dal vescovo. I soldi e le provviste alimentari servivano per rendere più sopportabili le atroci condizioni di detenzione dei confessori della fede, soprattutto quelli condannati ai lavori forzati nelle miniere; oppure per sostentare chi era stato esiliato perché cristiano, o chi, per farsi cristiano, aveva dovuto abbandonare una professione ritenuta incompatibile, per esempio gli attori. C'erano poi le vedove e gli orfani, le vittime delle frequenti epidemie e carestie. In questi ultimi casi le elargizioni venivano estese anche ai pagani. Con l'arrivo di Costantino la disponibilità finanziaria cambia di segno. Si trasforma da sostegno caritativo in strumento di politica ecclesiastica.

Sappiamo che nel VI secolo l'Africa mediterranea subisce l'invasione araba e il cristianesimo rischia quasi di scomparire. Di cristiani ne restano pochi. Quelli oggi presenti sono per lo più un'eredità dell'espansione coloniale europea avvenuta fra il XIX e il XX secolo.

Il cristianesimo africano, come abbiamo visto, già agli inizi del IV secolo era spaccato in due: cattolici e donatisti. Questi ultimi consideravano la Chiesa un'istituzione antitetica al mondo, tanto da definirla «Chiesa dei martiri». In essa non poteva essere introdotto nulla d'impuro, perché la santità si conserva solo separandosi nettamente dal male. Tale concezione deve molto al giudeo-cristianesimo, ligio all'osservanza alla Legge. Sembra probabile che il profeta Maometto si sia formato presso circoli del giudeo-cristianesimo, come proverebbe la contrapposizione netta fra puro e impuro e il formalismo rituale che connotano l'islam. Proprio quest'ultima religione avrebbe rappresentato il naturale alveo entro cui è confluito il cristianesimo donatista. Per quel sottile gioco dell'eterogenesi dei fini, con cui talora la storia si burla dei mortali, sarebbe insomma spettata agli islamici, almeno nell'Africa cristiana antica, l'eredità del «discendente di Abramo», quella figura che, già in Paolo, segnala il passaggio dall'Antico al Nuovo Testamento, con la costituzione di un Vero Israele che soppianta il precedente. Contro ogni aspettativa, non saranno i cristiani ben romanizzati della costa, ma le popolazioni dell'interno ad accogliere i nuovi arrivati: li accomunava la lingua semitica, li affratellava il rispetto della Legge, li rinsaldava il rispetto del puro e dell'impuro. Per questo, penso, a differenza delle molte Chiese orientali che sopravvivranno all'invasione araba (si pensi soltanto a quella copta in Egitto), in Africa il cristianesimo si fonde con l'islam e di esso, ma soltanto all'apparenza, non resta più significativa traccia.

Com'è cominciata la Roma cristiana?

Il cristianesimo a Roma nasce prestissimo come documenta la più importante fra le lettere di Paolo, indirizzata appunto ai romani. Paolo sta per arrivare nella capitale dell'impero. Con la sua epistola intende presentare le proprie credenziali teologiche a una comunità che non è stata fondata da lui e che teme gli sia ostile. Secondo certe fonti, era stato Pietro a predicare a Roma incaricando poi Marco di redigere quel vangelo portato in seguito ad Alessandria. La memoria di Pietro si afferma molto presto fra i cristiani di Roma, che infatti rivendicano alla città il suo martirio, ne favoriscono il culto, fondano addirittura su di lui la successione dei vescovi.

Qual era la struttura organizzativa della Chiesa romana?

Almeno fino alla metà del II secolo un ruolo egemone lo svolge la figura del profeta (ossia di chi, grazie a un particolare carisma, è in grado di profetare), certo affiancato dal vescovo, che è il *primus inter pares* nel collegio degli anziani. Con il passare del tempo, aumentando le esigenze derivanti dalla comunità, la gerarchia s'infoltisce, le funzioni si diversificano. Come già accennato, Eusebio di Cesarea, nella sua *Storia ecclesiastica*, dice che, intorno all'anno 250, la Chiesa di Roma contava «46 preti, 7 diaconi, 7 suddiaconi, 42 accoliti, 52 esorcisti, lettori e portieri». Mansioni differenziate, che spaziano dal servizio liturgico a quello della carità. È chiaro che la presenza cristiana si sta saldamente radicando nella società in un periodo caratterizzato da grande anarchia politica, con pesanti ricadute sociali, militari ed economiche. Mali di cui risente anche la Chiesa. Origene ci informa che vescovi, presbiteri e diaconi erano spesso accusati di essere avari, avidi di potere, ignoranti, divorati dall'ambizione, simoniaci che, lucrando benefici, trasformavano la Chiesa in una spelonca di ladri.

Anche a Roma, come in Africa, si confrontano diverse concezioni della dottrina e quindi del comportamento che i fedeli devono tenere.

Certe turbolenze e deviazioni dipendono pure dal fatto che ci volle molto tempo per portare il cristianesimo a diventare una componente della società antica. Proprio a Roma si verificano scontri ripetuti ai vertici della gerarchia a proposito della dottrina penitenziale. Uno dei contrasti più duri ha luogo fra Ippolito e papa Callisto circa l'atteggiamento da tenere nei confronti delle debolezze umane e della complessità delle situazioni familiari. Ippolito rimproverava al papa la sua indulgenza nei confronti dei peccatori e sosteneva di interpretare, con il suo rigore, la tradizione apostolica. Callisto ribadiva, al contrario, che le regole dovevano venire incontro ai sempre più numerosi nuovi fedeli battezzati, i quali avevano bisogno più di misericordia che di giudizio.

Sappiamo che Paolo è certamente giunto a Roma, annunciato dalla più celebre delle sue lettere. Di Pietro che cosa sappiamo?

La sua vicenda non è facile da ricostruire. Personalmente, non sono così sicuro che Pietro sia davvero arrivato a Roma. Una tradizione altrettanto forte lo vuole vescovo di Antiochia. Ancora oggi il patriarca di Antiochia viene chiamato «successore di Pietro». Mi pare molto più plausibile che la fede in una presenza di Pietro a Roma derivi dal fatto che la comunità romana, in quanto giudeo-cristiana, era di ascendenza petrina. Questo però non rende sicura una missione di Pietro nella città o, se la presuppone, non implica che egli sia morto a Roma. Può essere stata una delle sue tappe in un viaggio di cui, peraltro, non sappiamo niente.

Sappiamo, però, che sotto l'attuale basilica di San Pietro c'è una tomba con un frammento di pietra sul quale è scritto in greco «Petros eni», *Pietro è qui.*

Il nome Pietro era piuttosto diffuso. Gli scavi fatti a suo tempo da Margherita Guarducci non hanno portato la prova che Pio XII aveva posto come obiettivo del suo pontificato, cioè il rinvenimento delle ossa dell'apostolo. Se uno si mette a cercare le ossa di Pietro, prima o poi finisce per trovarle. Tanto più che nel luogo dove ora sorge San Pietro prima c'era una necropoli. All'epoca ci furono anche alcune polemiche fra archeologi, c'era chi sosteneva la bontà del ritrovamento e chi la contestava.

Continuarono comunque anche a Roma – o dovunque si trovassero – le frizioni fra i due «leader», Pietro e Paolo. Un acceso antagonismo, cominciato a Gerusalemme, poi conciliato nel comune martirio finale, in una morte orribile per entrambi.

Parecchi anni dopo, nel III secolo, due irriducibili e feroci concorrenti al seggio episcopale di Roma, Callisto e Ippolito, proclamati entrambi santi, sarebbero stati condannati ambedue *ad minas*, cioè ai lavori forzati nelle miniere della Sardegna. Anche in questo caso, come in quello di Pietro e Paolo, si tratta di una tipologia conciliativa sulla quale non bisogna fare troppo affidamento. Alle origini della comunità romana è invece certa una forte presenza giudeo-cristiana, che risulta da numerosi documenti. Se dall'origine petrina della comunità di Roma sia stata dedotta la presenza fisica dell'apostolo in città non so, e francamente non mi sembra molto importante. A meno di non voler entrare nell'ambito della devozione o del culto delle reliquie, che non mi pare opportuno discutere qui.

Infatti, qui si chiude la conversazione, di cui ringrazio il professor Cacitti, che mi ha aperto prospettive sconosciute, come potrebbe accadere anche a qualche nostro lettore. Il racconto è cominciato dal momento in cui si diffonde fra i seguaci la fede nella resurrezione di Gesù, è proseguito elencando, sulla base dei documenti storici, le complesse vicissitudini attraversate dal movimento sia nella fase embrionale all'interno del giudaismo sia dopo il 135, anno da cui si tende a datare una sua esistenza autonoma.

Il professore ha voluto che il racconto si concludesse al termine del IV secolo quando il cristianesimo, diventato religione ufficiale dell'impero, intraprende quel cammino che avrebbe portato la sua Chiesa a incarnare un rilevante potere politico, a farsi Stato, a combattere guerre, a giudicare e a condannare chiunque si fosse allontanato dall'ortodossia.

Dalla quantità di notizie, giudizi, valutazioni, nomi e date che il professore ha fornito nel corso del colloquio, estraggo sinteticamente i punti che mi sono sembrati più idonei a spiegare le ragioni della sopravvivenza, così prolungata e solida, della religione cristiana, in particolare nella confessione cattolica.

Per la prima volta un credo religioso ha parlato di un dio fattosi uomo fra gli uomini, entrato nella storia. Gli dei che si fanno uomini abbondano in varie mitologie, per esempio in quella greca, ma restano sempre entità che possiedono una condizione diversa da quella degli altri esseri viventi. Nel cristianesimo, invece, Gesù è un dio che agisce dentro la storia, che diventa un contemporaneo dei suoi simili.

In secondo luogo, è un dio che muore, come muoiono tutti gli esseri umani. Muore per di più soffrendo, umiliato e vinto, nel dolore e nell'abbandono, commovente fratello di ogni altro mortale. Però risorge, anche se la resurrezione va intesa non tanto nel senso di un cadavere che riprende le sue funzioni vitali, come accade nelle fiabe a lieto fine, bensì come una «presenza viva» del Signore che permane, aleggia, viene avvertita nella comunità dei credenti.

Per converso, col tempo sparisce quasi completamente la componente escatologica del cristianesimo primitivo, cioè l'attesa del ritorno in gloria del Cristo (parusia), della fine del mondo sensibile, di un rinnovamento cosmico che avrebbe dovuto investire l'intera natura e tutte le dinamiche sociali, politiche, economiche: in una parola, non solo l'intera umanità, ma tutto ciò che si muove e vive sulla terra. Quella speranza di palingenesi si è ridotta nei secoli alla pia pratica della buona morte individuale, alle parole vagamente consolatorie della liturgia funebre.

Insomma, il cristianesimo di oggi, in particolare il cattolicesimo, è prevalentemente l'erede, la conseguenza, del «costantinismo», cioè del ruolo che quell'imperatore ha fatto assumere alla fede cristiana, forgiandola in religione civile. La trasformazione così operata nel IV secolo, attraverso anche le molteplici declinazioni nella bimillenaria storia del cristianesimo, ha costituito una «svolta» di epocale importanza per il cammino di Cristo nella storia umana.

Quello che non appare chiaro, e resta infatti profondamente controverso, è se, oltre quel tornante, la meta per il credente «pellegrino» resti sempre la Città di Dio o non piuttosto la Città dell'uomo, pur se devotamente (e a volte ipocritamente) cristianizzata.

Postfazione

QUALCHE PAROLA DI SPIEGAZIONE

Quando Corrado Augias mi ha proposto questa lunga intervista sulle origini del cristianesimo, né la sincera stima che ho sempre nutrito per la sua intelligente capacità professionale né il formidabile successo editoriale che aveva premiato la precedente *Inchiesta su Gesù* sarebbero stati elementi sufficienti a farmi accettare la proposta: troppo acuta, infatti, era la consapevolezza dei miei limiti scientifici e troppo arduo mi pareva il progetto di delineare un tracciato, pur sommario e incompleto, per un lettore certamente colto, ma non specialista, nei confronti del quale era doveroso rendere esplicito ogni passaggio, argomentare ogni giudizio, chiarire, nei limiti del possibile, ogni difficoltà.

Se, alla fine, ho comunque accettato l'invito, l'ho fatto per una sola, fondamentale ragione. Chiunque svolga in università il mestiere d'insegnante di storia religiosa credo concordi nel giudizio sulla pressoché totale impreparazione con cui arrivano nelle nostre aule gli studenti. E non si tratta di una sfavorevole congiuntura, considerata per altro la sua sistematica ricorrenza, ma dell'emergere di un dato oggettivo: nessuno, infatti, nell'anteriore formazione di questi studenti, ha loro insegnato, pur soltanto in una delle sue manifestazioni, la storia religiosa. Nel migliore dei casi, un insegnante particolarmente sensibile potrà aver sfiorato queste problematiche nello svolgimento dei programmi di lettere, storia, filosofia o arte; ma il fenomeno religioso in sé considerato non è contemplato nell'ordinamento didattico del nostro paese.

Questo accade per una grave e non più tollerabile anomalia del nostro sistema scolastico, in cui – in virtù degli accordi che regolano i rapporti fra Repubblica italiana e Santa Sede – l'insegnamento della religione, denominato «insegnamento della religione cattolica», viene dismesso dallo Stato e appaltato alla Chiesa cattolica romana in tutte le scuole di ogni ordine e grado, a eccezione dell'università. Spetta infatti a ogni singolo ordinario diocesano la formulazione dei programmi, il reclutamento degli insegnanti e, addirittura, la vigilanza sulla condotta privata di questi ultimi, per cui, se essa viene ritenuta incompatibile con la morale cattolica, il docente può venire rimosso. Al di là degli aspetti giuridici della situazione – la Costituzione garantisce, all'art. 33, che «l'arte e la scienza sono libere e libero ne è l'insegnamento», mentre spetta allo Stato dettare «le norme generali sull'istruzione» –, l'insegnamento della religione cattolica si configura come l'estensione in ambito scolastico della catechesi di quella Chiesa, garantita, al pari di ogni altra forma di fede religiosa, dall'art. 19 della Costituzione stessa.

Qui sta il punto: ovviamente, se nessuno contesta questo diritto costituzionale, ciò che appare del tutto indebito è che la catechesi confessionale si sostituisca all'insegnamento pubblico, poiché la prima deve conformarsi a un sistema teologico (il dogma), l'altro è, come sancito nella Carta fondamentale, assolutamente libero. Che non si tratti di sottigliezze lessicali possiamo constatarlo con un esempio: di fronte alle attestazioni evangeliche secondo cui Gesù aveva quattro fratelli e alcune sorelle (*Mc* 6,3, *Mt* 12,46, *Gv* 7,3, *At* 1,14), il docente di religione può, in buona e formata coscienza, farsi persuaso che si tratti di veri e propri fratelli e sorelle, ma non potrà mai insegnarlo, pena la revoca dell'incarico per difformità dalla dottrina ufficiale della Chiesa. Nell'attuale ordinamento, lo studente è libero di avvalersi o no dell'insegnamento della religione; per chi non se ne avvale, tuttavia, non è previsto alcun altro tipo di libero insegnamento di storia religiosa, a meno che, volontaristicamente, qualche professore non si industri a impartirlo (e ne ho conosciuti di bravi, validi e appassionati).

C'è, in quest'abnorme situazione, un ulteriore elemento di contraddizione. In quasi tutte le università italiane sono attivate le discipline dell'area storico-religiosa, ambito che proprio in Italia ha conosciuto una fioritura di prestigio assoluto, da Baldassarre Labanca a Ernesto Buonaiuti a Raffaele Pettazzoni a Ernesto De Martino, per tacere dei tanti altri che, ieri come ancora oggi, onorano con il loro sapere la ricerca scientifica. Eppure, questo prezioso patrimonio di conoscenze, trasmesso a intere generazioni di allievi, rimane, recluso nelle aule universitarie, sterile e infecondo, poiché nessun laureato in tali materie può andare liberamente a insegnare ciò per cui è stato formato, con uno spreco inammissibile di risorse umane, culturali, scientifiche ed economiche.

Se si conviene sull'importanza della conoscenza dei fenomeni religiosi, è indispensabile procedere, e con urgenza, al superamento di questa situazione: lasciando immutati i termini degli accordi concordatari cui facevo sopra riferimento, basterebbe soltanto introdurre, nell'attuale ordinamento, una classe di concorso di storia religiosa, in tutto e per tutto simile a quelle già esistenti di lettere o scienze o storia dell'arte o matematica e via declinando. Così, a insegnare storia religiosa nelle nostre scuole sarebbero docenti valutati esclusivamente in ordine alla loro preparazione scientifica e alla loro capacità didattica, come per tutte le altre discipline, senza alcuna pregiudiziale di qualsivoglia natura: «Presto o tardi» scriveva agli inizi del Novecento Salomon Reinach a Salvatore Minocchi «la storia delle religioni si insegnerà nelle scuole secondarie, accanto alla storia, alla filosofia, alle scienze. Non vi si insegneranno né la fede né lo scetticismo, ma fatti certi; vi si insegnerà soprattutto agli scolari a riflettere sopra così gravi questioni, e a concedere a esse tutta l'attenzione, dirò meglio, tutto il rispetto che meritano. Invece di dire "io credo", oppure "non credo", essi potranno dire in certo modo "io so"» (Salvatore Minocchi, *L'insegnamento religioso nelle scuole italiane*, in «La cultura contemporanea», 4, 1912).

A quasi un secolo da quest'auspicio, la situazione non è mutata, anzi, è francamente peggiorata: perfino nelle università gli insegnamenti di storia e letteratura religiosa sono rifluiti nei macroraggruppamenti della medievalistica o delle scienze dell'antichità, in spregio alla loro autonomia. Sarà più probabile, temo, che anche all'università queste discipline diventino un'appendice più o meno trascurabile delle altre storie e delle altre letterature, piuttosto che assumano configurazione autonoma nei vari gradi e ordini della scuola italiana.

Sento ora l'obbligo di chiarire, in qualche modo, il «genere letterario» di questo libro. Esso, prioritariamente, non intende presentarsi come un manuale di storia del cristianesimo antico. Troppo vaste le lacune, troppo sbilanciate le trattazioni, troppo peculiari le visuali. Né, per altro, questo era l'intendimento iniziale. Il lavoro è stato piuttosto originato da una serie di domande atte a soddisfare il desiderio di sapere di chi le poneva, un giornalista e scrittore senza dubbio attento ai fenomeni religiosi e ben più capace di un insegnante universitario di cogliere gli umori, gli interessi, le aspettative di un pubblico di lettori diverso da quello cui uno studioso abitualmente si rivolge.

Il primo problema che si è dovuto affrontare era costituito appunto dal tipo di domande poste che, in prima istanza, riflettevano la sensibilità dell'interrogante, ma che talora parevano inadeguate all'interrogato per quello scarto così sensibile fra sapere specialistico e informazione generale nella conoscenza della storia del cristianesimo antico cui si faceva sopra riferimento.

Debbo dare atto a Corrado Augias di una disponibilità davvero generosa nel recepire le mie osservazioni, anche se, del tutto giustamente, la definizione della rotta di navigazione è rimasta salda nelle sue mani. Ogni risposta poi, per essere tale, deve ovviamente andare oltre la domanda, introdurre cioè nuovi elementi di conoscenza, ampliando quelli già insiti nell'interrogazione. Ciò ha costituito la seconda difficoltà, perché l'argomentare scientifico, non meno di ogni altro racconto, comporta l'apertura di una serie ininterrotta di scatole cinesi: alla fine della serie, può sovente accadere che, rispetto alla domanda, la risposta abbia introdotto numerosi elementi che richiedono ulteriori approfondimenti, per cui il testo viene a somigliare alla superficie di uno stagno quando l'acqua, colpita da un sasso, s'increspa in cerchi concentrici sempre più larghi.

Se, come sperabile, queste difficoltà sono state almeno in

parte superate, ciò è dovuto al fatto che, comunque, c'era un accordo di fondo tra i due autori sul «taglio» da dare all'intervista. L'intento condiviso è stato quello di privilegiare, nell'analisi della «missione e propagazione» del cristianesimo nella società antica, quello che Paolo Siniscalco ha chiamato il «cammino di Cristo nell'Impero romano», vale a dire la progressiva incidenza di questo fenomeno religioso nella società, nella cultura e nella politica di un mondo che, fra il I e il IV secolo, è sostanzialmente coeso, pur se esuberantemente frastagliato, sotto il dominio di Roma. Privilegiare non significa assolutizzare, anche perché sarebbe stato davvero impossibile prescindere, nell'indagine su un movimento religioso, dai suoi aspetti più peculiarmente teologici, dottrinari, dogmatici, etici e liturgici.

Del resto, il cristianesimo nasce da un atto di fede nella messianicità di Gesù di Nazareth, atto che si compendia nel predicato «Gesù è il Cristo». Messia e Cristo stanno in un rapporto biunivoco, poiché se dal punto di vista morfologico il termine greco, *christos*, è la traduzione di quello ebraico, *mashiah*, dal punto di vista teologico il messia cristiano è figlio di Dio in un'accezione irricevibile per gli ebrei. E qui comincia la storia, o meglio, cominciano le diverse storie della nascita e della fioritura della cristologia, del rapporto fra giudei e cristiani, della formazione delle comunità giudeo-cristiane, del posto e del ruolo del cristiano nel mondo e via dicendo.

Esiste una bibliografia sterminata su questi temi, a far tempo almeno dal XVI secolo, e non si è inteso certo offrirne un compendio né, tanto meno, un bilancio. Si è cercato, piuttosto, di stabilire un fuoco prospettico entro cui collocare, pur se per campioni, i personaggi e gli eventi narrati nel libro; compito indubbiamente non semplice, poiché, secondo la trattatistica quattrocentesca sulla prospettiva, quel fuoco è l'elemento che condiziona tutta la raffigurazione.

La scelta, nel nostro caso, non mi pare arbitraria, perché sono le più antiche fonti «pagane», vale a dire di provenienza non cristiana, a indicarla: si tratta dell'escatologia, di quell'incomprensibile e irriducibile scarto che fa deviare il cristiano, a giudizio dei suoi osservatori, dalla retta via della religione, della civiltà e della politica. In queste fonti si rinnova la sorpresa di fronte all'ambiguità di un comportamento che, per timore di non poter godere della vita celeste, disprezza la morte terrena. La tensione fra questa e l'altra vita si struttura metaforicamente nell'opposizione fra due città, quella secolare e quella eterna, sottoposte a due signorie, quella di Cesare e quella di Dio. L'intero agire cristiano, la sua etica restano incomprensibili se riguardati prescindendo da tale dualismo escatologico che, a cominciare proprio da Paolo di Tarso, quindi fin dall'assoluta origine, raffigura l'esistenza cristiana come una «cittadinanza paradossale», l'autentico pellegrinaggio che, sulle orme di Cristo, conduce dalla terra al paradiso.

Quando, con la «svolta» costantiniana del 313, il passo del cristiano sulle vie del mondo si fa incerto e stanco, la difficoltà ad assumere, per il cristianesimo, il ruolo di religione civile a cui lo invita il potere consiste proprio nella «riserva escatologica», che impone ai credenti di vivere nel mondo «come se non ne usassero» (*1 Cor* 7,31). La geniale soluzione offerta da Costantino il Grande è quella di sovrapporre alla città terrena la città celeste, rassicurando i superstiti della gravissima persecuzione dioclezianea, reduci dal concilio di Nicea, che, varcando la soglia del palazzo imperiale dove li ha invitati a banchetto, in realtà stanno facendo il loro ingresso nella Gerusalemme escatologica. Essa, dall'alto, è però andata a posarsi proprio sulla reggia del principe: lì, lo stesso imperatore servirà a mensa un banchetto che è immagine e anticipazione del convito celeste.

Ho infine l'obbligo, che assolvo con vera gioia, di ringraziare coloro che si sono assunti l'onere di leggere queste pagine prima che venissero pubblicate, prodighi di osservazioni, consigli, suggerimenti. Sono, in rigoroso ordine alfabetico, i miei allievi (o ex allievi) Giovanni Battista Bazzana, Gabriele Pelizzari, Alessandro Rossi, Natale Spineto ed Emidio Vergani: a loro il mio più affettuoso grazie. Resta ovviamente inteso che tutti i limiti del mio intervento cadono sotto la mia esclusiva responsabilità.

Remo Cacitti

BIBLIOGRAFIA

La bibliografia scientifica sulle tematiche affrontate in questo libro è sterminata. Con il contributo di G.B. Bazzana ci siamo limitati a indicare una serie di titoli che possono risultare utili al lettore italiano per eventuali ampliamenti e approfondimenti.

Augias, C., Pesce, M., *Inchiesta su Gesù*, Milano, Mondadori, 2006.

Bastiaensen, A.A.R., et al. (a cura di), *Atti e Passioni dei martiri*, trad. it., Milano, Lorenzo Valla, 1987.

Beatrice, P.F., *Tradux peccati: alle fonti della dottrina agostiniana del peccato originale*, Milano, Vita & Pensiero, 1978.

Belting, H., *Il culto delle immagini. Storia dell'icona dall'età imperiale al tardo Medioevo*, trad. it., Roma, Carocci, 2001.

Boccaccini, G., *Il mediogiudaismo*, Genova, Marietti, 1993.

Boyarin, D., *Morire per Dio. Il martirio e la formazione di giudaismo e cristianesimo*, trad. it., Milano, Il Nuovo Melangolo, 2008.

Brown, P., *Agostino d'Ippona*, trad. it., Torino, Einaudi, 2005.

–, *Genesi della tarda antichità*, trad. it., Torino, Einaudi, 2001.

–, *Il corpo e la società. Uomini, donne e astinenza sessuale nei primi secoli cristiani*, trad. it., Torino, Einaudi, 1992.

Cacitti, R., *Furiosa turba. I fondamenti religiosi dell'eversione sociale, della dissidenza politica e della contestazione ecclesiale dei circoncellioni d'Africa*, Milano, Biblioteca Francescana, 2006.

–, *Grande Sabato. Il contesto pasquale quartodecimano nella formazione della teologia del martirio*, Milano, Vita & Pensiero, 1994.

Cipriani, S., *La figura di Pietro nel Nuovo Testamento*, Milano, Ancora, 2006.

Conzelmann, H., *Le origini del cristianesimo. I risultati della critica storica*, trad. it., Torino, Claudiana, 1976.

Cremaschi, L. (a cura di), *Atanasio di Alessandria. Vita di Antonio*, Cinisello Balsamo, Paoline, 1995.

Crouzel, H., *Origene*, trad. it., Roma, Borla, 1986.

Daniélou, J., *La teologia del giudeo-cristianesimo*, trad. it., Il Mulino- Dehoniane, Bologna 1964.

Dunn, J.D.G., *La teologia dell'apostolo Paolo*, trad. it., Paideia, Brescia 1999.

Ehrman, B.D., *I cristianesimi perduti. Apocrifi, sette ed eretici nella battaglia per le Sacre Scritture*, trad. it., Roma, Carocci, 2005.

Filoramo, G., *Veggenti, profeti, gnostici. Identità e conflitti nel cristianesimo antico*, Brescia, Morcelliana, 2005.

–, *L'attesa della fine. Storia della gnosi*, Roma-Bari, Laterza, 1993.

Filoramo, G., Gianotto, C. (a cura di), *Verus Israel, nuove prospettive sul giudeocristianesimo*, Brescia, Paideia, 2001.

Filoramo, G., Roda, S., *Cristianesimo e società antica*, Roma-Bari, Laterza, 1992.

Gamble, H.Y., *Libri e lettori nella Chiesa antica. Storia dei primi testi cristiani*, trad. it., Brescia, Paideia, 2006.

Graffigna, P., (a cura di), *Filone di Alessandria. La vita contemplativa*, Milano, Il Nuovo Melangolo, 1992.

Gnoli, G. (a cura di), *Il manicheismo*, I-II, Milano, Lorenzo Valla, 2003-06.

Lane Fox, R., *Pagani e cristiani*, trad. it., Roma-Bari, Laterza, 2006.

Lettieri, G., *L'altro Agostino. Ermeneutica e retorica della grazia dalla crisi alla metamorfosi del* De doctrina Christiana, Brescia, Morcelliana, 2001.

Marcone, A., *Costantino il Grande*, Roma-Bari, Laterza, 2000.

Marguerat, D. (a cura di), *Introduzione al Nuovo Testamento. Storia – redazione – teologia*, trad. it., Torino, Claudiana, 2004.

Mazzucco, C., *«E fui fatta maschio». La donna nel cristianesimo primitivo (I-III secolo)*, Firenze, Le lettere, 1989.

Metzger, B.M., *Il canone del Nuovo Testamento, origine, sviluppo e significato*, trad. it., Brescia, Paideia, 1997.

–, *Il testo del Nuovo Testamento, trasmissione, corruzione e restituzione*, trad. it., Brescia, Paideia, 1996.

Moraldi, L. (a cura di), *Apocrifi del Nuovo Testamento*, I-III, Milano, Piemme, 1994.

Murphy-O'Connor, J., *Vita di Paolo*, trad. it., Brescia, Paideia, 2003.

Nardi, C. (a cura di), *Il millenarismo. Testi dei secoli I-II*, Bologna, Dehoniane, 1999.

–, *Clemente Alessandrino. Quale ricco si salva? I cristiani e l'economia*, Roma, Borla, 1991.

Norelli, E. (a cura di), *Papia di Hierapolis. Esposizione degli oracoli del Signore. I frammenti*, Cinisello Balsamo, Paoline, 2005.

–, *A Diogneto*, Cinisello Balsamo, Paoline, 1991.

Orbe, A., Simonetti, M. (a cura di), *Il Cristo*, I-II, Milano, Lorenzo Valla, 1991-96.

Osiek, C., MacDonald, M.Y., *Il ruolo delle donne nel cristianesimo delle origini, indagine sulle chiese domestiche*, trad. it., Cinisello Balsamo, Paoline, 2007.

Pasini, C., *Ambrogio di Milano, azione e pensiero di un vescovo*, Cinisello Balsamo, Paoline, 1997.
Peterson, E., *Il monoteismo come problema politico*, trad. it., Brescia, Queriniana, 1983.
Pizzolato, L.F., *Le «Confessioni» di sant'Agostino, da biografia a «confessio»*, Milano, Vita & Pensiero, 1968.
Potestà, G.L., Rizzi, M., *L'Anticristo*, I, *Il nemico dei tempi finali*, Milano, Lorenzo Valla, 2005.
Ranke-Heinemann, U., *Eunuchi per il regno dei cieli. La Chiesa cattolica e la sessualità*, trad. it., Milano, Rizzoli, 1995.
Rizzi, M. (a cura di), *Gregorio il Taumaturgo (?). Encomio di Origene*, Cinisello Balsamo, Paoline, 2002.
Rudolph, K., *La gnosi, natura e storia di una religione tardoantica*, trad. it., Brescia, Paideia, 2000.
Sachot, M., *La predicazione del Cristo, genesi di una religione*, trad. it., Torino, Einaudi, 1999.
Schüssler Fiorenza, E., *In memoria di lei. Una ricostruzione femminista delle origini cristiane*, Torino, Claudiana, 1990.
Simonetti, M., *Ortodossia ed eresia fra I e II secolo*, Messina, Rubbettino, 1994.
–, *Lettera e/o allegoria, contributo alla storia dell'esegesi patristica*, Roma, Augustinianum, 1986.
Siniscalco, P., *Il cammino di Cristo nell'impero romano*, Roma-Bari, Laterza, 1983.
Stegemann, E.W., Stegemann, W., *Storia sociale del cristianesimo primitivo. Gli inizi nel giudaismo e le comunità cristiane nel mondo mediterraneo*, trad. it., Bologna, Dehoniane, 1998.
Visonà, G. (a cura di), *Didachè. Insegnamento degli apostoli*, Cinisello Balsamo, Paoline, 2000.

INDICE DEI NOMI

Arnoldo Mondadori Editore S.p.A.

Questo volume è stato stampato
presso Mondadori Printing S.p.A.
Stabilimento Nuova Stampa Mondadori - Cles (TN)

Stampato in Italia - Printed in Italy